DALI TUIJIN DIKONG JINGJI
GAOZHILIANG FAZHAN

大力推进低空经济高质量发展

段洣毅　赖家材　张晓春◎主编

人民出版社

责任编辑：杨瑞勇
封面设计：石笑梦

图书在版编目（CIP）数据

大力推进低空经济高质量发展 ／ 段淶毅，赖家材主编 .-- 北京 ：
人民出版社，2025.8. -- ISBN 978－7－01－027408－9

Ⅰ . F562

中国国家版本馆 CIP 数据核字第 20251HR385 号

大力推进低空经济高质量发展
DALI TUIJIN DIKONG JINGJI GAOZHILIANG FAZHAN

段淶毅　赖家材　张晓春　主编

人 民 出 版 社 出版发行
（100706　北京市东城区隆福寺街 99 号）

北京中科印刷有限公司印刷　新华书店经销

2025 年 8 月第 1 版　2025 年 8 月北京第 1 次印刷
开本：710 毫米 ×1000 毫米 1/16　印张：15.75
字数：253 千字

ISBN 978－7－01－027408－9　定价：70.00 元

邮购地址 100706　北京市东城区隆福寺街 99 号
人民东方图书销售中心　电话（010）65250042　65289539

主 编	段洣毅	中国国际科技促进会会长，德国计算机科学博士。被评为"全国留学回国人员先进个人"，荣获"留学回国人员成就奖"和"首届杰出专业技术人才奖"，享受国务院政府特殊津贴。先后荣获国家科技进步二等奖2项、三等奖1项，中国国际发明展览会金奖1项，省部级科技进步一等奖2项、二等奖16项，发表学术论文100多篇，出版中外文专著5部。
	赖家材	北京大学信息工程学院兼职研究员，北京大学（天津滨海）新一代信息技术研究院专家，中国国际科技促进会理事，高级工程师，中国人工智能学会科普工作委员会委员，国际服务学会元宇宙国际学术会议应用论坛主席。从事数字技术应用与传播，主编《数字化赋能高质量发展》《产业元宇宙》《数字经济发展与安全》等。
	张晓春	深圳市智慧城市科技发展集团有限公司董事长，工学博士，教授级高工，全国工程勘察设计大师，国家高层次人才特殊支持计划科技创新领军人才，国家科技专项指南编制专家，深圳市政协委员、人资环委副主任、科教文卫委副主任、科技界别召集人，主持开展深圳多轮重大政策、规划设计和智能交通项目。
副主编	林 涛	深圳市城市交通规划设计研究中心股份有限公司董事长，工学博士，教授级高级工程师。国家重点研发计划项目负责人和工信部产业技术基础公共服务平台项目负责人、自然资源部科技创新团队首席专家、深圳市工程勘察设计大师，获广东省科技进步一等奖等各类奖项百余项。
	许小峰	中国气象服务协会会长，原中国气象局党组副书记、副局长，正研级高级工程师，博士生导师，中国气象事业发展咨询委员会常务副主任，中国应急管理学会常务理事、国家减灾委专家委员会委员。曾任世界气候研究计划中国委员会副主席。
	黎 曦	深圳市城市交通规划设计研究中心股份有限公司首席技术官、副总经理、科学技术委员会副主任，深圳市气象减灾学会副会长。历任华为技术有限公司高级专家，服务工具首席架构师，华为蓝血十杰获得者。

耿　黎　中国邮政储蓄银行普惠金融事业部（小企业金融部）总经理，高级会计师，曾任宁波分行行长、党委书记，宁波市人大代表，具有多条线、跨部门、覆盖总分行多层级的丰富的银行经营管理经验。

杨宇星　深圳市城市交通规划设计研究中心股份有限公司副总经理，正高级工程师，自然资源部高层次科技创新人才工程科技创新团队核心成员、深圳市智能网联交通协会会长、深圳市规划协会 / 学会副会长。

叶　亮　深圳市城市交通规划设计研究中心股份有限公司北京数科总经理，工学博士，正高级工程师，注册咨询工程师，注册城乡规划师。主持或参与制定了多项国家级规划和行业政策，获得多项省部级科技奖以及规划咨询奖。

陈　甲　高校毕业生就业协会国际合作与交流工作委员会常务副理事长、中国教育在线国际合作与交流中心主任、信息谷（天津）产教融合教育科技有限公司董事长，深耕教育数字化转型与产教融合领域，聚焦低空经济创新生态构建。

杨海明　中国联合网络通信集团有限公司低空智联网负责人，电子工程博士，集团数字化转型首席专家，中国通信企业协会低空经济专委会常务副主任，西安交通大学企业教授导师，山西省低空经济研究院院长。

靳　兵　国家邮政局政策法规司原一级巡视员，交通运输部部长咨询委员会成员，全国综合交通标准化技术委员会副主任委员。长期负责行业政策法规科技标准规划统计运营分析研究和管理工作。

目　录

序　言

自远古仰望苍穹，飞鸟掠过天际，至如今蓬勃兴起的低空经济，岁月流转间满是探索的足迹。往昔简陋的风筝、原始的热气球，到现代精巧的无人机、便捷的直升机，不仅勾勒出人类征服低空的壮志雄心，更是一部低空科技的演进史。低空活动从最初的简单观测、短途运输，发展到如今涵盖物流配送、应急救援、观光旅游等多元业态的繁荣盛景。曾经空旷的低空，正似沉睡的宝藏被逐步唤醒，它们将汇聚成一股澎湃力量，未来将撑起一片充满无限可能的低空经济新蓝天。

当今时代，低空经济正振翅高飞，开启全新发展篇章。城市的上空，无人机快递如敏捷的飞鸟，穿梭于高楼大厦之间，精准地将包裹送达每户人家，城市的运转更为灵动。偏远山区里，医疗救援直升机似希望之光，及时运送病患，跨越山川阻隔，让生命救治不再受困于路途遥远。在广袤的原野之上，农业巡查直升机似敏锐的鹰隼，低空盘旋，精准监测农作物生长态势，守护着大地的丰收希望。于风景旖旎之处，低空旅游飞行器仿若灵动画笔，游客乘坐其间，悠然勾勒出山川湖海的绝美轮廓，畅享独特的游览体验。低空经济描绘的画卷绚丽多彩，涉及交通出行、医疗救援、农业生产、旅游休闲等诸多领域，深刻影响人们生活品质与社会发展进程。或许未来，低空航道会如蛛网密布，编织起一个便捷低空世界，成为人类生活不可或缺的一部分，那将是怎样一番充满活力与无限可能的景象？

低空经济蓬勃兴起，低空领域与多元产业的交融共进正成为时代大势，低空经济化作发展新羽翼，绘出的未来蓝图色彩更绚丽。低空时代将是交通革新、空间拓展、产业升级的崭新征程，成为继陆地经济、海洋经济之后新兴经济增长极，正深度重塑空间利用格局。世界正快步从"平面利用"向"低空开

1

发""立体构建""多元联动"持续迈进，低空经济为世界发展带来崭新气象，为全力践行创新战略，加速打造立体格局，加速推动产业升级，实现跨越式发展注入澎湃活力，扬起高展的风帆。

为使读者对低空经济高质量发展有一个全面、深入、系统的了解，本书系统、简明扼要介绍低空经济概论，新发展理念指引低空经济高质量发展，数字化赋能低空经济高质量发展，低空经济产业链，数字化赋能低空经济场景，低空经济在各领域各行业高质量发展的目标与路径以及经验分享，以及低空经济高质量发展的趋势、挑战与应对等。

人类航空史是梦想与科技的壮丽征程。低空经济概论作为开篇章，讲解低空经济基础知识。首先讲解低空经济基础，包括低空经济定义与特征、发展要素、发展驱动力，科技创新是强劲引擎，场景需求如远方灯塔，管理变革是稳健舵手。接着介绍低空经济运行机理、技术范式、意义，提出低空新质生产力的概念，包括内涵、基本特征、要素，低空新质生产力具有高科技主导、高效能运营、高质量发展等基本特征，充分体现创新变革、绿色低碳、集成融合。最后受低空经济和立体交通启示进行立体经济初探，包括太空经济简介，立体经济概念、现实基础、特征、要素、意义，立体经济与低空经济、太空经济的关系，立体经济典型场景：立体经济是立体空间多维协同的未来经济形态，通过高效连接交通、能源、物流、通信和基础设施，构建高度绿色化、网联化和智能化的立体经济网络。

第二章讲解新发展理念指引低空经济高质量发展。创新、协调、绿色、开放、共享的新发展理念指引低空经济高质量发展，激发创新活力，培育低空经济发展新动能；强化协调联动，提升低空经济发展平衡性；秉持绿色理念，推动低空经济可持续发展；拓展开放合作，增强低空经济发展开放性；完善共享机制，促进低空经济发展共繁荣。

第三章讲解数字化赋能低空经济高质量发展。数字化恰似神奇画笔，正勾勒低空经济高质量发展的崭新蓝图。低空产业元宇宙是低空数字化发展到一定阶段的产物，使用数字技术对低空经济产业的社会属性和自然属性进行重构和再创造的能力集合，打破数字低空和现实低空的边界，实现数字低空与现实低空的深度融合。数字化赋能低空经济重要环节，包括低空飞行器制造、空域管理、飞行监管、飞行服务、运营服务、低空设施管理，低空大模型应用于低空经济的规划、建设、管理、调控、运营服务和运维等全生命周期各环节。低空经济数据要素包括低空基础设施数据、低空环境数据、飞行器数据、飞行活动数据、运营服务数据等，低空数据要素助力航线规划优化，保障飞行安全，提升低空服务效率，需积极应对低空经济与数据要素融合带来的挑战。

第四章介绍低空经济产业链，低空经济产业链涵盖飞行器制造、运营服务、配套设施建设等诸多环节，各个环节如同链条环扣，唯有各环节参与者心往一处想，劲往一处使，协同合作，方能使整个产业链条顺畅运转。低空经济赋能传统产业焕新，驱动新兴产业崛起，引领未来产业启航。低空经济产业链以民用有人驾驶航空器和无人驾驶航空器的低空飞行活动为牵引，辐射带动航空器研发、生产、销售以及低空飞行活动相关的基础设施研发生产、建设运营、飞行保障、衍生综合服务等领域产业融合发展，贯穿从研发、制造、组装、设施到应用、服务的全链条各环节。低空产业链具有技术深度融合，内部高度协同，市场多元需求等特点，打好产学研用金"组合拳"助推低空经济高质量发展。

第五章讲解数字化＋低空经济场景。低空经济场景是低空环境下新装备、新技术、新商业模式应用的情景。开展低空经济场景应用可遵循"道天地将法"，"道"：遵循规范准则，筑牢安全根基；"天"：洞悉市场趋势，把握发展契机；"地"：因地制宜规划，释放地域潜能；"将"：培育专业人才，锻造精英战队；"法"：创新运营模式，优化管理流程。开展低空经济场景应用可综合考虑一些主要的非政策性因素，包括技术创新、市场需求、社会接受度和基础设施建设等常见的非政策因素，有利于合理规划低空经济的应用场景。气象条件是影响低空飞行安全和效率的关键因素之一，有效应对气象因素至关重要。数字化赋能低空经济场景应用涉及一些典型数字技术，包括低空通导监技术、空间信息技术、人工智能，用好这些典型技术有利于提升低空场景应用的质量和效率。

低空经济"贵"在各行业各领域应用，从第六章至第十一章讲解低空经济应用的常见代表性的行业或领域，包括农业、工业、旅游、物流、客运、城市治理与公共服务等。介绍低空经济在每一行业或领域高质量发展时，抽丝剥茧，从面临的挑战或问题开始，提出发展的目标以及提供可参考的路径，并且分享有重要借鉴价值的实战经验。

低空经济犹如一把"双刃剑"，带来革新机遇的同时也不可避免带来一系列风险。安全保发展，发展促安全，最后一章讲解统筹低空经济高质量发展与高水平安全。低空经济高质量发展呈现一系列趋势：新质化，培育低空经济发展动能，智能化，提升低空经济发展效率，多元化，拓宽低空经济发展空间，协同化，抢抓低空经济发展机遇；面临一系列挑战：标准体系存缺漏，空域资源有短板，产业布局欠完备，关键技术待升级，商业运营未闭环，安全环境遇挑战。统筹低空经济高质量发展与高水平安全，强化空域管理与安全保障，优化资源配置与设施建设，推动产业升级与标准引领，促进技术创新与推广应用，深化市场培育与产业协同，保障绿色低碳与生态安全。

百舸争流，奋楫者先；千帆竞发，勇进者胜。低空时代已到来，明天或许不可知，让我们以最大热情，怀揣善意与美好，搭乘想象的翅膀，把稳现实航向，用审慎理智心态拥抱低空经济，坚持新发展理念，在危机中育新机、于变局中开新局，大力推进低空经济高质量发展，奋力谱写新时代高质量发展新篇章。

低空经济，一起向未来！路虽远，行则将至；事虽难，做则必成！

第一章　低空经济概论

当前，低空经济蓬勃兴起，不再是遥不可及的梦想，而是触手可及的创新实践，编织起一张涵盖交通、旅游、物流、研发制造、信息技术等多领域的立体经济网络，空中与地面相互呼应，垂直维度与水平维度协同共进，"天马行空"的想象正逐渐变成现实，创造了人类利用空间资源的全新范式，续写着追逐苍穹梦想的崭新篇章。

第一节　低空经济概述

于大地之上，经济活动不再拘于平面。低空，似一片待垦的新域，正开启从二维向三维的奇幻跃升。空域为舞台，技术作画笔，安全筑护墙，市场引方向。创新科技如星芒闪烁，多元场景若繁花铺陈，管理变革像清风助力，低空经济的立体画卷，正徐徐展开。

一、人类航空史是梦想与科技的壮丽征程

梦想点燃科技，科技成就梦想。从神话中的羽人飞天，到文艺复兴时期达·芬奇的奇思妙想，人类的飞翔梦想贯穿整个历史长河，伴随其中的，正是航空航天技术的发展。

早期探索阶段，先驱者凭借简陋的工具和无畏的勇气，一次次向天空发起挑战。1783年，蒙哥尔费兄弟的热气球载人升空，承载着人类对天空的热情，开启了人类动力飞行的新纪元。随后，滑翔机的出现让人们对空气动力学有了更深刻认识，以李林塔尔为代表的飞行者在滑翔中积累经验，为飞机诞生奠定了基础。

1

20世纪初，莱特兄弟飞机试飞成功，将人类带入航空时代。从活塞式发动机到喷气式发动机，从简陋座舱到舒适客机，飞机制造技术的迅猛发展，带来了航空业的不断变革。两次世界大战成为技术发展的催化剂，战斗机、轰炸机等各种机型层出不穷，航空技术实现了一次次质的飞跃。民用航空逐渐兴起，航班航线不断拓展，大型客机的出现使跨国旅行更加便利。

如今，随着无人机的广泛应用和电动垂直起降航空器（eVTOL）的兴起，人类逐渐步入了低空时代。航空航天领域的成果是多领域协同创新的结晶，这一创新结晶辐射到其他领域，又推动了产业的共同进步。例如，飞机发动机研发应用了热力学、流体力学、材料学等多学科的前沿成果，这些前沿成果也为汽车、船舶等制造业提供了更轻质和更高强度的新材料。同时，航空航天领域对安全性和可靠性要求极高。空中飞行环境复杂多变，任何微小故障都可能引发严重后果，从飞行器设计、制造到维护，每个环节都必须遵循严格标准和规范，确保万无一失。

人类航空史发展历程见证了梦想的力量和科技的伟大。从最初对天空的遥不可及的憧憬，到航天时代的突破，再到低空时代的蓬勃发展，航空航天技术的发展不断拓展人类活动的边界。

二、飞行通俗原理——为什么能飞

（一）基于空气动力学的飞行原理

如同鸟儿借助翅膀与气流的互动，飞机等飞行器也巧妙利用空气动力学原理。飞机的升力主要来自机翼，面积足够大的机翼，在适当正迎角的条件下，与具备必要速度的来流发生相对运动时，机翼的上下面之间会产生压力差，这就是升力，犹如一双无形的大手托起飞机。发动机提供使飞机前行、与来流产生相对运动的动力，机翼与尾翼上的多种控制面分别掌控俯仰、滚转和偏航，在升力与诸力协同作用下，飞机得以在空中平稳畅行。

（二）基于旋翼旋转的飞行原理

旋翼飞行器依靠旋翼高速旋转工作。旋翼转动时，叶片与空气产生相对运动，上方空气快速流动，下方相对迟缓，由此压力差造就升力。借助调控旋翼的转速快慢、倾斜角度等手段调整升力大小与方向，实现飞行器垂直起降、悬停、前后左右飞行等多种动作。

（三）其他飞行原理

1.浮力原理。物体在流体中受到的浮力等于所排开流体的重力。飞艇或气球内部充入比空气密度小得多的气体，如氦气。飞行器整体所受向上浮力大于其自身重力产生向上合力，使飞行器能克服重力在空中上升。

2.牛顿第三定律（作用力与反作用力定律）。飞机的发动机向后喷出高速气流，气流产生的反作用力推动飞机向前运动，这就像你用力推墙，墙会给你一个反作用力让你向后退一样。

3.扑翼飞行原理。扑翼飞行器飞行基于仿生学原理。其机翼模仿鸟类或昆虫翅膀，通过快速扑动，使上下翼面空气流速产生差异，形成压力差从而产生升力。同时，扑动时翅膀对空气有向后作用力，空气反作用力推动飞行器向前。

三、低空经济定义与特征

（一）低空经济定义

"低空经济"的概念最早出现在2010年。中国民航大学低空经济与低空交通研究中心主任覃睿长期从事低空经济与通用航空研究，在2010年首次提出"低空经济"概念，但当时还主要局限于通用航空及其聚集的相关产业。随后，"低空经济"多次在媒体和公众场合出现。综合来看，围绕"低空经济"的概念主要包括以下几种观点：

1.国家低空经济融合创新研究中心专家指导委员会主任范恒山认为，低空经济是以各种有人驾驶和无人驾驶航空器的各类低空飞行活动为牵引，辐射带动相关领域融合发展的综合性经济形态。

2.覃睿教授在2023年再次对"低空经济"的概念进行定义，认为低空经济是以航空载运与作业装备技术为主要工具，以低空空域为主要活动场域，以低空飞行活动为最终产出形式的系列经济活动构成的经济领域。

3.深圳市2024年发布的《深圳经济特区低空经济产业促进条例》提出，低空经济"是以民用有人驾驶航空器和无人驾驶航空器的低空飞行活动为牵引，辐射带动航空器研发、生产、销售以及低空飞行活动相关的基础设施建设运营、飞行保障、衍生综合服务等领域产业融合发展的综合经济形态"。

综合已有研究成果和本书团队的低空实践，本书认为，低空经济是在垂直高度 1000 米以下、最大高度不超过 3000 米空域范围内，以民用有人或无人驾驶航空器为运载平台，以低空飞行活动为牵引，辐射带动设备制造、基础建设、运输服务及其他相关行业融合发展，支持传统产业创新升级的新型、综合性经济形态。

（二）低空经济基本构成

低空经济基本构成可以概括为"1—3—4"，即 1 个关键资源，3 大核心产业，4 个辅助群体。

1. 一个关键资源——低空空域。低空空域是指真高（在航空领域，"真高"是指飞行器距离正下方地面的垂直距离）1000 米（含）以下的空间范围。低空空域作为低空经济的关键资源，不仅包括作为飞行通道的空域本身，也包括空域内的气象条件、电磁环境、地理信息等诸多要素。低空空域是经济发展的战略资源，低空经济是对这一战略资源的综合开发利用。

2. 三大核心产业——包括低空载运装备技术产业，低空基础设施与服务业，低空运输与休闲娱乐业。（1）低空载运装备如直升机、轻型飞机、无人机以及像电动垂直起降航空器（eVTOL）等新型飞行器，其相关低空制造产业是低空经济的基础产业。（2）低空基础设施包括机场和起降及配套充换电、备降等设施，通信、导航、监视等信息基础设施，低空服务业包括空域管理与导航、航空培训与认证服务，以及飞行器维修保养等。（3）低空运输与休闲娱乐则是低空经济环节中非常重要的应用场景，为相关传统产业的转型升级赋能。

3. 四个辅助群体——包括政府公共群体、科教文群体、投融资群体和中介服务群体。政府公共群体在低空经济中负责政策制定与法规监督、提供公共基础设施与公共服务，并且开展产业的引导和资源整合。科教文群体在人才培养与教育、科技创新、文化传播等方面发挥重要作用。投融资群体提供低空经济发展最急需的资金和融资支持。中介群体是各类经济形态普遍存在的角色，往往起到信息交换与资源对接、专业服务与交易撮合的重要作用。

（三）低空经济特征

1. 空间立体性。低空经济具有显著的立体性特征，低空飞行活动及相关支持服务主要发生在地面与低空空域形成的三维空间。低空制造、低空保障与综合服务主要在地面运作，低空飞行及相关业务在低空运作。立体性的发展模式使得低空经济能够充分利用空中资源，提高空间利用效率，促进地面与空中产业的协同发展。

2.技术创新性。低空经济是技术密集型的经济，技术层面的突破创新对低空经济发展至关重要。当经济活动从地面拓展到三维的立体空间，空中交通系统包括交通工具、基础设施和运行管控机制等都面临着重构，需要航空器、飞行服务保障等方面技术的突破创新。

3.行业融合性。低空经济是一种为多领域提供新技术和新模式赋能的综合性经济形态。低空飞行器的灵活性、智能化和低成本等特性，使得低空经济能够广泛赋能不同产业，提供快速、高效、智能的空中服务，形成"低空＋物流""低空＋文旅""低空＋农业""低空＋城市治理"等各种形态。此外，低空经济还促进了军民融合和空地融合、有人机与无人机融合等模式，进一步拓宽了发展空间。

4.领域广泛性。低空经济涉及的领域非常广泛。主要表现在四个方面：（1）用途广泛，包括民用、警用、海关、军事等领域的各类生产、消费与作业活动。（2）用户广泛，包括个人、政府、企事业单位等。（3）载具类型广泛，除了无人机和直升机外，还包括固定翼、气球、飞艇、动力伞等各类航空器。（4）行业广泛，包括交通与运输、环境与资源保护、医疗卫生、公共安全与服务、农林牧渔、体育与娱乐、教育与研究等多个行业。

四、低空经济发展要素

低空经济的发展与空域、市场、技术、安全等发展要素密切相关，它们共同构成低空经济稳健发展的基石。

（一）空域是基础

低空空域的有效供给及安全高效使用，对于低空经济的健康发展至关重要。一方面，低空经济发展需要实现空域资源的有效供给，通过优化空域结构，释放空域资源潜力，为低空飞行活动创造更有利条件。另一方面，低空经济发展需要加强低空空域的管理和监管，提高空域使用效率，确保低空飞行活动安全有序进行。

（二）市场是牵引

市场是低空经济发展的根本驱动力。随着经济的发展和人民生活水平的提高，人们对快速、高效、便捷的空中交通和服务的需求日益增长。低空经济通过提供空中游览、飞行体验、物流运输等多样化的空中服务，满足市场的多元化需求。同时，低空经济的发展也促进了相关产业链条的延伸和拓展，为经济增长注入了新的活力。市场的不断扩大和需求的持续增长为低空经济的发展提供了坚实的基础。

（三）创新是动力

技术是低空经济发展的重要支撑。低空经济的发展需要依靠先进的技术手段来推动。一方面，需要加强低空飞行相关技术的研发和创新，如航空器制造、通信技术、数据处理技术等，保障飞行活动安全、提高飞行效率；另一方面，随着技术创新和突破，未来商业飞行成本会大大降低，并衍生出更多具有竞争力的商业服务模式，低空经济应用场景未来还将不断拓展。

（四）安全是底线

安全是低空经济发展的底线和红线。低空飞行活动的安全性对于低空经济的健康发展至关重要。低空经济安全管理应贯穿产业全链条、服务全过程，既要加强飞行器的安全性能评估和检测，提高飞行器的可靠性；也需要加强低空飞行活动的安全监管和管理，确保飞行活动的安全有序进行。此外，还需要加强飞行员和飞手的培训和管理，提高飞行技能和安全意识。

五、低空经济发展的驱动力

若把低空经济比作一艘破浪之舟，则科技创新是强劲引擎，在舟内核心处轰鸣发力；场景需求如远方灯塔，从外部牵引方向。而管理变革则像谨慎舵手，全流程把控，体系化保障如坚固船身，共同推动此舟在经济海域高速前行。

（一）科技创新

科技创新是低空经济发展的核心驱动力。科技创新不仅是战略性新兴产业和新质生产力的核心要素，也是推动低空经济持续健康发展的关键力量。

1.技术突破。科技创新推动低空飞行技术的突破，包括飞行器的设计、制造、导航、通信等方面的技术升级。这些技术突破将提高飞行器的性能，降低成本，增强低空飞行的安全性和可靠性。

2.产业链升级。科技创新带动低空经济产业链的升级，促进产业协同发展。例如，通过研发新的航空材料、推进系统等，推动航空器制造产业的升级；通过开发新的数据处理和分析技术，提升低空飞行活动的智能化水平。

3.新兴市场拓展。科技创新为低空经济开拓新的市场空间。随着技术的不断进步，低空飞行活动的应用领域将不断拓展，如城市空中交通、医疗救援等，这些新兴领域将为低空经济带来新的增长点。

（二）场景需求

应用场景是低空经济发展的外生驱动力。应用场景推动低空经济产生广泛的辐射效应，是低空经济走向商业化和规模化的关键。

1.需求牵引。低空经济的发展离不开应用场景的拓展。通过挖掘和创造新的应用场景，可以激发市场对低空飞行活动的需求，推动低空经济的持续发展。例如，随着人们个性化、多样化出行需求的增长，对品质化生活的追求，空中游览、空中交通等应用场景需求将不断增长，为低空经济提供了广阔的发展空间。

2.产业融合。应用场景的拓展还能促进低空经济与相关产业的融合。通过与旅游、农业、物流等产业的融合，可以形成新的产业模式和商业模式，推动低空经济多元化发展。

3.示范效应。成功案例和示范项目的推广也是应用场景拓展的重要方面。通过展示低空飞行活动的实际应用效果，可以增强公众对低空经济的认知和信任，吸引更多的企业和个人参与到低空经济的发展中来。

（三）管理变革

政策与管理机制的变革是推动低空经济迈向高质量发展的关键要素。管理变革也体现了新质生产力对新型社会经济关系调整的内在需求。

1.空域管理。管理变革需要优化空域管理政策，为低空飞行活动提供更加灵活高效的空域资源。通过制定合理的空域规划和使用规则，提高空域资源的利用效率，降低飞行成本，提升飞行安全性。

2.法规建设。管理变革需要加强法规建设,为低空经济的发展提供有力的法律保障。通过完善相关法规和政策体系,可以明确低空飞行活动的权利和义务,规范市场秩序,促进公平竞争。

3.监管创新。管理变革需要推动监管创新以适应低空经济发展的新特点和新需求。通过运用大数据、人工智能等现代信息技术手段,提高监管效率和精准度,降低监管成本,为低空经济的发展提供更加宽松和便利的环境。

第二节　低空经济运行机理、技术范式与意义

在低空领域的广阔舞台上,新型飞行器如灵动精灵穿梭于城市与旷野间。它们凭借前沿科技,打破传统产业界限,与各方携手共舞。似智慧织网,重塑经济格局。低空经济宛如璀璨新星,在产业星河中闪耀,撑起科技、产业与安全的一片天。低空经济作为战略性新兴产业和经济增长新引擎,其通过场景驱动、跨界融合、协同治理等,实现持续、有序创新发展。低空经济以特定的技术经济范式改变经济运行的模式与结构,在现代化产业体系建设和新发展格局中发挥"科技创新、产业控制、安全支撑"等作用。

一、低空经济运行机理

低空经济究竟是如何像一部精密仪器般有条不紊地运行,其内在的运行机理值得探究。

(一)多元化应用场景驱动低空技术突破

随着人类对自然资源的利用范围不断拓展,低空应用场景应运而生。在场景驱动创新的模式下,场景需求与技术进步共同驱动低空经济的创新和发展,既将现有低空技术应用于特定的情境之中,以此挖掘并实现更大的价值,也立足于未来的发展趋势与期望需求,不断推动低空技术的突破升级,催生新的技术、产品、渠道、商业模式,并开拓新的市场与领域,实现低空场景牵引产业创新,产业创新带动低空技术突破。

1.场景驱动能贯通低空制造和低空应用全流程,促进低空技术连续创新。下游应用场景是低空经济发展的关键,低空经济的核心在于将一系列低空飞行

活动应用于下游场景，进而带动整体低空经济的发展。一方面，不断更新的应用场景推动低空经济产业落地。通过主动挖掘创新应用场景，低空技术可以得到持续更新和进步。另一方面，低空技术的发展反过来又不断拓展低空应用场景。随着低空技术的不断创新和发展，低空飞行的安全性不断提高，成本逐渐降低，社会认可度和普及性将持续提升，越来越多的领域将开始尝试应用低空飞行提升自身效率，拓展业务范围。

2. 场景驱动不仅能促进低空技术的创新，还能带动其他产业共同革新。在低空飞行应用于下游场景过程中，涉及的其他产业也将迎来技术革新和全新发展。例如，低空 + 环保将低空飞行与环境监测治理相结合，促进环保事业的高质量发展；低空 + 农业将推动农业智慧化和现代化发展；低空 + 物流可以推动新时代物流行业的转型升级，提升物流运输效率。上述创新不仅推动了低空技术本身的发展，同时也带动了下游产行业共同进步。

（二）跨界融合构建低空产业生态

跨界融合主要指不同领域、行业知识体系的互动和分享，创新主体在交换各种资源的过程中，促进了组织规模和效率的提升，构建产业生态圈。低空经济与其他行业的跨界融合能够促进产业转型升级，提升全要素生产效率。

1. 低空经济实现跨界融合产业圈。当前，以"低空经济 +"为纽带的产业生态圈快速发展，例如低空 + 旅游，低空飞行的应用拓宽了旅游的边界，丰富了旅游产品，满足了游客不同层次的旅游需求；低空 + 城市管理提升了城市管理效率，促进了城市的精细化管理。

2. 在催生新产业、新业态过程中，全要素生产率得到了提高。跨界融合过程中，低空飞行与数字技术的结合是趋势所在。大数据、人工智能、云计算等信息技术推动了低空飞行与下游行业的结合，提升了产业圈的智能化、数字化水平。低空飞行与制造业的融合促进了航空制造技术进步，与服务业的结合催生出低空物流、低空旅游等多种新业态，推动服务业高质量发展。

（三）协同治理保障生产要素有效配置

协同治理指的是政府、企业、社会组织等多元化主体共同制定规划和执行管理决策的过程，这是确保低空经济平稳健康发展，各类生产要素有效配置的重要基础。

1.低空经济的综合经济形态决定了低空产业圈协同治理的重要性。低空经济的跨界融合性改变了传统产业结构和市场格局，低空空域作为新生产资料的引入也改变了生产要素配置的结构，影响利益分配格局。为实现产业融合效益最优分配，多元主体的协同治理必不可少。

2.多元主体的协同共治需要政府、企业、组织和个人共同发力，构建低空经济治理生态圈。其中，政府在低空经济治理中发挥主导作用，通过制定低空经济行动方案、发展规划以及法规政策等方式，引导产业平稳健康发展；企业则是低空经济协同治理的主体，特别是低空领域头部企业可以通过分享先进经验、整合市场资源等方式实现互利共赢，共同推动低空经济发展；社会组织和个人是低空协同治理的重要组成部分，社会组织可为企业和个人提供行业培训和咨询服务，提升全民专业素养，政府可通过听取公众的意见及建议，提升低空治理的民主性和透明度。

二、低空经济技术范式

技术经济范式就是技术创新带来的一整套新玩法，它让生产、生活、经济发展等各方面都发生变化，形成新的模式和规则。比如互联网出现后，人们购物、社交、工作的方式都发生了改变，经济运行模式也不同了，这就是一种技术经济范式的体现。低空经济的技术范式是依托低空技术突破而产生的新技术经济范式，其以特定的技术条件满足各类产行业的下游需求，实现经济结构和形态的转变。从技术经济范式的一般逻辑来看，低空经济的技术经济范式包括驱动力、新结构形态、价值创造活动和价值创造结果方面。

（一）驱动力——低空技术、应用场景、政策支持

低空技术的突破、应用场景的拓展和多元化政策支持构成了低空经济的核心驱动力。

1.低空经济首先受到低空技术突破的驱动。如果没有低空飞行技术作为基础，低空经济无从谈起。低空技术主要包括低空飞行器创新、信息技术集成、跨界技术融合等。低空飞行器技术主要指无人机、电动垂直起降航空器等技术创新和突破，其打破了低空空域传统飞行器格局，大大提高了飞行效率。信息技术集成包括地面的低空信息基础设施建设，即飞行控制系统、信息感知体

系、遥感监测技术等，通过将物联网、大数据、人工智能等技术深度应用于低空经济领域，提高了飞行的安全性、可控性和稳定性。跨界技术融合主要包括低空飞行所应用的下游行业技术创新，比如农业植保、巡检、安防、旅游等领域的创新和突破。

2.低空经济还受到下游应用场景的驱动。进入新型城镇化发展阶段，提升城市公共服务水平，满足人民群众日益增长的美好生活需要，将不断创造出新的应用场景和需求，拓展低空经济在城市空中交通、物流、旅游等领域应用场景。

3.低空经济的发展离不开坚实的政策保障。（1）低空空域的高效安全开放。以前的空域主要归军方管理，低空空域的逐步开放意味着一部分空域管理权从军方转移至地方政府，这是各地政府发展低空经济的根本前提。（2）各地对低空经济的政策支持。作为新兴产业，低空经济具有技术密集和规模经济的特征，前期投入的人力物力较大，相关财政补贴、产业基金以及税收优惠等刺激性政策对于低空经济起步阶段尤为关键。

（二）新的结构和形态——新的产业、空间和市场结构伴随着智能化、网络化、绿色化的新形态

1.低空经济创造出了新的产业结构、网络结构和市场结构。从产业结构看，低空经济催生出了全新的产业链，从低空制造到低空基建以及低空综合服务，该产业链不仅包括航空制造，还包括信息技术、大数据以及云计算等行业。从网络结构和市场结构看，低空经济还促使经济活动领域由平面向立体空间延展，充分挖掘低空空域资源，在这一过程中新的市场主体和需求不断涌现，形成新的市场结构。

2.低空经济的新形态包括智能化、网络化和绿色化。低空经济通过智能技术提高了飞行效率和安全性，推动了智能化技术在低空领域的应用。低空经济中的飞行器、传感器等设备通过网络连接分享数据，形成空地一体交互的低空网络体系。此外，低空飞行器基本靠电驱动，改变了传统直升机以及固定翼飞机的燃料模式，推动了绿色低碳发展。

（三）价值创造活动——既有自身创造也有赋能下游产业创新

低空经济的价值创造活动是一个多层次和多维度的过程。首先低空产业自

身涉及链条长，创造价值面广，低空制造、低空飞行、低空保障和综合服务四大领域均有巨大的价值创造空间，能产生较大的经济效益，对经济发展起到直接拉动作用。其次，低空飞行在其下游各类场景的广阔应用不仅直接创造了经济效益，还能够有效解决诸多传统产业痛点，促进其他产业的共同进步和发展。

（四）价值创造结果——直接产生经济效益，间接创造社会价值

从结果来看，低空经济活动所创造的价值包括经济价值和社会价值。首先比较直接的是低空经济带动其产业链条、下游需求以及用户群体所产生的经济价值，有望达到万亿规模。其次是低空经济有利于社会生产过程中的成本下降和效率提高，其间接创造的社会价值才是支撑未来低空经济巨大市场空间的关键。

1.提升载人载物运输效率。低空空域作为尚未完全开发的资源，具有广阔利用空间。低空飞行通过应用各种新型航空器以及信息技术配套，高效安全地运输人和物，显著提升人的出行和物流运输的效率。

2.改进公共服务能力。低空经济在石油服务（陆上，海上）、航空探矿、矿区巡查、电力作业以及设施巡查等领域的运用大大提高了公共服务效率，增加了社会福祉。

3.推动产业创新发展。低空经济在下游各类场景的应用有助于农业植保、安防巡检、空中交通、物流运输等行业的技术变革和转型升级。

4.促进区域协调发展。低空飞行具有方便、快捷、高效等运行特点，相比传统通用航空方式更加便捷，相比地面交通方式更为高效，不受地形和地理条件的限制。随着越来越多的地区加入低空经济运行网络中，区域间互联互通的效果将显著提升，有助于缩小地区差距，促进共同富裕，推动区域协调发展。

5.创造就业岗位。低空经济发展过程中技术研发、制造生产、运营操控、综合服务等环节均存在大量人才需求，且基本属于高端就业岗位，符合就业优先战略方向，有利于促进高质量充分就业。

三、低空经济的意义

低空经济作为一种新兴的经济形态，以其独特的优势和潜力在现代化产业体系建设和新发展格局中发挥"科技创新、产业控制、安全支撑"等作用。

（一）低空经济助力科技创新发展

低空经济在推动科技创新中具有重要作用，能够通过应用场景开发拉动研发投入，同时推动自身及上下游产业链的科技创新。低空经济是一个融合多种尖端科技的综合经济形态，其高科技特征不仅体现在航空器制造上，从传统通用航空器到无人机、电动垂直起降航空器，每一种航空器都是对材料科学、空气动力学、电子信息技术等多个领域的革新。低空经济的高科技特征还体现在应用场景端，随着低空飞行逐渐嵌入各个行业，其以前所未有的视角和精度助力农业植保、电力巡检、城市规划设计以及城市空中交通等领域。例如，在农业植保中，具备精准定位、智能避障和喷雾功能的农业无人机在飞手（农业无人机操控员）的专业控制下，能够满足不同农作物和复杂农田环境的作业需求，大大提高了农药喷洒效率和准确度，促进了智慧农业的发展；在城市规划设计中，无人机等低空运载设备提供高精度、高分辨率的城市影像，可以为城市规划者提供准确实时的数据支撑，通过三维建模的方式，模拟未来城市发展趋势，制定更科学的规划方案。

（二）低空经济提升产业控制能力

当前全球科技革命与产业革命加速推进，全球产业竞争日益转化为产业链供应链安全竞争，我国面临的外部环境复杂多变，各类风险挑战明显增多，在此形势下，有效增强产业链韧性、提升产业控制能力，进而实现产业链安全稳定的重要性日益凸显。我国拥有规模庞大、门类齐全、基础坚实的产业体系以及现代化交通基础设施和物流体系，各种数字化基础设施建设也在加快推进中，低空经济在此基础上进一步整合我国产业体系和基础设施优势，有助于增强我国在相关产业领域的自主可控能力。比如，低空经济带动通用航空业的发展，加强通用航空制造业的技术研发和产业协同，逐步减少我国对进口飞机和关键零部件的贸易依赖，实现产业自主可控发展，增强了我国在通用航空及其零部件等领域的自主控制能力。又例如，植保无人机大大提高了农业生产效率，减少了人力成本，有利于夯实粮食安全根基、促进现代农业全产业链标准化。

（三）低空经济提供安全支撑保障

安全支撑是低空经济发挥科技创新、产业控制两大作用的底线。低空飞行器通过其灵活性、操控性以及准确性可以替代人去完成部分危险性工作。比如在地震、洪水等自然灾害发生时，无人机可以迅速抵达现场，侦察灾情动态、投放救援物资、展开人员搜救等，为救援行动提供准确的信息支持，大大提高了应急救援的效率和速度。随着电动垂直起降航空器技术的发展，还能承担部分救援、运输的任务。在警务巡逻中，无人机可以对重点区域进行不间断监控，及时发现和处理安全隐患，增强社会治安防控能力。在森林防火、电力巡检等场景中，运输类无人机可以承担部分防火、灭火工作，减少了消防人员与火灾现场的接触，提高了灭火效率；同样，电力巡检中无人机的应用也减少了维修人员勘探电缆故障的安全隐患，用机器取代人从事危险工作，保障人民群众安全。

第三节　低空新质生产力

新质生产力是科技创新起主导作用的先进生产力。近年来，以无人机、电动垂直起降航空器（eVTOL）等为代表的低空飞行技术取得显著进展，科技创新赋能低空经济，催生出众多新产业、新模式、新动能，呈现出鲜明的高科技、高效能、高质量等特征，与新质生产力的内涵高度契合。低空经济是新质生产力的典型代表，展现出对高质量发展的强劲推动力、支撑力，具有巨大增长潜力和广阔发展前景。

一、低空新质生产力的内涵

低空新质生产力是新质生产力在低空经济领域的具体体现，可简易理解为"低空经济＋新质生产力"两个要素的组合。从经济学角度，低空新质生产力是指以低空飞行活动为核心，通过创新技术与空域、市场、人才、信息等要素优化组合，辐射带动低空基础设施建设、低空飞行器研发制造、低空运营服务保障等相关产业发展，具有高科技主导、高效能运营、高质量发展特征的新型生产力形态。

（一）以低空资源为依托

低空空域资源是低空新质生产力的重要载体。低空空域不仅拥有丰富的地理资源和气象条件，更蕴含着丰富的经济和社会价值。当前世界主要经济体都在角逐低空经济"赛道"，争相开发低空空域，在农业、交通、监测巡检、应急救援、文化旅游等产业或领域展露出低空空域资源的独特"魅力"。合理利用和科学开发低空空域资源，因地制宜打造应用场景，必将带来更具革命性的变化和全新的用户体验，成为未来经济高质量发展的新引擎。

（二）以技术创新为核心

科技创新是低空新质生产力的核心驱动力。低空新质生产力的形成和发展，依赖于数字技术、新能源技术与无人机等关键性、颠覆性技术的突破与转化，并从科技创新中持续获得发展动力和机遇。加强低空领域科技创新政策顶层设计，逐步开放更多的空域范围，搭建"产、学、研、用"相结合的科技创新和服务平台，推动自主创新和关键技术攻关，为低空经济发展提供坚实的技术基础和良好的市场环境。

（三）以产业融合为牵引

产业融合是低空新质生产力的重要推动力。低空新质生产力作为一种全新生产力业态，通过"低空＋相关产业"搭建跨越第一产业、第二产业、第三产业的多功能应用场景，推动传统产业向新兴产业转型升级。例如，"低空＋农业"形成的农业植保作业模式，"低空＋制造"创造出众多通用、警用、海关和部分军用航空器产品，"低空＋文旅"给消费者带来更加多元的娱乐体验，等等。通过科技赋能、平台加持、资源共享，不断激发创新活力，引领带动基础设施建设、产业集聚发展，提供更多低空空域产品供给，满足多层次消费需求。

（四）以要素配置为关键

生产要素优化组合、创新性配置是低空新质生产力的核心特征之一。实现低空经济高质量发展，需要推动产业人才、通用航空技术、金融资本、信息通信、数字资源等全要素生产力提升。从空域管制政策到科技创新战略布局，从通用航空技术发展到细分行业场景应用、从核心技术攻关到系统集成与流程再造、从颠覆性探索到安全技术保障等各个方面都不可割裂，需要统筹谋划、紧密衔接、协同发展，逐步形成国家指导、政府搭台、企业参与、市场推动的低空空域生态体系。

二、低空新质生产力的基本特征

新质生产力是创新起主导作用，摆脱传统经济增长方式、生产力发展路径，具有高科技、高效能、高质量特征，符合新发展理念的先进生产力质态。低空经济作为前瞻布局的产业，在近年来全球主要经济体的发展实践中已崭露头角，充分表明其在未来经济发展中的潜力和分量。低空新质生产力代表了一种全新的生产力形态和发展方向，不仅具有高科技主导、高效能运营、高质量发展的基本特征，也充分体现了创新变革、绿色低碳、集成融合等鲜明特点。

（一）高科技主导

1.先进技术集成应用。人工智能、大数据、云计算、卫星导航、5G通信等新技术综合运用。无人机、电动垂直起降航空器（eVTOL）等通用航空器中广泛应用人工智能技术，实现飞行器的自主感知、自主决策、自主执行和自主进化能力，展现高度的智能化水平。云计算提供强大的数据存储和处理能力，卫星导航提供精准的定位服务和高速、低延迟的数据传输，使得实时监控和远程操控成为可能，大大提高了飞行的效率和安全性。

2.飞行器研发创新。电动垂直起降航空器（eVTOL）、氢燃料电池飞机等通用航空器的出现，代表了通用航空飞行器技术的革新方向。这些新型飞行器在设计、制造、飞行控制等方面都融合了航空航天、人工智能、材料科学等前沿技术，具有高效能、低能耗、绿色环保等特点。

3.智能化管理系统。例如，智慧空管与智慧机场通过集成应用物联网、大数据、人工智能等技术，实现了空管系统的智能化和机场运营的高效化，包括空管远程塔台、多点定位系统、全流程机场地面除冰防冰解决方案等智能化系统的应用，提高了空域资源的利用率和机场运营的安全性、效率。无人机数字化运营平台实现了飞行器的实时监控、数据分析、维护管理等功能的一体化，不仅提高了运营效率和安全性，还创造了无人机飞行表演等"夜空经济"新业态。

（二）高效能运营

1.空间资源高效利用。从地面空间提升到低空空域，将二维平面区域向三维立体区域扩展，资源利用效率大幅提升。例如，在农业领域，无人机可以精准地喷洒农药、施肥、播种，助力智慧农业、精准农业发展；在交通运输领域，低空飞行能够避开拥堵的道路，大大缩短运输时间，在一些偏远山区、复杂地况地区作用和优势明显，大幅提高运输效率和安全性。

2.产业协同和运营模式创新。以通用航空为例，其产业发展覆盖从航空零部件制造到技术培训服务的全链条，包括飞行器零部件制造、软硬件开发、航空材料供应、通用航空运营服务、飞行器代管与租赁、低空飞行旅游以及基础设施建设等，上下游之间紧密协作、协同攻关，产业集群效应明显。低空经济场景的应用行业、载运装备、运行主体等多样化，通过场景演进和模式创新，驱动传统产业的转型升级和新兴产业的培育成长。

（三）高质量发展

1.低空空域技术创新。近年来，科教兴国战略、人才强国战略、创新驱动发展战略深入推进，新一代信息技术、人工智能、新材料、新能源等前沿科技加速发展，下一代的北斗卫星导航定位系统、通感一体网络建设，光刻机、射频芯片、核心工业软件等关键技术不断突破，成为未来低空经济重要技术支撑，为低空经济持续发展提供了强劲动力。

2.低空飞行绿色低碳。新能源在通用航空与低空经济中的应用日益广泛，例如，电动飞机、氢燃料电池飞机等新型航空器的研发和使用，具有零排放或低排放的特点。一些地方在"低空经济＋新能源"上布局谋划，开发了一批绿色政务服务、绿色市政管理、绿色物流（快递）配送等公共服务示范应用场景和商业应用场景，对推进"双碳"战略与绿色发展具有重要示范意义。

3.低空资源开放共享。低空空域具有丰富的空间资源、气象资源、通信资源，具有良好的开放性、拓展性，为实施智慧交通、数字城市建设等奠定了良好基础。未来将打造规范统一的数据标准、一体化运行系统，逐步实现数据、技术、场景深度融合，满足不同主体对低空空域的需求。

三、低空新质生产力的要素

传统经济学理论认为，生产力是人类在生产过程中把自然物改造成为适合自己需要的物质资料的力量，包括具有一定知识、经验和技能的劳动者，以生产工具为主的劳动资料，以及劳动对象。新质生产力由技术革命性突破、生产要素创新性配置、产业深度转型升级而催生，以劳动者、劳动资料、劳动对象及其优化组合的跃升为基本内涵，以全要素生产率大幅提升为核心标志，特点是创新，关键在质优，本质是先进生产力。探讨低空经济新质生产力，需要深刻理解新质生产力的基本内涵、本质特征和发展路径，同时也要充分了解低空经济发展现状、未来趋势，赋予"三要素"新内涵。

（一）"新"劳动者

一是创新意识和探索精神。科技创新往往需要劳动者具备深厚的专业知识、敏锐的洞察力和勇于探索的精神。低空经济从业者需要紧跟科技前沿，不断学习新知识、新技能，持续激发学习热情和创新潜能，丰富自身的专业素养和知识结构，适应新业态、新模式。二是专业技能和综合素养。以无人机行业为例，从业者不仅要具备航空领域的专业知识和技能，包括无人机飞行操作技能、维护与维修能力等，还需要具备数据处理与分析、数据解读与应用能力，甚至还需要了解农业、环境、地理等相关领域专业知识和法规政策。三是跨界融合与团队合作能力。低空新质生产力涉及多个学科、多产业交叉融合，需要从业者能够跨越不同学科领域的知识界限，将多学科知识融会贯通，解决复杂问题并推动创新，并能与不同专业背景人员有效沟通，共同推动项目的顺利进行。

（二）"新"劳动对象

低空领域的劳动对象极为广泛且随着低空经济场景不断变化。一是从空域资源层面看，低空空域是军航和通用航空的主要活动区域，是重要的战略资源，包括地形、地貌、地质、气候等自然环境资源。二是从作业对象层面看，涉及农业、林业、渔业、工业和建筑业等作业飞行类，医疗救护、抢险救灾、科学实验、遥感测绘、气象探测、海洋监测等公共服务类，警务、海关缉私等执法管理类，航空器驾驶执照培训、旅游观光、空中体育活动、飞行表演等文化旅游类等。三是从参与主体层面看，劳动对象包括政府、企事业单位、社会组织、个人等。四是从产业和技术资源层面看，飞行数据、地理信息等数据资源，新型航空材料、能源等也是重要的生产要素。

（三）"新"劳动工具

低空新质生产力的劳动工具涵盖了多个领域，不仅包括无人机、eVTOL、飞艇等目前低空经济的主要劳动工具，也包括空域管理系统、飞行监控系统、通信导航系统等智能化的低空管理系统，以实现对低空飞行器的实时监控、指挥调度，还包括工业机器人和自动化设备、CAD/CAM（计算机辅助设计与制造）软件、高精度卫星导航、激光测量、半导体等，以实现高质量的生产和制造，提高生产效率和产品品质。

第四节　立体经济初探

立体经济如同一场盛大的交响曲。地下，地铁如蛟龙穿梭，管道输送能源。地面，车水马龙，高楼大厦林立。海面，巨轮航行，海上风电转动。空中，飞机翱翔，传递旅客与货物。太空，卫星环绕地球，传递信息。立体经济的画卷，正活力满满地展开。

2021年中共中央、国务院印发的《国家综合立体交通网规划纲要》提出立体交通，促进交通通道由单一向综合、由平面向立体发展，构建空中、水上、地面与地下融合协同的多式联运网络。受此启发，本书尝试提出立体经济概念，为更好理解立体经济，先简介太空经济。

一、太空经济简介

神秘的太空总能引发人们的无限遐想。月球上有生物存在吗？人类什么时候可以自由往返外太空？星际穿越真的能够实现吗？马斯克的"火星移民计划"究竟是浪漫传奇，还是哗众取宠？

（一）太空经济概念

经济合作与发展组织（OCED）认为，太空经济是探索、研究、理解、管理和利用太空过程中，为人类创造价值和利益的全方位活动。随着各国航天技术的广泛应用，太空经济产物层出不穷，从科研到民商领域，太空经济正在成为拉动经济增长的新引擎。

太空经济主要由两部分构成：一部分是直接参与太空探索的领域（如运载火箭、卫星及其他各类航天器的研发制造等），这部分是航天技术创新应用的基础环节，也是太空经济产业发展的核心支撑。另一部分是基于太空技术发展而产生变革的领域，为基础环节的延伸（如未来通信、环境监测、太空旅游等）。作为面向未来的产业形态，太空经济同时可以为新质生产力的发展提供必要保障，以低空经济发展为例，卫星互联网可以为地面通信无法覆盖的、更大范围的低空飞行提供关键通信基础设施保障和支持，大大增加低空产业的适用场景，促进低空经济智能化、信息化发展。

（二）新型太空经济的特点

不同于传统观念中以政府为主导、国防为目标的太空经济模式，现代化太空产业吸引更加多元投资群体加入，聚集更为市场化产业企业，这一新模式促使链上企业在技术迭代、降本增效、盈利与产业化发展方面不断优化，拓宽航天技术应用场景。与此同时，得益于太空经济产业发展，民营企业的跨国合作将更为密切，以 SpaceX 为例，随着新一代重型运载火箭星舰的成功发射，星座部署加速，SpaceX 与全球经济体的衔接势必会进一步增强。

（三）太空经济的意义

目前对于太空经济的市场价值尚未形成统一的度量标准，参考 2024 年 6 月世界经济论坛和麦肯锡公司联合发布的报告：未来太空经济规模将从 2023 年的 6000 亿美元增长至 2035 年的 1.8 万亿美元，年均增长率可达到 9%，太空经济的价值将更加凸显。

未来，太空经济市场的重要参与者除了火箭、卫星等太空基础设施供应商外，还会包括太空运营商以及其他依赖于太空数据信息来提供技术服务的供应商，太空经济总量占全球经济的比重将显著增加。此外，与传统经济形态不同，太空的投资回报不仅局限于经济层面，还将在现代通信、先进制造、交通、旅游、消费、灾害预警、教育医疗、气候环境治理等各个领域使人们广泛受益。

1.资源拓展需要。由于生态环境被破坏，人类赖以生存的地球空间和资源正在急剧缩减，太空被视为未来活动所需资源的重要来源，伴随着航天科技的发展，太空经济活动愈发频繁和深入，这为勘探开发太空资源创造了条件。与此同时，太空资源是十分有限的，以卫星互联网组网为例，地球低轨道卫星频轨资源极度稀缺，目前国际电信联盟（ITU）对相关频率和轨道资源采取"先占先得"的规则。作为 6G 时代空地融合通信、实现万物互联的关键，目前世界主要经济体都在紧锣密鼓加速低轨卫星星座的布局。

2.国家安全需要。太空已成为事关国家安全与国际地位的战略性领域，卫星通信、导航、遥感等技术的发展，直接影响到国防、经济、民生的各个领域。航天技术的发展速度直接反映一国在情报侦察处理、导航定位瞄准、通信系统控制、灾害预警处理等方面的先进性。以地震为例，发生时现场情况复杂且破坏力极强，仅仅依靠人工难以迅速获取全面的信息，而遥感技术能够实现大面积快速扫描，大大提升救援效率，减少灾情对灾区群众生命和财产安全的威胁，同时，地震发生时附近通信基站可能被破坏，增加了救援难度，此时卫星通信便可以解决这一问题。除此之外，通信星座在军事领域的作用则更显著，战争发生时地面通信系统极易被摧毁，而卫星通信系统可以在很大程度上规避指挥系统陷入瘫痪风险。

二、立体经济概念

立体经济是指人类在地面、低空、高空、地下等多维立体空间内开展的一系列经济活动的总和。立体经济突破了平面经济的局限，能够充分利用不同高度和深度的空间资源，涉及生产、流通、消费等各个经济环节，涵盖交通、建筑、能源、旅游、通信等多个产业领域。

立体经济模式下，各种经济活动相互交织和影响，这种多维的经济活动组合和互动构成了立体经济的丰富内涵。在地下维度，轨道交通的发展不仅改善了城市交通状况，还带动了沿线土地开发和商业繁荣；在低空维度，低空飞行器的应用改变了物流配送路径和方式，影响了产业链上下游的布局和发展。

立体经济也可称为多维经济、N维经济，强调不同空间层次（如地面、低空、高空等）经济活动相互交织，涉及多个维度的经济要素整合，包括不同高度的运输方式、不同产业在垂直空间的布局等。

三、立体经济的现实基础

随着社会的发展和科技的进步，以地面为活动空间的平面经济模式已经无法满足经济发展的需求。人们的经济活动逐渐向空中、地下等立体空间拓展，为立体经济概念的提出奠定了现实基础。

（一）空间资源的拓展

随着人口增长和经济发展，对空间的需求不断增加，地球表面的资源有限，在城市中，高楼大厦的建设使得单位土地面积能够承载更多的商业、办公和居住功能，提高了土地的利用效率和经济价值。于是，人们通过开发立体空间，有效缓解地面空间压力，如建设高层建筑、地下商场和停车场、发展低空飞行和地下交通等。低空资源的应用应运而生。

（二）科技进步的支撑

科学技术的飞速发展为立体经济的产生提供了技术基础。交通、通信、导航、监控等相关领域的科学技术的完善，为立体空间内经济活动的安全和有序开展提供了保障。以低空维度为例，先进的航空技术使低空飞行和空中交通成为现实，无人机技术的成熟推动了低空物流、测绘等行业的兴起，这些也是立体经济在低空维度的生动体现。

（三）经济需求的驱动

社会经济的发展带来了多样化的经济需求，促使经济活动向立体空间延伸，从而催生了立体经济这一概念。在物流配送方面，立体交通网络能够实现更快速、高效的运输，减少拥堵对经济活动的影响。在旅游方面，低空旅游和地下洞穴探险等新兴旅游形式丰富了旅游产品的种类，满足了消费者对新奇体验的追求。

四、立体经济特征

立体经济在不同空间层次上充分利用资源，具有多维度、综合性的特征。立体经济注重生态平衡，依赖先进技术和创新模式，借助现代科技提升资源利用效率和生产效能，以创新驱动各层面经济活动的高效开展。

（一）空间多维性

与传统经济主要集中在地面维度不同，立体经济涉及地下、地面、低空和高空等多个空间维度，这也是立体经济最显著的特征。立体经济涵盖地下资源开采、地下建筑利用，地面维度的传统经济活动，低空维度的飞行活动和高层建筑物利用，高空维度的高空通信、气象等各个领域。各个空间维度的经济活动既相互独立又相互关联，形成一个复杂的立体网络。

（二）技术密集性

立体经济的发展高度依赖先进技术。高空通信卫星的发射和运行需要航天技术、通信技术等多领域技术的融合，地下城市综合管廊的建设需要精确的地质勘探技术、防水技术和智能监控技术。立体经济是典型的技术密集性形态。

（三）系统复杂性

立体经济是一个复杂的系统，各空间维度的经济活动之间存在着复杂的关系和反馈机制，低空飞行航线的规划需要考虑地面建筑物、空中其他飞行器以及与高空飞行区域的衔接等多方面因素，地下空间的开发利用需要与地面交通、排水等系统相协调。一个维度的变化可能会对其他维度产生连锁反应。

（四）高度融合性

立体经济中的不同产业和经济活动在空间上相互融合。商业、办公、居住等功能在高层建筑中融合，高层建筑与周边的地面交通、地下停车场等设施相互连接，形成有机整体。不同产业在立体空间内的融合发展，提高了资源利用效率和经济协同效应。

五、立体经济要素

在多维空间中，由不同质量等级和稀缺度的广义经济要素以复杂多样的方式组合演进，形成多维度的立体经济要素，这些要素在生产过程中相互作用，共同推动经济增长和开放收益的提升。

（一）空间资源要素

包括可开发利用的低空、高空、地下等空间资源。例如，适宜低空飞行的空域范围、地下地质条件对地下空间开发的适宜性等都是重要的空间资源要素。这些空间资源的质量、容量和可利用程度直接影响立体经济的发展规模和模式。

（二）技术要素

涉及航空航天、地下工程、建筑、通信等多个技术领域。这些技术的发展水平和创新能力决定了立体经济在各空间维度的拓展能力。例如，新型低空飞行器发动机技术提高了飞行器的性能，拓展了低空物流的业务范围。

（三）产业要素

涵盖了与立体空间利用相关的各个产业，如交通运输业（低空交通、地下交通等）、建筑业（高层、地下建筑）、能源业（高空风力发电）、旅游业（低空旅游、地下洞穴旅游）。这些产业之间相互关联、相互支撑，共同构成了立体经济的产业体系。

（四）基础设施要素

包括机场、导航设施、通信基站等空中基础设施，地下轨道、管道、停车场等地下基础设施，以及连接不同空间维度的换乘设施、垂直交通设施等。完善的基础设施是立体经济顺利开展的重要保障。

（五）管理要素

有效的管理能够确保各个空间维度经济活动的有序进行，协调不同利益主体之间的关系，包括空域管理、地下空间规划管理、不同空间维度的安全管理等。

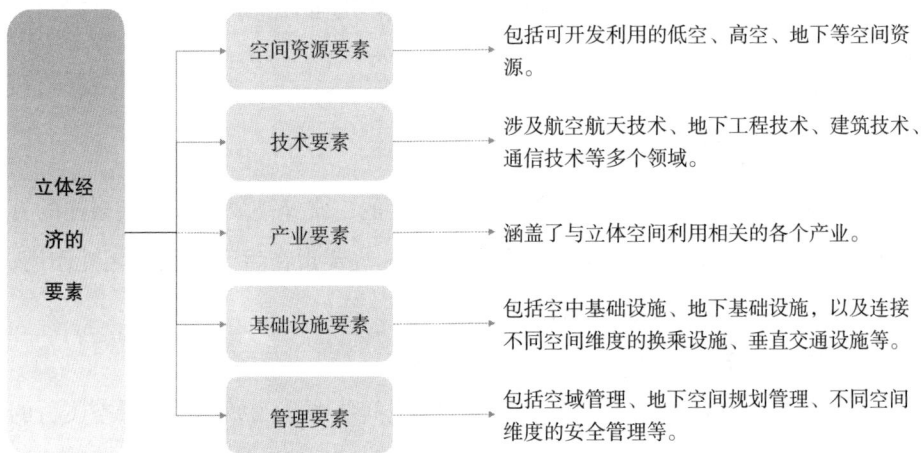

立体经济的要素	空间资源要素	包括可开发利用的低空、高空、地下等空间资源。
	技术要素	涉及航空航天技术、地下工程技术、建筑技术、通信技术等多个领域。
	产业要素	涵盖了与立体空间利用相关的各个产业。
	基础设施要素	包括空中基础设施、地下基础设施，以及连接不同空间维度的换乘设施、垂直交通设施等。
	管理要素	包括空域管理、地下空间规划管理、不同空间维度的安全管理等。

六、立体经济意义

立体经济的意义在于通过充分利用和整合各种资源，在多维空间构建高效、协同的经济体系，促进经济的可持续发展。

（一）拓宽经济增长空间

立体经济为经济增长提供了新的维度和途径，立体空间的开发创造了更多的产业和就业机会，破解了地面经济发展的资源瓶颈。例如，低空经济的发展带动了无人机制造、飞行服务等新兴产业，为经济增长注入新动力。

（二）优化资源配置

立体经济可以推动资源在不同空间维度上进行更合理的分配。不同产业能够结合自身特点和需求利用不同的空间资源，提高了资源利用效率。例如，将对空间需求较大但对地面交通影响较小的物流业务转移到低空或地下空间，减少了地面交通拥堵，使地面资源更好地服务于其他产业。

（三）推动区域发展

发展立体经济的区域能够获得功能布局、交通便利性、产业多样性等多方面的优势，拥有完善立体经济体系的城市能够吸引更多的投资、人才和旅游资源，提升区域经济的竞争力。例如，高效的地下轨道交通和发达的低空交通网络，是国际大都市运转效率和吸引力提升的重要因素。

（四）满足多样化需求

立体经济能够满足大众日益多样化的生产生活需求。发展立体经济带来便捷的立体交通出行方式、丰富的立体旅游体验，符合大众日益增长的美好生活需要，促进消费升级和经济结构优化。

七、立体经济与低空经济、太空经济的关系

立体经济、低空经济和太空经济三者相互关联、相互促进，共同推动人类经济向更广阔的立体空间发展。

（一）立体经济与低空经济

低空经济是立体经济的重要组成部分，在立体经济体系中处于中间层次，连接着地面经济和更高空的经济活动。低空经济主要侧重于低空飞行领域相关的经济活动，如低空物流、低空旅游、低空作业等。

低空经济的发展为立体经济提供了丰富的实践案例和产业模式，其技术创新和管理经验可以为立体经济其他维度的发展所借鉴。立体经济的发展理念和整体规划也为低空经济提供了方向和指导。例如，在考虑低空飞行航线规划时需要结合整个城市的立体交通网络和空间利用规划。

（二）立体经济与太空经济

太空经济是立体经济向更高维度的延伸。太空经济包括卫星通信、太空旅游、太空资源开发等活动。太空经济与低空经济和地面经济共同构成了更为宏大的立体经济架构。

太空经济涵盖的技术和产业虽然具有高度的专业性和独特性，但也与立体经济的其他部分紧密联系，低空经济和地面经济的产业发展也为太空经济提供技术、资金和市场等方面的支撑。例如，太空通信技术为低空和地面的通信网络提供补充和支持，卫星数据可以用于低空飞行的导航和气象预报，航空航天制造业在地面的发展也为太空飞行器的制造奠定了基础。

八、立体经济典型场景：立体空间多维协同的未来经济形态

立体经济通过高效连接交通、能源、物流、通信和基础设施，构建高度绿色化、网联化和智能化的立体经济网络。该体系依托云计算、人工智能、5G/6G和卫星通信技术，构建跨终端跨网络跨组织集中管控与分布式调度能力，实现跨领域间的数据高效流动与协同优化。

想象一座宏伟的超级都市，天空中无人机与客运飞行器穿梭，似灵动飞鸟编织交通网；太空中卫星精准导航，如智慧灯塔指引方向。地面车辆川流不息，地下隧道高铁呼啸而过，海上巨轮破浪前行。能源管道、物流线路交错纵

立体经济典型场景

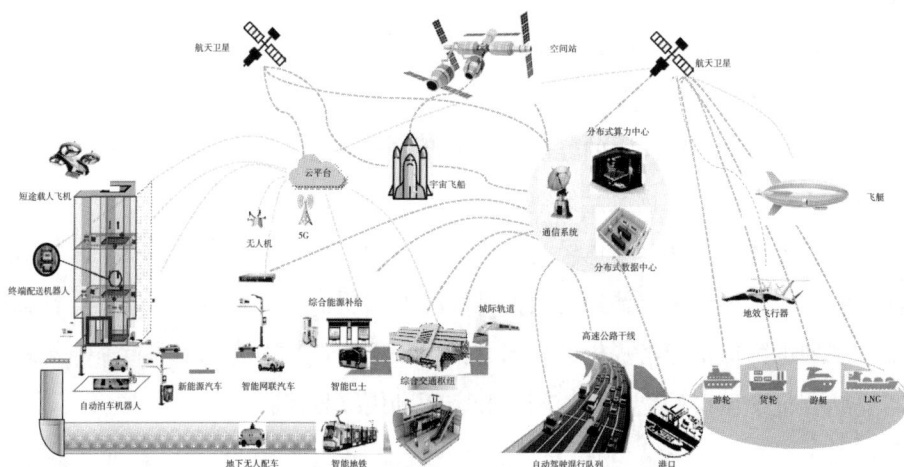

横，5G/6G 信号弥漫，云计算与人工智能如同大脑，高效统筹，让这多维空间如精密机械般协同运作，奏响立体经济的激昂乐章。

太空方面，空间站、宇宙飞船和航天卫星组成太空运输、天基通信导航遥感、太空科研和星际开发等太空经济网络。

低空方面，低空飞行器、飞艇和地效飞行器承担短距离运输、监测及应急任务等，组成低空经济网络，与航天卫星共同构建信息传输的天基通信网络。

地面方面，智能网联汽车、智能巴士、智能驾驶货车、自动驾驶列车组成高效的交通运输体系，提升地面经济网络效率。在地下，通过无人配送车、智能管道物流、地下管廊空间等方式组成地下经济网络。

海洋方面，它是立体经济的重要组成部分，以全球港口枢纽为核心，通过多样化船舶运输系统，构建互联高效的全球海洋经济网络。

最后通过综合交通枢纽、高速公路干线、城际轨道实现地面、太空、低空、地下和海洋经济网络的高效衔接，形成协同的全空间立体经济系统。

通过资源的立体化调配和智能协作，推动传统经济产业的数字化升级，展现未来经济运行的高度网联化、智能化和立体空间协作化的典型场景画卷，是实现新时代高质量发展的重要路径。

第二章　新发展理念指引低空
经济高质量发展

新发展理念若长风破浪之帆，指引其航向高质量发展之彼岸。创新似灵动火苗，点燃低空科技变革引擎，催生新型飞行器与智能管控。协调像精巧天平，平衡区域低空布局与多元业态。绿色若清新春风，推动清洁能源在低空畅行。开放犹宽阔航道，助力低空产业国际合作。共享仿若温暖阳光，让低空便利惠及大众，共绘低空经济绚丽画卷，开启高质量腾飞新篇。

第一节　低空经济高质量发展的科学内涵

以新发展理念为根本指引低空经济高质量发展，要深刻理解低空经济的特点性质，也要准确把握新发展理念的内涵实质。当前，我国低空经济产业与发达国家相比，在市场规模、技术创新等方面仍存在一定差距。可立足我国经济新发展阶段，聚焦低空领域新赛道，坚持创新驱动发展战略，确立产业竞争新优势，不断开创低空经济发展新局面。

一、具有高门槛的技术创新

低空经济需实现关键技术自主可控，形成有核心竞争力的装备、产品及服务。低空经济高质量发展意味着需要掌握关键技术的自主知识产权，摆脱对外部技术的依赖，确保技术路线的自主选择和产业升级的自主可控。例如，低功耗芯片、高性能传感器、先进电池电机、轻量复合材料以及人工智能算法等具有高门槛的核心零部件和技术的自主研发，是低空飞行器性能提升、成本降低、安全性增强的关键。通过持续的研发投入和技术创新，不仅能够满足国内市场需求，还能在国际竞争中占据有利地位，避免被其他国家技术"卡脖子"的风险，为产业的长期稳定发展提供坚实的技术保障。

在关键技术自主可控的基础上，通过在技术研发、产品创新、系统集成、服务模式等方面不断突破，形成具有核心竞争力的装备、产品及服务。放眼全球，我国在电动垂直起降航空器（eVTOL）的研发方面取得了显著进展，部分企业的研制水平已处于全球第一梯队。这些通用航空飞行器以其独特的垂直起降功能，为城市空中交通提供了新的解决方案。通过在垂直起降航空器（eVTOL）相关的电动航空技术、无人驾驶、人工智能、信息通信加大研发投入，将引领行业发展趋势，抢占国际市场的制高点。

二、营造高聚集的产业生态

低空经济上下游产业需跨地域跨行业协调联动发展，突出产业集群规模效益。低空经济产业链的协同发力，是推动整个行业迈向更高层次的关键所在。低空经济产业链上下游企业之间，通过深度战略合作与资源共享，形成了紧密而高效的合作关系。它们不仅在传统业务领域相互支持，更在数字化转型和智能化升级方面携手并进，实现了更深层次的协同与融合。除此之外，"产、学、研、用、金"的深度融合也是低空经济高质量发展的关键。这种融合模式能够促进技术创新、人才培养、产业升级和资本流动，为低空经济的发展注入强大动力。

逐步完善的低空产业集群通过集聚效应和协同发力，不仅推动整个低空经济产业的快速发展与升级，还将促进产业链向高端化、智能化、绿色化方向的迈进，为我国低空经济整体竞争力的提升奠定坚实基础。

三、提供高体验的应用场景

通过挖掘和拓展新的低空经济应用场景，推动技术与产业的深度融合，形成多元化的业务模式和服务体系。目前，低空经济的应用场景不断创新丰富，涵盖了载人、载货及公共服务等多场景低空飞行活动，并且与快递运输、城市管理等业务深度融合，不仅展示了低空经济的巨大潜力，也为低空经济高质量发展提供了坚实的基础。随着技术的不断进步和应用领域的不断拓展，未来低空经济的应用场景还将进一步丰富，如空中巴士、空中出租车、空中汽车等，各类应用将逐步向规模化、商业化发展，带动上下游产业协同高质量发展。

四、实现高水平的行业赋能

低空经济集成多项跨领域、智能化技术，实现了对低空资源的高效利用和低空活动价值的深度挖掘，体现了技术革命性突破、生产要素创新性配置、产业深度转型升级，是新质生产力的典型代表。

低空经济的高质量发展体现在各类低空飞行活动与数字技术的智能融合上。通过应用大数据、云计算、人工智能等先进技术，低空经济活动实现了数字化、智能化管理。例如，利用大数据分析技术，可以实时监测低空飞行器的运行状态，预测潜在故障，提高维修效率；利用人工智能技术，可以优化飞行路线，提高飞行效率，降低能耗。低空经济的高质量发展也体现在跨行业的融合和赋能上。例如，将低空飞行与公路、铁路、水运等传统交通方式相融合，将构建更加高效、便捷的立体交通网络。低空飞行与智慧城市、智慧农业等领域相融合，可以推动相关产业的转型升级和创新发展。低空经济的跨行业融合不仅体现在业务流程提效、制度创新，还创造了新的市场需求，为传统产业提供了新的发展机遇。

第二节　新发展理念指引低空经济
高质量发展的现实逻辑

创新如火箭引擎，推动科技与模式飞升，绽放新能光芒；协调似精巧齿轮，带动区域产业耦合，编织生态画卷；绿色若春风拂过，革新运营，铺就永续之路；开放像宽阔航道，引资源畅行，拓宽世界之窗；共享如暖阳倾洒，福泽民众，共筑幸福家园。以新发展理念指引低空经济高质量发展，低空经济在发展动能、发展布局、发展模式、发展成效等方面具有其内在的现实逻辑：创新发展驱动技术进步与模式创新，培育新动能；协调发展促进区域与产业协同，构建生态链；绿色发展引领技术革新与运营优化，实现可持续；开放发展拓展国际合作与资源流动，拓宽新空间；共享发展使成果惠及民众并促进社会共治，增强幸福感。

一、创新发展：低空经济高质量发展的动力源泉

（一）技术创新引领低空经济新增长

1.飞行器技术的革新进展。在制造、材料、信息处理等技术创新引领下，低空飞行器领域持续涌现出各种前沿技术。新型材料的应用，不仅使飞行器实现了轻量化与高强度的双重提升，同时显著增强了飞行性能并提高了燃油效率。特别是电动垂直起降航空器（eVTOL）的创新设计，为城市低空交通领域带来了全新的发展契机，有望有效缓解城市交通拥堵状况，并引领人们出行方式的深刻变革。

无人机技术的迅猛发展，更是技术创新的一个缩影。从最初的航拍娱乐，到如今广泛应用于农业植保、电力巡检、物流配送等多个领域，无人机凭借其不断革新的飞行控制技术、先进的智能导航系统以及高清图像传输技术，实现了功能的多元化与性能的飞跃式提升。这为相关行业带来了高效、便捷的全新解决方案，并大大拓展了低空经济的市场空间。

2.运营管理模式的创新实践。低空经济的创新不仅局限于技术层面，更体现在运营管理模式的革新上。随着大数据、云计算、人工智能等先进信息技术的深度融合，低空飞行运营管理系统正逐步向智能化升级。通过实时分析并处理飞行数据，系统能够优化飞行计划、实现飞行器活动调度的精准对接。这些创新举措不仅显著提高了运营效率，还有效降低了运营成本，从而全面提升低空经济的整体竞争力。

（二）构建创新生态系统，激发低空经济新活力

1.产学研深度融合，加速创新成果转化。为助推低空经济的创新发展，需要政府、企业、高校及科研机构之间建立紧密的合作关系，共同构建产学研深度融合的创新生态系统。高校与科研机构在基础研究与前沿技术探索上发挥引领作用，为低空经济奠定坚实的理论基础与技术储备。而企业则通过与学术机构的紧密合作，将科研成果有效转化为实际的产品与服务，实现创新链与产业链的紧密对接。

多地政府积极搭建低空经济产业创新平台，吸引产业企业与科研团队的入

驻。这些平台提供资金支持、技术交流、人才培养等全方位服务，有力推动低空飞行器制造、低空通信、导航等核心技术的突破，以及创新成果的产业化应用，从而为低空经济的发展注入新的动力。

2.优化创新创业环境，激发市场创新潜能。优质的创新创业环境是低空经济蓬勃发展的基石。为此，各级政府出台了一系列扶持政策，包括税收优惠、财政补贴、创业投资引导等，为低空经济领域的创业者提供了强有力的支持。同时，通过举办低空经济创新创业大赛等多样化活动，营造浓厚的创新创业氛围，成功吸引大量人才与资本涌入。

此外，各地还积极规划并建设低空经济产业园区与孵化器，为低空经济产业链相关企业提供包括场地、设备、资金等在内的全方位支持，有效降低了创业成本，提高了创业成功率。这些举措大大激发了市场主体的创新潜能，催生了一批具备强大创新能力与市场竞争力的低空经济企业，共同推动了低空经济的持续繁荣与发展。

二、协调发展：低空经济高质量发展的基本要义

（一）区域协同助力低空经济均衡分布

1.地区间优势互补共赢。我国幅员辽阔，各地区在经济发展水平、资源条件及产业基础上各具特色。在新发展理念的引领下，各地依据自身优势和特点，明确自身在低空经济领域的发展定位，科学规划低空经济的发展布局，实现区域间的优势互补与协同发展。例如，东部沿海地区凭借其经济发达、科研力量雄厚的优势，具备发展高端低空飞行器研发制造、低空旅游及商务飞行的优势；而中西部地区则利用地广人稀、空域资源丰富的特点，专注于通用航空作业及应急救援等领域的拓展。通过强化区域间的合作与交流，东部地区向中西部地区输出技术、资金及人才，中西部地区则为东部地区提供广阔的市场与空域资源，共同推动低空经济的蓬勃发展。这种区域协同的发展模式，不仅促进低空经济在全国范围内的均衡分布，还将有效缩小地区间的发展差距。

2.乡村振兴扩大低空经济服务范围。随着乡村振兴战略的深入实施，低空经济在农村地区展现出巨大的应用潜力。例如，无人机在农业植保、农村物流配送等方面的广泛应用，显著提升了农业生产效率，降低了物流成本，为农村

居民带来了更加便捷的服务体验。同时，低空旅游项目也逐步向农村地区延伸，通过开发乡村低空旅游线路，不仅带动了农村旅游业的发展，还增加了当地的收入来源。城乡联动的发展模式，使得低空经济的服务范围得以不断扩大，实现了从城市到农村的全面覆盖，有力推动了城乡一体化发展的进程。

（二）产业协同打造低空经济产业链生态圈

低空经济作为一种综合性的经济形态，其产业链横跨飞行器制造、航空运营、机场建设、维修保养、金融保险以及教育培训等多个领域。在协调发展理念的引领下，这些产业环节之间形成了紧密的联动机制，共同构建了一个完善的产业链生态圈。具体而言，飞行器制造企业与零部件供应商之间建立了稳固的合作关系，既保证了零部件的质量，又确保了供应的稳定性，从而有效提升整机制造的效率与质量。同时，航空运营企业与机场、维修保养企业等紧密配合，共同为飞行运营的安全与顺畅保驾护航。金融保险机构则为低空经济企业提供全方位的融资支持与风险保障，为产业的稳健发展提供了有力支撑。此外，教育培训部门积极培养低空经济所需的专业人才，有效满足产业发展的迫切需求。这种上下游产业紧密联动的模式，不仅增强了低空经济产业链的韧性，还显著提升了其竞争力。

三、绿色发展：低空经济高质量发展的应有之义

（一）低碳环保驱动低空飞行器技术革新

1.新能源赋能减排降碳。在全球气候变化挑战下，低碳环保的核心理念正引领低空飞行器技术研发方向，新能源的广泛应用尤为突出。电动飞行器凭借其零排放、低噪声的显著优势，已成为科研与产业界的聚焦点。随着电池技术的持续突破，电动飞行器的续航能力显著增强，性能亦不断优化，已在多个城市低空交通及短途通用航空领域展开试点运营。同时，氢燃料电池等前沿清洁能源技术也在低空飞行器上积极探索与测试，为低空经济的绿色发展开辟了更广阔的前景。

2.节能减排技术优化飞行器效能。在新能源应用之外，低空飞行器的设计与制造同样注重节能减排技术的融入。通过精细化调整飞行器的气动外形，有效降低空气阻力，进而减少燃油消耗。同时，引入先进的发动机技术，提升燃

烧效率，削减污染物排放。在飞行器运营层面，通过科学规划飞行路径与采用高效飞行模式，进一步降低能耗与排放。部分低空飞行器制造商正致力于研发可回收材料及环保涂料，旨在减少生产过程中的资源消耗与环境污染。这些绿色技术的集成应用，不仅契合了新时代绿色发展的理念，也助力低空经济实现了运营成本与环保效益的双重优化。

（二）绿色运营策略助力低空经济可持续增长

1.空域资源高效配置降低环境负荷。绿色发展理念要求低空经济在运营中必须高效利用空域资源，以减少对生态环境的影响。通过实施科学的空域规划与管理策略，优化低空飞行器的飞行轨迹，避免在生态敏感区上空频繁穿梭，从而减轻噪声污染与生态干扰。同时，加强空域资源的动态调控，提升空域使用效率，缩减飞行器在空中等待与盘旋的时间，进而降低燃油消耗与温室气体排放。此外，积极推广北斗导航等先进导航技术，实现对飞行器的精确追踪与监控，既提升了飞行安全性，又有助于优化空域布局，减少非必要飞行对环境造成的负担。

2.绿色枢纽构建生态友好型基础设施。起降枢纽作为低空经济活动重要的支撑节点，其绿色化建设对于推动整个行业的绿色发展至关重要。在起降枢纽建设阶段，应优先选用环保材料与节能技术，打造绿色建筑典范。例如，充分利用太阳能、地热能等可再生能源为机场设施提供能源支持，减少对化石能源的依赖。实施雨水收集与污水处理系统，实现水资源的循环再利用，降低水资源消耗。在运营层面，倡导绿色出行方式，鼓励旅客与员工选择公共交通前往机场。加强起降枢纽周边绿化工作，提升植被覆盖率，改善机场周边的生态环境。通过绿色枢纽的全面建设，为低空经济打造生态友好型的基础设施体系，为其可持续发展奠定坚实基础。

四、开放发展：低空经济高质量发展的必由之路

（一）国际合作拓宽低空经济发展新空间

1.积极参与国际低空经济规则制定与标准建设。积极参与国际低空经济规则制定和标准建设，是我国低空经济融入全球经济体系、提升国际竞争力的关键举措。同时，推动国内低空经济标准与国际标准的对接和互认，提高我国低

空经济产业的标准化水平，促进国内企业与国际市场接轨。加强与其他国家在低空经济标准制定方面的交流与合作，共同推动全球低空经济标准的统一和完善，促进国际低空经济健康、有序发展。

2.技术与管理引进推动产业升级。低空经济作为全球性产业，其技术与运营管理经验在国际上已有较多积累。秉承开放发展的理念，我国低空经济领域应积极寻求国际合作，通过引进国外尖端技术与管理经验，为产业升级注入新动力。具体而言，国内多家企业与国际低空飞行器制造巨头携手，吸纳其先进设计理念与制造工艺，显著提升了我国低空飞行器的自主研发与制造水平。同时，深入借鉴国外成熟的运营管理模式，如FBO（固定基地运营商）体系及低空旅游运营模式，为我国低空经济的蓬勃发展提供了宝贵经验。

3.国际市场竞争助推企业全球化进程。随着我国低空经济实力的不断增强，国内企业正积极进军国际市场，拓展海外市场版图。凭借高性价比与卓越性能，我国无人机产品已远销多国，广泛应用于农业、测绘、安防等多个领域。此外，部分通用航空企业通过与国外伙伴合作，开展跨境飞行服务、国际航空培训等业务，进一步提升了我国低空经济在国际市场上的影响力。国际市场的竞争不仅助力企业扩大市场份额、获取经济收益，更促进了技术创新与管理水平的全面提升，加速了企业的国际化发展步伐。同时，这也加深了我国与其他国家在低空经济领域的交流合作，共同推动了全球低空经济的繁荣发展。

（二）开放政策激发低空经济要素活力

1.市场准入放宽吸引多元投资。为推动低空经济的开放发展，我国政府不断放宽市场准入门槛，对外商投资实施优惠政策与便利措施，吸引了众多国际知名企业在我国投资布局。通过鼓励民间资本参与低空基础设施建设、低空飞行器制造及航空运营等关键环节，有效激发了市场活力。这些资金的进入为低空经济的发展提供了坚实的资金支持，有力推动了产业的快速发展与壮大。

2.营商环境优化促进要素流动与聚集。优质的营商环境是开放发展的基石。我国政府持续优化低空经济领域的营商环境，通过简化行政审批流程、提高政务服务效率等措施，为企业提供了更加便捷高效的服务环境。同时，加强知识产权保护，营造公平竞争的市场氛围，吸引了国内外优秀人才、技术等要素向低空经济领域汇聚。各地还出台了一系列人才引进政策，吸引低空经济专业人才前来创新创业。这些举措有效促进了人才、技术等要素的流动与集聚，提升了我国低空经济的创新力与竞争力，为高质量发展奠定了坚实基础。

五、共享发展：低空经济高质量发展的民生选择

（一）低空经济成果增进民生福祉

1.低空旅游拓宽民众休闲新视野。随着低空经济的蓬勃发展，低空旅游已成为民众休闲生活的新热点。低空旅游的兴起，不仅丰富了民众的休闲娱乐选择，更满足了大众对高品质生活的追求与向往。同时，低空旅游项目的成功运营，也大大促进了当地旅游业的繁荣，推动了旅游消费结构的升级，为地方经济注入了新的活力。诸多地区凭借低空旅游的特色优势，成功打造了独具魅力的旅游品牌，提升了区域知名度与吸引力。

2.低空交通助力偏远地区交通升级，未来有无限可能。在共享发展理念的引领下，低空交通在改善偏远地区交通状况方面发挥了举足轻重的作用。针对我国部分偏远地区地形复杂、交通不便的实际情况，低空交通提供了高效便捷的交通解决方案。通过开展短途运输、应急救援等多元化服务，低空飞行有效缓解了偏远地区居民的出行难题，解决了看病难等实际问题，显著提升了当地居民的生活质量。此外，低空交通还为偏远地区的资源开发与经济建设提供了有力支撑，促进了区域间的协调发展。在矿产资源丰富的偏远地区，低空交通更是成为人员和物资运输的重要通道，加速了资源开发的进程，为当地经济发展注入了强劲动力。

（二）社会共治促进低空经济共荣共享

1.民众投身低空经济创新创业浪潮。共享发展理念激发了民众参与低空经济创新创业的热情。随着低空经济领域的持续拓展与市场需求的不断增长，越来越多的企业和资源投入这一新兴领域，投身于无人机研发、低空旅游项目策划、通用航空服务创新等创业实践。政府与社会各界也积极为民众创新创业提供全方位的支持与保障，通过举办创业培训、提供资金支持、搭建创业平台等举措，有效降低了创业风险，提高了创业成功率。民众的广泛参与为低空经济的发展注入了新的活力，低空经济的发展也为民众回馈经济和社会成就，形成

了低空经济共建共享、共荣共赢的良性格局。

2.社区融入低空经济发展决策过程。为确保低空经济的发展更加贴近社会需求，共享发展理念强调社区的深度参与。在低空经济项目的规划与决策过程中，充分尊重并吸纳当地社区居民的意见与建议，切实保障他们的合法权益。例如，在起降设施的建设过程中，充分考虑对周边社区居民的噪声影响、土地征用等关切点，通过科学合理的规划与妥善的补偿措施，赢得居民的理解与支持。同时，社区居民也积极参与低空经济相关的科普宣传、志愿服务等活动，加深了对低空经济的认识与了解，为低空经济的发展营造了良好的社会环境。这种社区深度参与的模式，有效促进了低空经济与社会的和谐共生，实现了发展成果的共享共荣。

第三节　新发展理念指引下低空经济高质量发展的实现路径

以新发展理念为指引，通过统筹发展谋划，加强顶层设计和政策引领，从技术创新驱动、产业协同联动、设施基础保障、体制机制完善等方面共同发力，推动低空经济高质量发展。

仿若绘制宏伟蓝图，依新发展理念之笔，在低空领域挥毫。技术创新为墨，产业协同调色，设施与机制勾勒框架，共绘低空经济盛景。

一、激发创新活力，培育低空经济发展新动能

创新是驱动低空经济蓬勃发展的核心引擎，需在全社会范围内营造并强化鼓励低空经济创新的积极氛围，深入挖掘低空经济的广阔市场。

（一）强化低空技术创新投资，促进新兴技术与低空经济的深度融合

引导与激励企业和科研机构在低空关键技术领域，如无人机技术、航空材料、低空通信技术、智能导航等方面加大研发投入力度，力求突破技术难关，实现低空飞行器在性能上的飞跃、安全性的显著提升以及成本的合理降低。例如，积极推动研发更为高效且环保的动力系统，以增强无人机的续航能力。利用尖端的材料科技来减轻飞行器的整体重量，从而提升其载荷能力；

积极推动低空经济与人工智能、大数据、物联网等前沿科技的融合应用，以实现低空飞行运营管理的智能化与高效化；基于大数据的深度分析来进行低空航线智能规划与优化，以及借助物联网技术实现低空设备的远程监控与便捷维护。

（二）创新低空经济商业模式，拓宽多元化的应用场景

鼓励企业积极探索并实践低空经济领域的新型商业模式，深入挖掘并满足更多潜在的市场需求。一方面，推动低空旅游、低空物流、应急救援、农林作业等传统应用领域的创新升级。例如，通过开发独具特色的低空旅游线路，并结合虚拟现实技术为游客带来沉浸式的全新体验；优化低空物流配送的流程与模式，以进一步提高配送的效率与准确性。另一方面，积极拓展低空经济在新兴领域的应用范围，如城市空中交通（UAM）、低空遥感测绘、电力巡检等，以创造新的经济增长极。具体来说，发展城市空中交通系统，构建高效且便捷的城市立体交通网络体系，有效缓解城市地面交通的拥堵状况；同时，利用低空遥感技术进行高精度的地形测绘与环境监测工作，为城市规划、农业生产、资源勘探等多个领域提供精确的数据支撑与决策依据。

二、强化协调联动，提升低空经济发展平衡性

协调发展是低空经济蓬勃发展的关键，致力促进低空经济内部各要素之间，以及低空经济与其他相关产业、区域间的和谐共生与良性互动。

（一）加速低空经济产业链一体化进程

为了推动低空经济的全面发展，必须加强产业链上下游企业之间的紧密合作。在涵盖低空飞行器制造、运营服务以及配套设施建设等核心环节上，构建稳固的协作桥梁。鼓励飞行器制造商与零部件供应商、研发机构深化合作，携手推进技术创新与产品迭代升级。同时，积极引导运营服务企业与飞行器制造商、维修企业等形成深度整合，以确保低空飞行运营的安全性与高效性。为实现该目标，可以通过建立产业联盟或供应链协同平台来实现，促进信息共享与资源的优化配置，进而提升整个产业链的综合竞争力。此外，需关注低空经济与交通运输、旅游、农业等多元产业的融合发展，通过产业间的相互渗透与融合，拓展低空经济的新空间。

（二）优化区域低空经济布局，促进资源高效配置

考虑到不同地区的地理特征、经济发展水平及市场需求差异，应合理规划低空经济产业的区域布局。通过加强区域间的合作与交流，实现资源的优势互补与共享。例如，在东部经济发达地区，依托深厚的产业基础与创新能力，重点发展低空高端制造业与城市空中交通等前沿领域。在中西部地区，则应充分利用当地的资源禀赋与产业特色，优先发展低空旅游、农林作业等具有地域特色的低空经济项目。同时，应加大对欠发达地区低空经济基础设施的投资力度，努力缩小区域间的发展差距，推动全国低空经济的均衡发展。为了助力乡村振兴战略的实施，还需加强城乡低空经济的协调发展，将低空经济服务延伸至乡村地区，如通过开展低空旅游扶贫项目、无人机农业作业、偏远地区无人机配送服务等，为农村经济注入新的活力，促进农民收入的持续增长。

三、秉持绿色理念，推动低空经济可持续发展

绿色发展是低空经济迈向高质量发展的必由之路，必须将环保理念落实到低空经济发展的每一个环节。

（一）大力推广节能环保型低空飞行器，削减能耗与排放

为发挥低空经济的绿色发展优势，应积极鼓励企业研发并生产采用清洁能源（诸如电能、氢燃料电池等）的低空飞行器，以此减少对传统燃油的依赖，进而降低碳排放量。同时，需要优化飞行器的设计结构，提升其能源使用效率，并着力减少飞行过程中产生的噪声污染。以电动无人机为例，其在物流配送、农林作业等领域的广泛应用，不仅能显著降低运营成本，更能有效减轻对环境的负担。此外，应强化对低空飞行器的环保监管，制定并执行严格的排放标准与噪声限制，确保所有低空飞行活动均能满足环保要求，助力低空经济的绿色发展。

（二）强化低空经济活动对生态环境影响的评估与管控

在低空旅游、低空飞行训练等活动的开展过程中，必须充分考虑其对自然保护区、生态脆弱区等特殊区域可能产生的生态环境影响。为此，应进行科学严谨的评估，并根据评估结果采取相应的保护措施。例如，通过合理规划低空

旅游航线，确保航线避开生态敏感区域；同时，限制在特定时间段内的低空飞行活动，以最大程度地减少对野生动物栖息与繁殖的干扰。此外，应积极开展生态修复与环境保护的宣传教育活动，旨在引导低空经济的从业者与参与者树立正确的环保意识，共同参与到生态环境的保护中，实现低空经济与生态环境的和谐共生与可持续发展。

四、拓展开放合作，增强低空经济发展开放性

提升开放程度对于低空经济而言，是充分利用全球资源、拓宽市场边界、实现高质量发展的关键所在。

（一）深化国际合作与交流，汲取国际先进技术和管理精髓

为推动低空经济的蓬勃发展，需要积极参与国际低空经济领域的互动与合作。通过与国际顶尖企业、科研机构建立紧密的合作关系，引进国外在低空飞行器制造、运营管理以及安全标准体系方面的先进技术和管理经验。同时，鼓励国内企业"走出去"，在国际低空经济市场中展现实力，拓展全球市场份额，分享我国低空经济的发展经验和成果，增强我国在全球低空经济领域的话语权和影响力。具体来说，通过举办具有国际影响力的高规格低空经济论坛或展会，汇集国内外企业共谋发展；同时，支持企业开展跨国合作项目，共同研发新型低空飞行器，或携手开拓国际低空业务市场，实现互利共赢。

（二）促进国内低空经济区域协同发展，打破地域壁垒

为了推动低空经济的全面发展，需要加强国内各地区之间的合作与联动。通过建立区域低空经济协同发展机制，打破管辖空间边界的束缚，实现低空飞行空域资源的共享、低空经济产业的转移与承接，以及低空飞行服务的互联互通。以长三角、珠三角、京津冀等地区为例，积极推进上述区域的低空经济一体化发展，构建具有示范意义的区域低空经济协同发展区，形成跨区域的低空经济产业链和产业集群，构建区域低空运输航线，从而提升区域低空经济的整体竞争力。同时，可加强与周边国家和地区在低空经济领域的合作与交流，共同开发跨境低空载人和载物线路，开展跨境应急救援等合作，为低空经济的发展开辟更广阔的空间。

五、完善共享机制，促进低空经济发展共繁荣

共享发展理念致力于确保低空经济的成果能够广泛惠及民众，助力实现共同富裕的宏伟目标。

（一）强化低空经济基础设施的共享机制，提升资源使用效率

为推动低空经济的稳健发展，需着力加强低空起降设施及通信、导航、感知设施等核心基础设施的统筹规划与建设工作，力求基础设施资源的共建共享。鼓励各企业与单位之间，共享低空飞行空域、起降设施、飞行器等低空资源，有效避免重复建设与资源浪费。具体而言，通过建立低空飞行公共服务平台，整合各类低空经济基础设施的相关信息，为用户提供一站式便捷服务和信息共享，大大方便企业与用户的查询与使用，提升业务效率。此外，积极推动低空经济与公共服务领域的深度融合，如运用低空飞行器高效开展应急救援、医疗救护及消防灭火等公益事业，进而全面提升公共服务水平，切实保障人民群众的生命与财产安全。

（二）加速低空经济数据资源的共享进程，激发行业创新潜能

构建低空经济数据共享机制，通过整合飞行器运行数据、空域资源数据、气象数据以及地理信息数据等各类关键数据资源，打破"数据孤岛"现象。借助数据共享，挖掘数据效益，为企业研发、市场分析以及政府决策等关键环节提供坚实的数据支撑，从而有效激发低空经济的创新活力。例如，政府部门及时与企业共享气象数据、空域管制数据等关键信息，提升企业航路规划和飞行计划制定的合理性和智能化水平，显著提升运营安全性；同时，企业也将积极向科研机构反馈飞行器运行数据，为技术的持续改进与产品的创新升级提供有力依据。在此过程中，需重视数据安全问题，确保数据共享过程中的信息风险可控。

第三章　数字化赋能低空经济高质量发展

低空经济，若待琢璞玉；数字化为斧凿，雕琢其形。低空数字化如慧眼神通，洞察秋毫；低空元宇宙像太虚仙境，虚实相生；数据要素则是灵脉，贯穿关键。数字化之力谱低空绮丽新篇，畅行于智慧苍穹之下。数字化手段恰似低空经济发展关键的"知彼知己"利器，犹如敏锐的鹰眼，穿透低空复杂环境，精准洞察飞行器状态、空域态势等，赋能低空经济迈向高质量发展新征程。

第一节　低空产业元宇宙概论

元宇宙是数字化发展到一定阶段的产物，是数字化的高级形态，而元宇宙的构建和运行也依赖于数字技术，离不开海量的数据要素，以及数字化的各类技术要素。本节论述将从数字化的定义和特征出发，延伸到产业元宇宙及其在低空领域的子集——低空产业元宇宙，进而论证数字化赋能对于低空经济高质量发展的重要意义。

一、数字化、网络化、智能化

万物皆数据，一切都可以数字化。数字化已深入人们的衣食住行、工作生活、生产服务等方方面面，可谓无处不在、无孔不入、无所不能。数字经济的"数字"属性是区别于传统经济模式的最显著特点，而"数字"的技术特性决定其在不断推进中表现出数字化、网络化、智能化等特质。在这诸多特质中，徐宗本院士认为数字化、网络化、智能化是最为突出的特征。在人类社会、物理世界、信息空间构成的三元世界中，关联与交互决定信息化的特征和程度。

其中数字化是感知人类社会和物理世界的基本方式，为社会信息化奠定基础；网络化是联结人类社会与物理世界（通过信息空间）的基本方式，为信息传播提供物理载体；而智能化是信息空间作用于物理世界与人类社会的方式，体现信息应用的层次和水平。

（一）数字化（Digitalization）

中国国际经济交流中心副理事长黄奇帆在《结构性改革》一书中认为"数字化"是大数据、人工智能、移动互联网、云计算、区块链等一系列数字技术组成的"数字综合体"。数字经济之所以被定义为"数字"，其内核源于复杂的物理世界可以以数字形式在计算机系统中被体现、被虚拟出来。从莱布尼茨那枚标志着二进制诞生的银币到中国国防科技大学研发的"天问二号"，这朴素简洁的 1 和 0，或因背后蕴含"有"和"无"的东方智慧而改变了人类社会进程。这是世界上最普遍的，却又是最完美的逻辑语言。

数字化就是量化一切，用数据说明、解释、证实事物真相。日常工作生活的一切事物，本质上都符合数学规律，都可数字化成为数据。数字化对大量数据进行采样、存储、挖掘、共享和分析，涉及文字、图片、声音、图像、表格等，可谓处处是沙子，又到处是黄金。如果你不去使用它，它就成了没有多大价值的沙子；如果你深入去分析，挖掘利用，它就是黄金。数字化核心在于对数据进行处理，挖掘数据自身潜在价值，数字化强调数据可还原过去、描述现实和规划未来。

时至今日，数字化如同基因一样影响信息技术成长走向。把复杂多变的信息转变为可度量的数字、数据，再以这些数字、数据建立合适模型，把它们转变为一系列二进制代码，引入计算机统一处理，信息变为可分析利用资源，这看似简单的数字化基本过程深刻影响着我们的学习、生产和生活。

数字化背景下的政府变革，是数据驱动下的公共服务提升、是物联网基础上的城市治理、是精准定位的医疗卫生体系、是安全稳固的国防、是移动便捷的公民体验。

数字化背景下的企业变革，是战略、业务、运营全方面的数字化，是组织结构的调整、是新型创新模式的建立、是 IT 架构的匹配；是将数字化的信息进行条理化，通过智能分析、多维分析、查询回溯，为决策提供有力的数据支撑；是以业务流程的优化和重构为基础的信息共享和有效利用；最终得以提高企业的经济效益和市场竞争力，激活新动能，谋求可持续发展。

而数字化背景下的我们，或许有一天人生行为轨迹数据碎片得以被收集、还原，从而再生一个全新的栩栩如生的"我"。

（二）网络化（Networking）

当每一台计算机作为独立个体存在时，它们之间因没有任何交互而孤独存在，而人类产生的交互体验需求推动了技术突破。在互联网时代伊始，人们的视线聚焦在浏览器上，所有新鲜的想法都出现在浏览器上，后来一直到没有边界的互联网未来，任何载体都能实现互联网的终端功能。全世界万物互联终将成为现实。我们生存的物理世界因网络的存在而淡化了距离。

在网络化背景下，任何一种社会组织，大到国家，小到一个团队都将具有扁平而多元的结构，充分共享信息，分工更加柔性，而内部活动更趋于市场、更公开公平，各个组织间更容易因契约而实现联盟与协作。

网络化更是在改善工作效率、丰富便捷生活的同时，有效消除信息壁垒，使人类社会协同发展更具可能性。

（三）智能化（Intellectualization）

通常所认知的智能化一般包括感知能力、记忆与思维能力、学习与自适应能力、行为决策能力，使对象具备灵敏准确的感知功能、正确的思维与判断功能、自适应的学习功能，以及行之有效的执行功能。这是一个从人工到自动，再到自主的过程。这一过程实现途径从大数据智能、群体智能到跨媒体智能、人机混合增强智能，直至类脑智能。

智能化进程，无论是从以代替人力为表现的弱人工智能，到拥有和人类一样智能的强人工智能，再到自主升级迭代完全超越人类的超人工智能；还是从以技术路径区分的计算智能到感知智能，再到认知智能，终将加速赋能，并为人类的医疗、金融、安防、教育、交通、物流等各类传统行业带来机遇与发展潜力。

二、产业元宇宙

元宇宙是整合传感器、大数据、人工智能、数字孪生等多种新技术而产生的虚实融合的数字世界，是人类在自然宇宙之外"创造"一个平行的数字宇宙，将宇宙时空从自然时空拓展为虚拟和现实双重时空。

（一）产业元宇宙的概念

产业元宇宙是使用数字技术对现实世界中的社会属性和自然属性进行重构和再创造的能力集合，主要目标是引入数字能力到现实世界、实体经济并构建接口，打破虚实边界，实现数字世界与现实世界的深度融合。

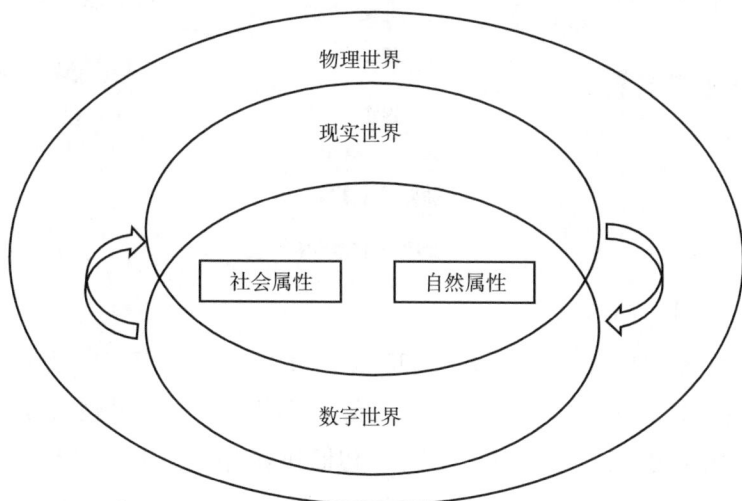

产业元宇宙既能用于构建数字世界，也能帮助实体组织高效、经济地模拟现实世界从而更好作出决策，是实体组织实现硬科技转型的新型发现工具、效率工具和创造工具。未来的真实世界将由现实世界和数字世界共同构成，数字产业和实体产业将同时为数字世界和现实世界提供服务。产业元宇宙将扩展以泛人工智能为代表的数字技术与产业结合的广度与深度，通过数字模型实现知识经验的沉淀积累和无差别共享，重构产业链分工协作机制。

（二）产业元宇宙的构成要素

产业元宇宙构成要素包括：（1）入口能力。建立现实世界的信息到数字世界的映射，既包括"物"的入口，如物联网设备、传感器，也包括"人"的入口，如 AR/VR/MR 眼镜、柔性电子织物、脑机接口等。（2）空间计算能力。包括渲染能力和仿真能力，还原入口数据、模型的自然属性和社会属性，并在还原基础上进行再创造。（3）出口能力。把数字世界创造的成果作用到现实世界，在现实世界完成再创造过程的闭环。（4）新型硬件体系。通过研发新材料、新工艺、新设备，构建新型硬件体系，加强现实世界对数字解决方案的硬件承载能力，满足定制化、柔性需求的生产制造能力。

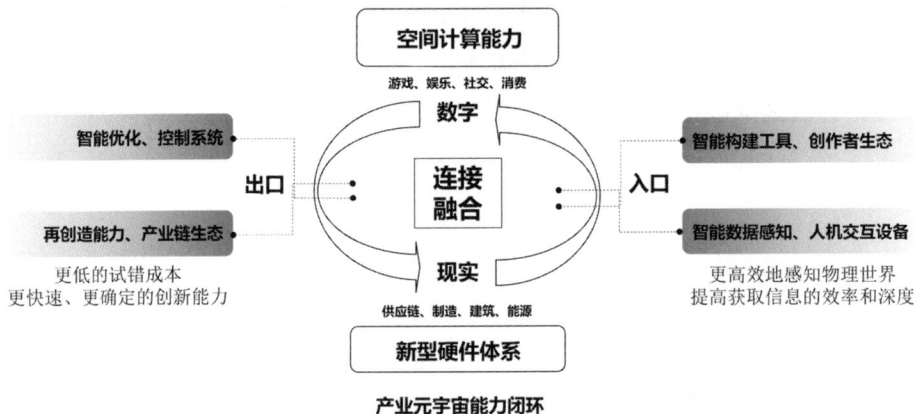

产业元宇宙能力闭环

（三）产业元宇宙影响

1. 重塑人类认识世界和改造世界能力。在产业元宇宙中，物理机理、人类社会行为能以统一语义空间进行表达。通过互联互通、共享共建的内容生态体系，产业元宇宙将大大提升知识沉淀、传播和复用的效率，重塑生产制造模式、服务模式、商业模式，催生新业态、新产业，人类社会将诞生全行业、全社会协同发展的新型生态体系，深刻改变人类认识和改造世界的能力。

2. 改变现有生产方式和分配方式。产业元宇宙技术的广泛应用，将延展泛人工智能技术在产业落地中的深度和广度，加速技术与产业的深度融合，对现有生产方式、分配方式带来颠覆式影响。生产方式将由"设计定义制造"转变为"需求定义制造"，最终演化为"计算能力自主创造"。分配方式将实现去中心化，劳动分配将由所有权驱动转变为使用权驱动、数据驱动。效率和公平性将得到进一步提升。

3. 加速人工智能发展。产业元宇宙时代将会改变人工智能学习范式。（1）数字世界生成模拟数据训练人工智能后在真实数据集上调优。通过构建一个具备正确的自然属性、社会属性数字世界，研究人员不再需耗费大量成本从真实世界搜集数据集，而是通过数字世界生成大量模拟情景。例如自动驾驶，可在数字世界中以极低成本模拟海量交通事故场景用于训练自动驾驶算法，提高自动驾驶算法安全性。（2）强化学习范式成为人工智能主要学习范式。与监督学习等范式从数据集中学习知识不同，强化学习通过构建一个智能体，让智能体像人一样在与世界交互过程中通过不断总结成功和失败的经验教训进行主动学习，这也是目前被认为最有可能通向通用人工智能的学习范式。（3）实现学习统计相关性到学习因果关系的飞跃。当前人工智能理论建立在大数据、概率基础之上。由于收集数据时存在的偏差，数据集可能存在诸多统计错误，人工智能学习到的只是统计相关性，难以从数据集中学习到因果关系。例如，假设在股市数据集中，90% 时间股市上涨时刻都是晴天，人工智能很容易混淆相关性和因果性，得到晴天是股市上涨原因的结论。现实世界瞬息万变，人工智能难以通过重复可控变量实验验证因果关系。但在数字世界中，理论上所有环境因素都可被重置，人工智能通过控制变量、反事实推断等方法，在数字世界中"尽情"学习因果关系。因果关系学习将大大提升人工智能的泛化能力、智能程度，有可能促成人工智能的下一次飞跃。

三、低空产业元宇宙

（一）低空产业元宇宙的定义

低空产业元宇宙是产业元宇宙的一个子集，是使用数字技术对低空经济产业中的社会属性和自然属性进行重构和再创造的能力集合，通过现实低空经济产业的数字化接口，打破数字低空和现实低空的边界，实现数字低空与现实低空的深度融合。

低空产业元宇宙既能用于构建数字低空，也能帮助低空经济活动参与者，包括实体企业、科研院校和管理组织，经济、高效地模拟现实低空产业环境以更好作出决策，是实现低空经济加速发展的新型发现工具、效率工具和创造工具。低空产业元宇宙将扩展以泛在感知、融合通信、泛人工智能和数字孪生为代表的数字技术与低空经济产业结合的广度与深度。通过数字低空和现实低空产生海量数字内容、数字模型实现知识经验的沉淀积累和高效共享，贯穿数字低空经济和实体低空经济的创意、设计、研发和制造、管理与服务、营销和履约等全生命周期流程，并重构产业链分工协作机制，催生跨行业、跨产业链的协同创新业态和商业服务模式。

（二）低空产业元宇宙关键构成要素

在产业元宇宙的基础上，低空产业元宇宙构成要素包括：（1）入口能力。建立现实低空的信息到数字低空的映射，如数字空域模型、数字障碍物、数字地面交通基础设施等。（2）低空空间计算能力，包括渲染能力和仿真推演能力。数字低空不仅需要还原低空信息模型，还需理解这些自然属性背后的物理机理和社会属性和行为属性背后的内在机理，小到生成一个公园起降设施场景，大到仿真风洞（以人工方式产生并控制气流来模拟飞行器或实体周围气体流动）评估一个飞行器模型的飞行性能。（3）出口能力。把数字低空创造的成果作用到现实低空世界。如飞行器装备制造，通过在数字低空进行低成本、高效率仿真，制造企业可对飞机制造的设计图纸、工艺流程进行优化，大幅减少实际生产过程的调优试错环节和物料成本。（4）新型硬件体系。低空产业元宇宙需要开发新型硬件装备和设备，包括新低空融合智能感知装备、有人/无人智能飞行器装备、高效安全的能源动力装备、低空智能计算装备、低空全息感知和交互装备等，提供满足定制化、柔性需求的生产制造和飞行服务能力，通过研发新材料、新工艺、新设备，构建新型低空硬件装备体系，加强现实低空世界对数字解决方案的硬件承载能力。

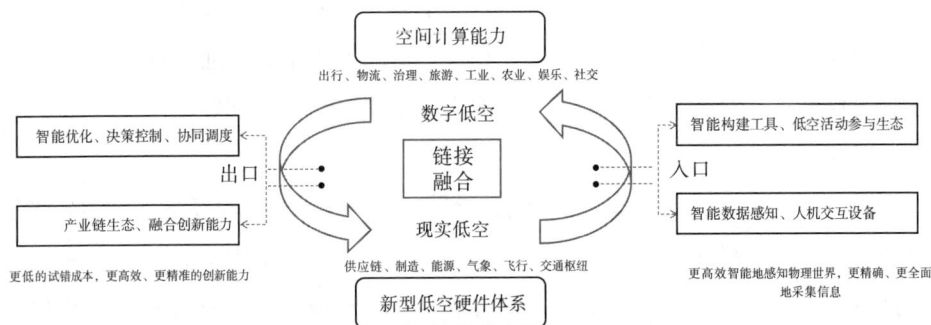

（三）低空产业元宇宙的核心能力

按照演进路径，低空产业元宇宙可以分为三大能力：低空数字孪生、低空数字伴生以及低空数字原生。

1. 低空数字孪生是通过整合 5G、物联网、人工智能、区块链、云计算、大数据、边缘计算、空间计算、仿真推演等数字技术，建立现实低空世界到数字低空世界的映射关系，将现实低空世界的社会属性、自然属性、行为属性在数字低空世界中进行精准重构。通过构建低学习门槛、低成本的建模工具、渲染引擎和仿真引擎，对现实低空世界进行复刻，应用于飞行器设计、装备制造、资源分析、基础设施建设等领域。

2. 低空数字伴生是 AI 仿真优化能力与低空经济产业的深度融合，能够建立虚拟和现实间的双向链接，将现实世界中的问题映射到虚拟世界中优化解决，再把解决方案部署回现实世界，用数字技术陪伴、加速低空经济成长。

3. 低空数字原生是低空产业元宇宙发展的高级阶段，运用深度学习、强化学习、多模态学习、大语言模型等技术，在数字世界中自主发现新的规律、新的联系、新的机会，进而反向作用于物理世界。这个阶段主要需要提升硬件设备的性能，通过柔性制造单元、通用机器人等模块化硬件设备，加强现实世界对数字解决方案的承载能力。

三者的区别与联系：（1）主要区别。数字孪生以物理世界为重心，着重解决现实世界的问题，内容与现实世界相对应。数字伴生以数字世界和物理世界双向链接为中心，打破数字世界与现实世界间的壁垒，建立数字世界到现实世界的映射，实现数字世界和现实世界的深度融合、构建价值闭环。数字原生则以数字世界为重心，具备无穷的想象力和机会，内容可能在现实世界中不存在。（2）主要联系。数字孪生、数字伴生和数字原生都是数字化的实现方式，数字孪生是对感知物理世界产生的数据进行二次加工，数字伴生是部分数据来源于物理世界，部分数据由数字世界生产，数字原生则本身就是数据的生产者。

随着 5G/6G、卫星通信、物联网、大数据、工业互联、区块链、VR/AR、数字孪生、人工智能等数字技术的快速发展，低空产业元宇宙的基础设施将逐步得以完善。借助低空产业元宇宙，低空经济的未来形态将会出现重大变化，低空装备仿真、低空航线规划与仿真、低空基础设施规划与仿真、低空空域飞行推演、飞手驾驶仿真飞行培训、低空虚拟飞行体验、低空元宇宙娱乐与社交等，将成为拉动低空经济发展的新引擎，引领低空经济进入智能经济发展新阶段，助力低空经济高质量发展。

四、数字化赋能低空经济高质量发展的意义

于低空经济而言，数字化恰似神奇画笔，正勾勒其高质量发展的崭新蓝图，赋予其突破传统局限、创新业态模式、实现飞跃提升的非凡意义。

（一）数字化是低空经济技术创新的催化剂

人工智能、大数据、云计算、智能感知、高通量低延时通信、区块链等数字化技术的应用进一步推动低空运载工具装备的智能化、自主化创新。推动低空通信、导航、监视和气象环境感知设备一体化融合创新，加速低空智能融合感知设备和低空自动驾驶等关键技术创新。

（二）数字化是低空经济服务模式的革新者

通过管理与服务的端到端数字化，构建端到端低空管理服务数字化系统。为低空领域相关监管方提供有效的数字化空域设计、低空飞行监视、管理等工具，提高企业和个人等低空经济活动市场主体服务效率；为飞行服务运营商、机构或个人等提供空域资源申请流程全数字化自动化、低空全域数据互联共享、飞行用户安全监管、协调与服务等一站式服务模式；为低空经济第三方服务商提供开放平台，公开服务接口，提供数据服务，为开发低空创新应用提供新的增值服务模式。

（三）数字化是低空经济运营效率的倍增器

通过建设低空数字化治理体系，构建统一、智能化的低空数字底座，实现低空运行环境数字化。对低空空域全要素多元感知数据智能校准与低空经济全空间动静态数据融合，显著提升低空经济活动复杂网络运行态势推演、全场景安全风险评估与预测能力，最终实现场景自适应、分层解耦、跨网互用的感存算网控安软硬一体、云边端协同的数字化分布式调度体系和全局优化智能调度算法。通过通信、定位、导航、监视、气象以及各类空中机载设备、起降场、紧急设施、补能设施、试验飞行器、多通信链路融合等数字化创新，实现全域、全要素的态势感知、实时监测、精准监控与准确预测和管控。为监管部门提供飞行管理所需的信息化智能化能力，为飞行服务运营商、机构和个人用户等低空经济市场主体提供执行飞行任务实时可信的信息服务，实现高效、安全

的大规模融合飞行，大规模提升低空经济活动运营效率。

（四）数字化是低空经济商业模式的创新者

低空经济作为新兴经济领域，涵盖了通用航空、无人机应用、低空旅游、物流配送、城市治理、低空出行等多个行业。传统的商业模式主要依赖于实体资产和线下运营，存在资源利用率低、市场碎片化、服务单一等问题。数字化为低空经济带来了全新的商业模式创新机遇。例如，通过构建数字化平台连接供需双方，降低交易成本，促进低空经济资源共享和协同效应；通过对飞行数据、用户行为数据等低空海量数据价值挖掘和分析，提供个性化服务和增值业务；通过低空数字化生态系统构建，促进产业链各环节的协同，形成开放共赢的低空经济生态体系。

第二节　数字化赋能低空经济重要环节

在低空经济的广袤天地里，数字化宛如神奇画笔。它轻点低空飞行器制造车间，智能机械臂挥舞，精准打造飞行器；于空域管理图上，数据线条编织有序航道；飞行监管屏幕前，信息闪烁严密守护；飞行服务中，数字信号指引顺畅旅程；运营服务里，智能平台调配资源；设施管理处，数字指令保障运转，推动低空经济展翅高飞。

一、数字化赋能低空飞行器制造

在低空飞行器的天地里，数字化如神奇画笔。于设计间精准勾勒轮廓，制造时巧妙雕琢结构，质检处细致筛查瑕疵，让飞行器如灵动飞鸟，质量与效率在这数字魔法下振翅高飞。数字化赋能在低空飞行器设计、制造和质检等关键环节均能起到重要作用，大幅提升其质量和效率。

（一）飞行器设计环节

数字化的设计工具以及参数化设计的能力，让低空飞行器设计阶段更高效和精确。

1.虚拟设计与仿真。数字化技术使得低空飞行器的设计过程发生了革命性变化。通过计算机辅助设计（CAD）和计算机辅助工程（CAE）软件，工程师可以创建飞行器的三维模型，并进行各种虚拟仿真。在设计初期，利用计算流体力学（CFD）仿真，可以精确模拟飞行器在不同飞行条件下的空气动力学特性，优化飞行器的外形，减少空气阻力，提高飞行效率。例如，对于无人机的机翼和机身形状设计，CFD分析能够帮助确定最佳的曲线和角度，使无人机在飞行时消耗更少的能量。同时，利用有限元分析（FEA）对飞行器的结构进行强度和刚度分析，确保在承受飞行载荷时的安全性。这不仅缩短了设计周期，还减少了物理原型制作的次数，降低了成本。

2.参数化设计与敏捷开发。参数化设计是数字化赋能的另一个重要方面。工程师可以将飞行器的各种设计参数（如尺寸、重量、材料特性等）作为变量，通过改变这些参数快速生成不同的设计方案。这种方法便于进行多方案对比和优化，满足不同用户需求或应对特殊飞行任务。在敏捷开发环境下，设计团队可以根据市场反馈或新的技术要求，迅速调整设计参数，加快新产品的研发速度。例如，当客户提出增加低空飞行器的有效载荷要求时，设计团队可以通过修改相关参数，快速重新设计飞行器的内部结构和动力系统，提高其承载能力。

（二）飞行器生产环节

数字化的生产工艺，以及自动化的生产线，让低空飞行器在制造时更加高效率和高质量，并且更加环保。

1.增材制造（3D打印）。3D打印技术在低空飞行器制造中展现出巨大潜力。对于一些复杂的零部件，如具有特殊内部结构的发动机部件或轻量化的机身框架，3D打印可以实现传统制造工艺难以完成的设计。它通过逐层堆积材料的方式构建零件，不仅能够制造出具有复杂几何形状的部件，还可以减少材料浪费。例如，使用钛合金等高性能材料进行3D打印，可以制造出强度高、重量轻的飞行器零件，提高飞行器的性能。同时，3D打印还能实现零部件的快速制造，缩短了生产周期，对于定制化的低空飞行器生产尤为有利。

2.智能制造与自动化生产。数字化技术推动了低空飞行器制造向智能制造和自动化生产方向发展。在生产线上，通过安装传感器、机器人和自动化控制系统，可以实现对生产过程的精确控制和实时监测。机器人可以完成一些重复性高、精度要求高的工作，如零部件的装配、焊接等。传感器则可以收集生产数据，如温度、压力、振动等信息，通过数据分析及时发现生产过程中的异常情况，保证产品质量的稳定性。例如，在飞行器机翼的组装过程中，机器人可以按照预设的程序精确地安装各个部件，并通过传感器检测安装的精度，确保机翼的质量符合设计要求。此外，智能制造系统还可以实现生产计划的智能调度，根据订单需求和资源状况，合理安排生产任务，提高生产效率。

（三）飞行器质检环节

数字化的质量检测，以及基于大数据的质量追溯，大大提升低空飞行器在质量控制与检测环节的效率及精度。

1.数字化检测。数字化为低空飞行器制造的质量控制带来了更先进的检测手段。非接触式测量技术，如三维激光扫描和光学测量系统，可以快速、精确地获取飞行器零部件的表面形状和尺寸信息，与设计模型进行对比，检测是否存在偏差。对于复杂曲面的零部件，这些技术能够比传统测量方法更准确地评估其精度。在飞行器的总装过程中，利用数字图像识别技术可以对装配过程进行实时监测，检查零部件的安装位置和连接情况。例如，通过在装配车间安装高清摄像头和图像分析软件，系统可以自动识别零部件是否安装正确，及时发出警报，避免质量问题。

2.大数据与质量追溯。在制造过程中产生的大量数据可以通过大数据技术进行存储和分析。每一个零部件从原材料采购、加工制造到装配的全过程数据都可以被记录下来，形成质量追溯体系。当发现质量问题时，可以通过追溯数据快速定位问题源头，采取有针对性的改进措施。同时，大数据分析还可以挖掘质量数据中的潜在规律，预测可能出现的质量风险，提前进行预防。例如，如果数据分析发现某一批次的原材料在加工过程中经常出现类似的质量问题，制造商可以及时调整供应商或改进加工工艺，从而提高产品的整体质量。

二、数字化赋能低空空域管理

低空空域管理主要包括对 3000—1000 米以下空域内运行的航空飞行活动的管理，包括空域分类管理、空域划设与调整、飞行计划管理以及空域使用监管几个关键方面，数字化赋能旨在确保低空空域的安全、高效利用。

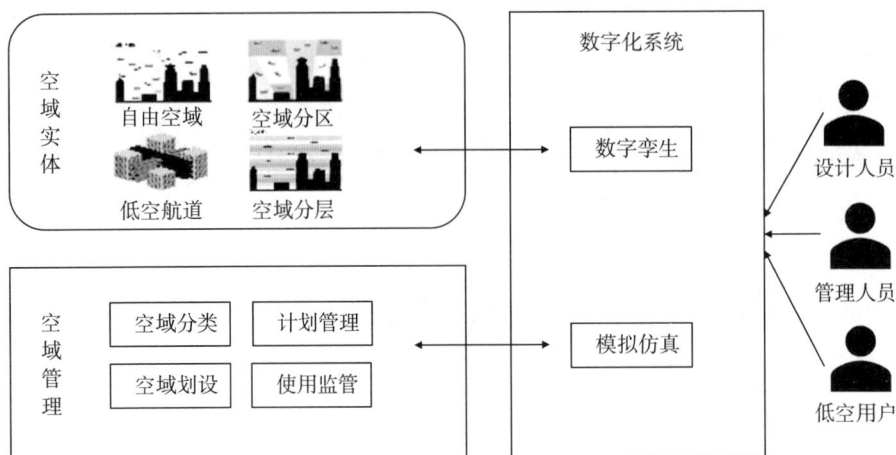

（一）空域建模数字化

1.空域数据建模。利用数字化技术，对低空空域进行三维数字孪生建模，明确各类空域的范围、高度、限制条件等关键信息。同时建立空域数据库，实现空域数据的存储、查询、更新等功能。

2.空域分类与编码。根据空域的功能和特性，对空域进行分类，并赋予唯一的编码，便于计算机识别和处理。建立空域分类标准，确保空域分类的一致性和准确性。

3.空域动态调整。利用数字化技术，实现对空域的动态调整和优化，以适应飞行需求的变化。建立空域调整机制，确保空域调整的及时性和有效性。

（二）空域划设数字化

1.空域划设工具。提供三维图形化界面，支持用户根据需求进行空域划设，可自动生成空域划设方案，并进行验证和优化。

2.空域调整与审批。建立空域调整审批流程，实现空域调整的数字化审批。利用数字化技术，实现对空域调整方案的模拟和评估，确保调整方案的安全性和可行性。

（三）飞行计划管理数字化

1.飞行计划申报。支持用户在线提交飞行计划，系统自动对飞行计划进行初步审核，确保飞行计划的合规性和安全性。

2.飞行计划审批与发布。依据飞行计划审批管理规定，利用数字化技术实现飞行计划的快速审批。审批通过后，系统自动发布飞行计划，确保飞行活动的有序进行。

（四）空域使用监管数字化

1.空域监视。利用空域监视软硬件系统，实现对低空空域内飞行活动的实时监视。如利用雷达、ADS-B 等传感器设备，收集飞行数据，并进行处理和分析。

2.告警与应急响应。当飞行活动出现异常或违规行为时，数字化的管理系统自动触发告警，并可自动制定应急响应预案，用数字化手段通知并督促工作人员快速响应和处理。

3.违规处理与执法。依据违规处理条例，依托数字化系统对违规行为进行记录和处罚，并通过数字化网络系统实现军地部门联合执法，提高执法效率和准确性。

三、数字化赋能低空飞行监管

低空飞行监管涉及飞行审批、航空器、人员和安全管理几个方面，数字化手段旨在提高监管的准确性、完备性和效率。

（一）飞行审批管理数字化

1.飞行计划申报。飞行员和运营单位可以方便地在线填写飞行计划，包括

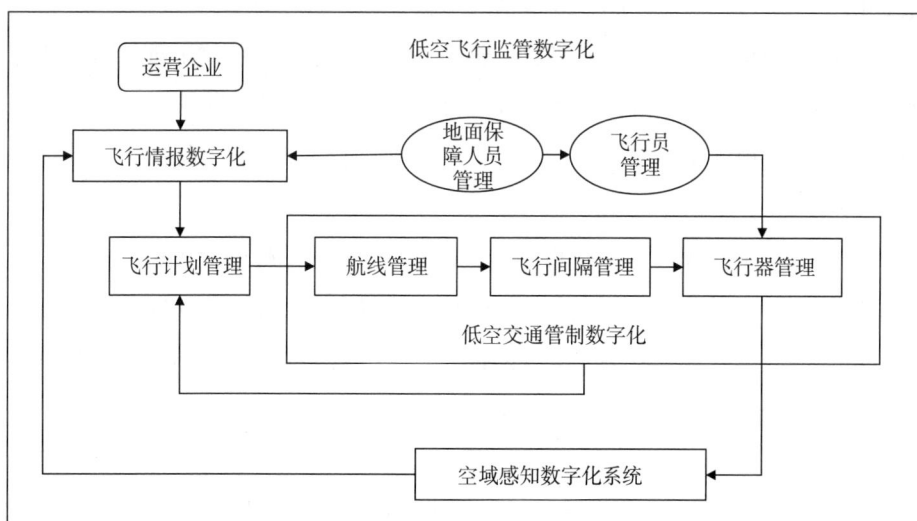

任务详情、起降地点、时间、航线等信息。系统自动校验信息的完整性和合理性。平台与相关管理部门的审批系统实时对接，申报信息能够快速流转到审批人员手中，提高审批效率。

2. 流程审批。利用数字化技术，如人工智能和大数据技术对飞行计划进行初步评估。例如，根据历史数据和当前空域使用情况、气象条件等因素，自动判断飞行计划的可行性，为审批人员提供参考。审批过程实现全流程数字化记录，审批进度可实时查询，方便申请人和管理部门跟踪。

（二）航空器管理数字化

1. 电子适航认证和登记。建立航空器电子档案系统，将适航认证文件、维修记录等信息数字化存储。管理部门可以通过系统随时查询和审核航空器的适航状态。实现航空器登记的在线办理，简化登记流程，提高管理效率。

2. 实时监测航空器。通过航空器上的传感器和数据传输设备，实时采集航空器的性能参数、位置等信息，并通过管理系统的运算分析，实现对航空器的远程监控。利用数据分析技术对航空器状态进行评估，提前发现潜在故障和安全隐患，及时通知相关人员进行处理。

（三）人员管理数字化

1. 电子资质认证和管理。飞行员和地面保障人员的资质档案、培训记录、考核成绩等信息数字化存储和管理。管理部门可以通过系统随时查询和审核人员资质，并实现资质认证的在线申请和审核，提高认证效率。

2. 培训和考核数字化。通过数字化的在线培训平台，提供丰富的培训课程和学习资源。飞行员和地面保障人员可以根据自己的需求进行在线学习和考核，并利用虚拟现实和模拟技术，获得更加真实的培训环境，提高培训效果。

（四）安全监管数字化

1. 实时安全监测。安装在航空器上的传感器和数据传输设备可以实时采集飞行数据，如高度、速度、姿态等。管理系统对这些数据进行实时分析，监测飞行活动的安全性，并利用人工智能技术对飞行数据进行异常检测，及时发现潜在的安全问题，并向相关人员发出预警。

2. 数字化事故调查。在事故发生后，利用飞行数据记录和其他数字化证据进行事故调查，通过数据分析和模拟技术，还原事故发生过程，查明事故原因。建立事故案例数据库，将历史事故案例数字化存储，为后续的安全管理和事故预防提供参考。

四、数字化赋能低空飞行服务

低空飞行服务涉及飞行情报、告警和支援服务几个方面，数字化的目的是更有效地连接服务体系中的各方角色，并更高效地进行信息采集、处理和分发。

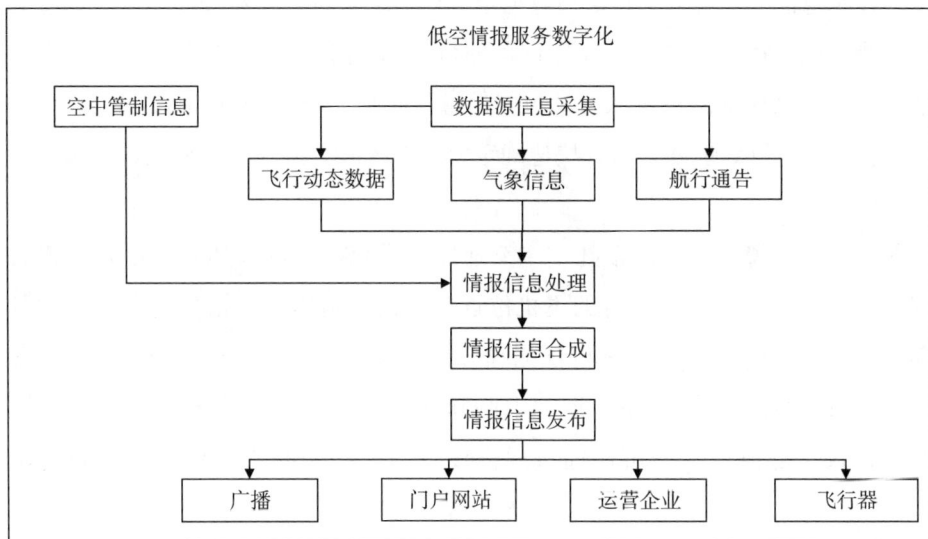

（一）飞行情报服务数字化

1.气象信息数字化。依托实时气象监测系统，通过传感器网络和卫星数据采集，可获取准确的气象数据。利用大数据分析和人工智能算法，对气象数据进行处理和预测，为低空运营商提供更加精准的气象预报。通过移动应用程序或在线平台，将气象信息以直观的图表和图形展示给飞行员或飞手，方便随时查询和了解气象变化。

2.航行通告数字化发布。依托电子航行通告系统，通过互联网和移动设备向低空运营商发布航行通告。低空运营商可以订阅特定区域或航线的航行通告，及时获取最新的空域限制和特殊活动信息。利用地理信息系统（GIS）技术，将航行通告与地图相结合，直观地展示受影响的空域范围，帮助低空运营商更好地规划飞行路线。

3.飞行计划数字化处理。依托在线飞行计划申报系统，低空运营商可以通过互联网提交飞行计划，系统自动审核和处理飞行计划，并将结果进行反馈。飞行服务站可以实时监控飞行计划的执行情况，及时调整服务策略；利用大数据分析和机器学习算法，对历史飞行计划数据进行分析，预测未来的飞行需求，为低空运营商提供决策支持。

（二）告警服务数字化

1.紧急情况告警数字化。通过低空飞行器上安装传感器和通信设备，可实时监测飞机的状态和位置。当发生紧急情况时，系统自动向控制中心发送告警信息，并提供详细的飞机状态和位置信息，利用大数据分析和人工智能算法，对告警信息进行处理和分析，快速确定紧急情况的类型和严重程度，并采取相应的措施。

2.冲突告警数字化。依托空中交通监视系统，通过雷达、卫星和传感器网络，可实时监测低空飞行的飞机位置和轨迹。利用大数据分析和机器学习算法，对飞机的飞行轨迹进行预测和分析，及时发现潜在的飞行冲突；当发现飞行冲突时，系统自动向控制中心和低空运营商发送告警信息，并提供避让建议。低空运营商可以通过通信设备与控制中心进行沟通，协调避让措施。

（三）飞行支援服务数字化

1.导航服务数字化。依托电子导航地图和导航数据库，为低空运营商提供准确的航路规划和导航信息，利用卫星导航和惯性导航技术，为低空飞行器提供高精度的导航服务。

2.通信服务数字化。通过低空飞行通信网络，利用数字通信技术和卫星通信技术，为低空飞行提供可靠的通信服务。数字化的通信网络可以实现语音通信、数据通信和图像传输等功能，满足飞行员在飞行中的各种通信需求。

五、数字化赋能低空运营服务

（一）飞行运营管理

飞行运营管理借助数字化实现飞行任务过程的精细化管理。任务执行前录入全面信息，经多环节电子审核，对各种任务风险与资源依赖进行把关。执行中通过数字系统进行实时追踪，从起飞前准备到降落后保障，各阶段状态实时监控和呈现。任务完成后，系统自动生成报告并结算。

（二）调度与资源管理

数字化智能调度系统运用算法，依任务需求、飞行器性能与人员资质等进行资源最优匹配，并在任务执行时迅速应对变化并重新规划。在飞行任务执行过程中，实时监控各类因素的变化，如天气突变、临时增加或取消任务、飞行器故障等情况，一旦出现异常，系统迅速启动智能调度算法，重新规划飞行任务序列，调整飞行器与工作人员的安排，控制整体运营风险。

数字化资源管理实现人员基本信息、资质、排班和培训管理；物资管理实现低空物资实时库存监控、智能采购与精准领用记录；设施管理确保场地、机库等正常使用与高效利用，全方位保障运营流畅。

（三）气象与空域信息利用

数字化运营系统通过融合气象与空域信息，精准分析并预警风险，让飞行计划紧密贴合气象与空域实际状况，并以直观可视化形式辅助决策，降低运营风险。

（四）客户服务数字化

依托客户服务系统，客户可便捷在线预订并定制服务。同时系统通过收集客户反馈，精准分析客户需求，开展个性化营销与差异化服务，有效处理投诉建议，增强客户黏性与满意度，塑造品牌优良形象。

（五）数据驱动辅助决策

运营中产生的大量数据，通过数据分析与决策支持系统，进行多维度统计分析，并通过模型算法深度挖掘数据内涵，模拟不同决策情景下的预测结果，为运营战略规划提供指引，进而实现企业运营决策科学精准，资源优化配置，以适应市场变化，推动低空运营持续健康发展。

六、数字化赋能低空设施管理

低空基础设施涉及多个环节的物理设施与设备，数字化是为了更高效地发挥基础设施的运行效率，同时更有效保障基础设施自身的正常运转。

（一）低空起降平台数字化

利用物联网技术，对低空飞行起降平台、航空器充（换）电设施等物理基础设施进行实时监控，及时发现并处理故障。通过大数据分析，预测设施维护周期，提前进行维护，减少因设施故障导致的飞行延误或取消。

（二）电力基础设施管理

利用物联网技术，对充换电设施进行实时监控，包括设备状态、充电功率、电池温度等关键参数。基于实时数据和预测算法，对充电任务进行智能调度，优化充电时间和功率分配，减少等待时间和能耗。通过云平台，实现对充换电设施的远程监控和管理，包括故障诊断、软件升级、参数调整等功能。基于实时电网信息和用户需求，对电力存储设施进行智能调度，实现削峰填谷、平滑负荷等功能。

（三）低空"通导监"数字化

利用先进的通信技术，如5G/5G-A、6G等，实现低空通信的高速低延迟数据传输，以确保飞行数据、控制指令等信息的实时传输，提高飞行的安全性

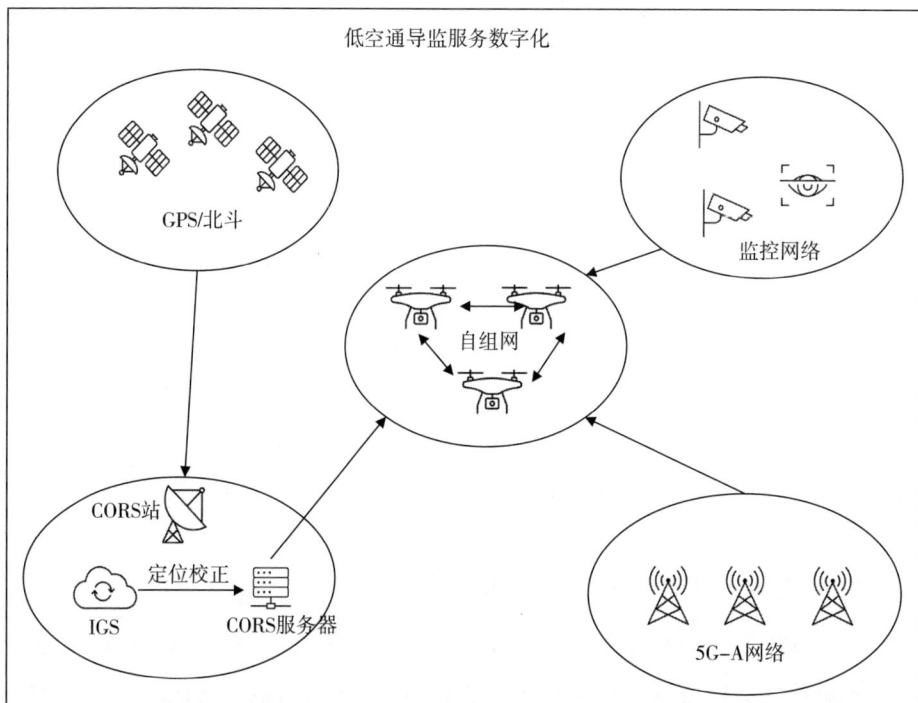

和可靠性。利用全球卫星导航系统（如 GPS、北斗等）和差分定位技术，实现低空飞行器的高精度导航，提高飞行的精确度和安全性，减少飞行误差。利用数字化监测技术，结合人工智能，对低空飞行器进行实时监测和轨迹智能分析，探测潜在的飞行冲突，有助于及时优化飞行路线，避免飞行冲突和事故的发生；同时通过数字孪生三维可视化技术，将导航信息以直观的方式呈现给飞行人员，提高飞行的安全性和效率。

（四）气象监测数字化

利用自动气象站、气象雷达等传感器设备，实时采集气象数据，并通过无线通信技术传输到数据中心。通过数字化手段，实现气象数据的实时更新和共享，为飞行活动提供及时、准确的气象信息。利用大数据和人工智能技术，对气象数据进行深度分析和挖掘，提高气象预报的准确性和精度。通过数字化手段，实现气象预警的自动化和智能化，及时发布预警信息，为飞行活动提供安全保障。

七、大模型赋能低空经济——低空大模型

当科技的翅膀轻拂低空领域，数据与智慧交织，低空经济大模型宛如新星，闪耀登场。

（一）低空大模型概念

大模型是大语言模型简称，是一类经过大量数据训练，使其能够理解和生成自然语言和其他类型的内容，以执行各种任务的基础模型。

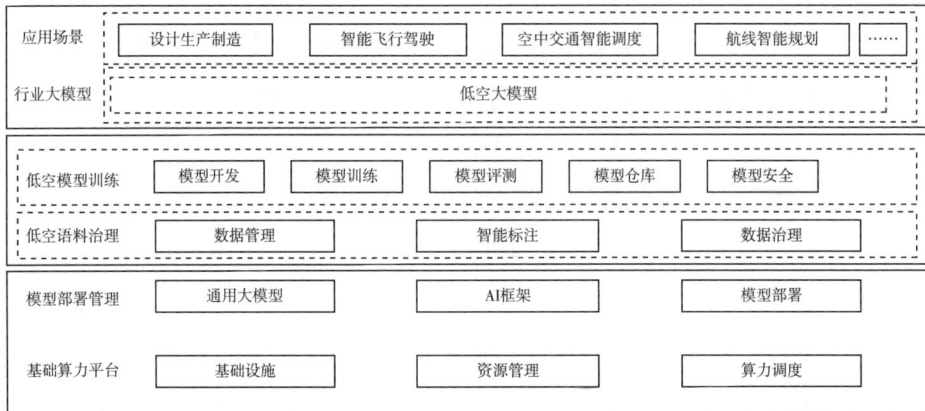

应用场景	设计生产制造	智能飞行驾驶	空中交通智能调度	航线智能规划	……
行业大模型	低空大模型				
低空模型训练	模型开发	模型训练	模型评测	模型仓库	模型安全
低空语料治理	数据管理		智能标注		数据治理
模型部署管理	通用大模型		AI框架		模型部署
基础算力平台	基础设施		资源管理		算力调度

低空大模型是在通用大语言模型基础上，整合和处理多维度的低空经济行业数据，通过专业化的训练，形成满足低空经济行业特定需求能力的行业大模型。低空大模型能应用于低空经济的规划、建设、管理、调控、运营服务和运维等全生命周期各环节，例如为低空空域的管理和运营提供智能化支持，为低空气象预测、起降设施和航线精准规划、飞行任务自动调度、飞行器智能驾驶、空中交通智能调度、飞行器实时安全监测等赋能，提高行业生产、管理和服务智能化水平。

（二）低空大模型的典型应用场景

1.低空大模型 × 飞行器智能控制。（1）飞行路径规划。大模型可以根据飞行器的起始位置、目标位置、飞行环境（如地形、建筑物、气象条件等）以及其他限制因素（如禁飞区、障碍物等），实时规划出最优的飞行路径。例如，在城市环境中，大模型可以分析建筑物的分布、街道的走向以及空中交通状况，为低空飞行器规划出既安全又高效的飞行路线，避免与建筑物、其他飞行器等发生碰撞。（2）自主飞行控制。利用大模型对飞行器的各种传感器数据（如陀螺仪、加速度计、GPS 等）进行实时分析和处理，实现飞行器的自主飞行控制。例如，在飞行过程中，大模型可以根据传感器数据实时调整飞行器的姿态、速度和高度，保持飞行的稳定性和准确性。同时，大模型还可以对突发情况（如气流干扰、传感器故障等）进行快速响应和处理，确保飞行器的安全飞行。（3）精准着陆控制。在飞行器着陆阶段，AI 大模型可以根据着陆场地的地形、风速、风向等因素，精确控制飞行器的下降速度、角度和位置，实现精准着陆。

2.低空大模型 × 飞行器故障预测。（1）传感器数据分析。低空飞行器配备了大量的传感器，用于监测飞行器的各种状态参数（如发动机温度、转速、油压、电池电量、电压等）。大模型可以对这些传感器数据进行实时分析和处理，识别出潜在的故障模式和异常情况。例如，通过对发动机传感器数据的分析，大模型可以预测发动机是否存在过热、磨损等故障；通过对电池传感器数据的分析，大模型可以预测电池是否存在电量不足、寿命衰减等问题。（2）历史数据挖掘。利用大模型对飞行器的历史故障数据、维修记录等进行挖掘和分析，可以找出故障发生的规律和趋势。例如，通过分析历史数据，大模型可以发现某些型号的飞行器在特定的飞行条件下容易出现特定类型的故障，从而提前采取预防措施。同时，大模型还可以根据历史数据预测故障的发生时间和概率，为飞行器的维护和保养提供科学依据。（3）实时预警和诊断。当大模型检测到飞行器存在潜在的故障风险时，可以及时发出预警信号，提醒飞行员或地面控制人员采取相应的措施。同时，大模型还可以对故障进行初步诊断，提供故障的可能原因和解决方案，帮助维修人员快速定位和排除故障。例如，当大模型检测到飞行器的发动机出现异常振动时，可以初步判断可能是发动机的某个部件松动或损坏，并提供相应的维修建议。

3. 低空大模型 × 智能调度。（1）飞行任务分配。在多架低空飞行器同时执行任务的情况下，大模型可以根据任务的需求（如任务类型、任务优先级、任务地点等）、飞行器的性能和状态（如飞行速度、续航能力、载荷能力等）以及其他限制因素（如空域限制、气象条件等），合理分配任务给每架飞行器，提高任务执行的效率和质量。例如，在物流配送场景中，大模型可以根据订单的数量、重量、配送地址等信息，合理安排无人机进行配送，确保订单能够及时、准确送达。（2）飞行器资源管理。大模型可以对低空飞行器的资源（如燃料、电池电量、载荷等）进行实时监控和管理，根据任务的需求和飞行器的资源状况，合理安排资源的使用。例如，当飞行器的电池电量不足时，大模型可以调整飞行任务，优先执行距离较近、耗电量较小的任务，或者安排飞行器返回基地进行充电。（3）低空交通流量管理。随着低空飞行器数量的增加，低空交通流量管理变得越来越重要。大模型可以对低空飞行器的飞行轨迹、速度、高度等信息进行实时监测和分析，预测低空交通流量的变化趋势，为交通管理部门提供决策支持。大模型还可以根据交通流量的预测结果，调整空域的划分和使用规则，优化低空飞行器的飞行路线，避免交通拥堵和碰撞事故的发生。

4. 低空大模型 × 低空气象预测。低空大模型能够发挥海量数据优势，通过挖掘数据中的潜在物理规律建立预测模型输入和输出的映射关系，提升气象预测准确性、时效性和计算速度。

第三节 低空经济 × 数据要素

在低空经济的广袤天地里，飞行轨迹、遥感影像、基础设施布局、环境数据等如同繁星闪烁，各类应用场景数据亦穿梭其中。搭建平台汇聚这些数据，挖掘信息构建生态，似在编织一张低空与数据融合的璀璨星网，照亮未来新经济之路。

一、低空经济的数据要素构成

在低空经济快速发展的背景下，数据要素作为一种新型生产要素的重要性日益凸显。数据要素不仅是低空经济腾飞的关键助推器，更是驱动产业创新升级的重要力量。低空经济数据要素包括低空基础设施数据、低空环境数据、飞行器数据、飞行活动数据、运营服务数据等。

（一）低空基础设施数据

1.通用机场与起降点数据。包括通用机场的数量、分布、设施状况以及起降点的数量、位置等信息。这些数据对于规划低空航线、保障低空飞行安全至关重要。

2.低空飞行保障体系数据。涉及飞行通信、导航、监控等方面的数据，这些数据为低空飞行的安全有序提供保障。

人员组织	低空飞行器	空域	低空基础设施	城市基础数据
·操作员 ·教练员 ·飞行执照与合格证 ·企业法人 ·行业信用	·无人机微型、轻型、小型、中型、大型 ·直升机、民航飞机 ·适航许可数据（适航、运营） ·登记注册信息	·管制空域（机场、边境线、重要保护设施区域等） ·临时管制空域 ·适飞空域 ·航线航道 ·电子围栏	·无人机起降场 ·无人机机巢 ·感知设施设备 ·充电设施设备 ·通信设施设备 ·测试场	·电子地图 ·卫星影像 ·城市建筑模型 ·城市地形 ·交通路网 ·电磁环境 ·飞行障碍物

感知数据	事件告警	飞行服务	飞行活动	政策标准
·ADS-B ·通感一体 ·城市型雷达 ·无线电侦测 ·电子监测 ·光电探测 ·阵列计算 ·气象感知	·空域闯入告警 ·城市避障告警 ·多机靠近告警 ·气象预警 ·飞行冲突预警 ·计划偏离告警 ·飞行事故	·飞行环境数据 ·飞行器识别数据 ·飞行动态流量 ·气象预测数据 ·飞行器位置数据 ·飞行公告与通知	·活动申请 ·起飞确认 ·飞行备案 ·政务巡检 ·应急飞行 ·编队飞行	·低空飞行标准 ·宏观规划 ·专项规划 ·法律法规 ·产业配套政策

（二）低空环境数据

1.气象数据。如气温、气压、湿度、风向、风速、降水等气象条件数据。气象条件对低空飞行的安全性和效率有着重要影响，准确的气象数据可以帮助飞行员和飞行管理部门作出正确的决策。例如，在大风天气下，需要调整无人机的飞行高度和速度，以避免受到强风的影响；在降水天气下，需要考虑飞行器的防水性能和飞行安全。

2.地理信息数据。包括地形地貌、建筑物分布、障碍物位置、空域划分等地理信息。这些数据对于规划飞行路线、避开障碍物、确保飞行安全以及合理利用空域资源非常关键。例如，在城市低空飞行中，需要根据建筑物的高度和分布情况，规划无人机的飞行高度和航线，避免与建筑物发生碰撞。

3.电磁环境数据。主要指低空区域内的电磁信号强度、频率分布、干扰源等信息。电磁环境对飞行器的通信、导航和控制系统有着重要影响，良好的电磁环境是保证低空飞行安全和顺畅的重要条件。例如，在一些电磁干扰较强的区域，需要采取相应的抗干扰措施，确保飞行器的通信和导航系统正常工作。

（三）飞行器数据

1.飞行器性能数据。包括各类低空飞行器如无人机、直升机、电动垂直起降航空器等的飞行速度、续航能力、载重能力、爬升率、转弯半径等性能参数。这些数据对于评估飞行器的适用场景、作业能力以及优化飞行器设计和制造至关重要。例如，在物流配送场景中，需要根据无人机的载重和续航能力来规划配送路线和货物装载量。

2.飞行器状态数据。反映飞行器在飞行过程中的实时状态，如位置、高度、姿态、速度、加速度、航向等信息。通过对这些数据的监测和分析，可以实时掌握飞行器的飞行状况，确保飞行安全，同时也为飞行管理和调度提供依据。比如，空中交通管理系统需要依靠飞行器的位置和速度数据来进行航线规划和交通指挥。

3.飞行器维护数据。包含飞行器的维修记录、保养周期、零部件更换情况等信息。这些数据对于预测飞行器的故障风险、制订维护计划以及保障飞行器的可靠性和安全性具有重要意义。低空运营企业可以根据飞行器的维护数据，合理安排维护时间和资源，降低运营成本。

（四）飞行活动数据

1.飞行任务数据。包括飞行任务的类型（如物流配送、巡逻巡检、航拍测绘等）、任务目标、执行时间、执行地点等信息。这些数据对于飞行任务的规划、调度和管理非常重要，可以帮助运营企业合理安排飞行资源，提高任务执行效率。例如，物流企业可以根据订单信息和客户需求，制订无人机的配送任务计划，确保货物及时送达。

2.人员信息数据。涉及飞行员、地勤人员、运营管理人员等相关人员的资质、培训记录、工作经历等信息。这些数据对于人员的管理和调配、保障飞行安全以及提高运营效率具有重要意义。例如，低空运营企业需要根据飞手的资质和经验，合理安排飞行任务，确保飞行安全。

（五）运营服务数据

1.用户数据。涉及低空经济用户的数量、类型、需求等方面的数据，为制定针对性的市场策略和服务方案提供依据。

2.企业运营数据。涵盖低空经济相关企业的财务状况、业务收入、成本支出、利润等经济数据，以及企业的生产经营活动数据，如生产计划、库存管理、销售情况等。这些数据对于企业的经营管理、决策分析以及行业的发展研究具有重要价值。例如，企业可以根据运营数据，分析业务的盈利情况和成本结构，优化生产经营策略，提高企业的经济效益。

二、数据要素在低空经济中的作用

低空经济在运行过程中产生大量数据，数据采集、处理、分析和决策应用全过程称之为低空数据链。在低空产业链基础上，打通低空数据链，实现低空产业链和低空数据链的双链融合，为低空经济发展注入新动力。

（一）数据要素助力航线规划优化

1.地形与障碍物规避。低空数据可提供详细的地形信息，包括山脉、建筑物、高压线等障碍物的位置和高度。在规划航线时，能够帮助飞行员或无人机自动飞行系统避开这些障碍物，选择安全且高效的飞行路径。例如，在城市低空飞行时，可依据建筑物的分布和高度规划出既不影响城市正常秩序又能快速到达目的地的航线。

低空数据资产产品化

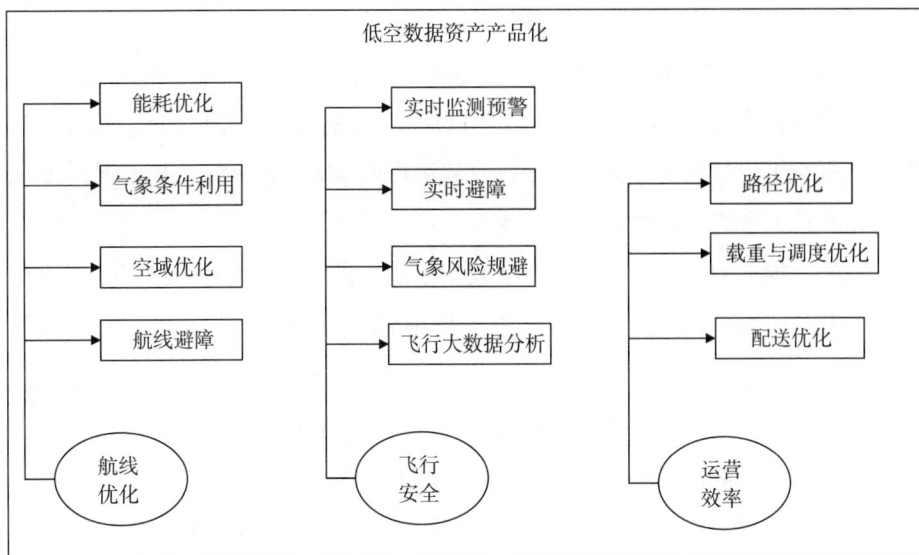

2.气象数据利用。通过收集低空的气象数据，如风向、风速、气温、气压、降水等信息，可以分析不同区域的气象条件对飞行的影响。根据这些数据规划航线，能够让飞行器尽量避开恶劣气象区域，或选择在气象条件较为有利的时段和路线飞行，降低因气象因素导致的飞行风险和延误。比如，在有侧风的情况下，规划航线时可适当调整方向以减小侧风对飞行的影响；在有降雨或低云的区域，可绕开该区域以确保飞行安全和视野清晰。

3.空域流量优化。通过收集低空飞行数据，包括其他飞行器的飞行轨迹、密度、高度分布等数据，可以帮助规划出避免与其他飞行器冲突的航线。这对于繁忙的低空飞行区域，如城市中心、机场附近等尤为重要。根据实时的低空流量数据，指挥系统可以引导无人机或小型飞机在不同高度层飞行，或者调整飞行时间以避开飞行高峰期。

4.能源消耗优化。结合飞行器的性能数据和低空的地理、气象等信息，可以分析不同航线的能源消耗情况。在规划航线时，选择能源消耗较低的路线，能够提高飞行器的续航能力和运营效率。比如，在逆风飞行时可以选择高度较低但风速较小的区域，或者利用上升气流减少飞行器的能量消耗。

（二）数据要素保障飞行安全

1.实时监测与预警。利用低空数据实时监测飞行器的飞行状态，包括位置、速度、高度、姿态等信息，并与预设的安全参数进行对比。一旦发现飞行器的飞行状态异常，如偏离航线、高度异常下降或上升、速度过快或过慢等，系统可以立即发出预警，提醒飞行员或自动飞行系统采取相应的措施。例如，当无人机在飞行过程中受到强风干扰导致偏离航线时，监测系统能够及时发现并通知操控人员进行调整。

2.障碍物检测与避让。通过低空数据中的图像信息、雷达数据等，对飞行路径上的障碍物进行实时检测和识别。当飞行器接近障碍物时，自动飞行系统可以根据障碍物的位置和运动状态，计算出最佳的避让路径，避免碰撞事故的发生。例如，在山区进行低空飞行时，飞行器可以利用激光雷达等设备检测山体、树木等障碍物，并自动调整飞行高度和方向进行避让。

3.气象风险规避。根据低空的气象数据，对飞行过程中的气象风险进行评估和预测。例如，在飞行前根据气象预报判断某个区域可能会出现雷暴、风切变、低能见度等危险气象条件，提前调整航线或取消飞行计划；在飞行过程中，实时监测气象条件的变化，当出现危险气象时及时引导飞行器避开或降。

4.飞行大数据分析。对大量的低空飞行数据进行分析，总结出飞行事故的潜在原因和规律。根据这些分析结果，可以制定相应的安全措施和飞行规范，提高飞行的安全性。例如，通过分析历史数据发现某个型号的飞行器在特定气象条件下容易出现故障，那么在未来的飞行中可以加强对该型号飞行器在类似气象条件下的监测和维护。

（三）数据要素提升低空服务效率

1.路径优化。例如，在物流配送中，根据低空数据中的地理信息、交通状况、建筑物分布等数据，为无人机或小型货运飞机规划出最佳的配送路径，减少配送时间和距离，提高配送效率。

2.载重与调度优化。例如，根据任务订单信息和低空飞行器的载重、空间等数据，优化装载和调度方案。确保飞行器在满足载重限制和空间要求的前提下，减少飞行次数，提高运输效率。同时，根据低空服务任务的紧急程度和目的地的分布，合理调度飞行器的飞行顺序和时间，以实现高效的低空服务。

三、低空经济与数据要素融合面临的挑战与应对

（一）低空经济与数据要素融合面临的挑战

1.数据来源多样与质量差异。低空经济涉及多种类型的数据来源，包括飞行器自身产生的飞行数据、气象数据、地理信息数据以及运营过程中的业务数据等。这些数据来源的多样性导致数据格式、标准不一致，质量参差不齐。例如，不同型号的飞行器可能采用不同的数据采集系统，其采集的数据在精度、频率和完整性上存在差异，给数据的整合和分析带来困难。

2.数据安全与隐私保护。在低空经济中，数据安全与隐私保护至关重要，主要涉及以下几个方面。（1）飞行器及其飞行数据安全。飞行器自身携带大量关键数据，这些数据涵盖飞行器设计参数、性能指标、部件状态等信息。例如，飞行器的发动机参数、飞行控制系统的设置等数据对飞行器的正常运行和维护至关重要。这些数据一旦泄露，可能会被不法分子利用，对飞行器的安全造成严重威胁。飞行过程中产生的数据包括飞行器的实时位置、高度、速度、航向等信息，以及飞行环境数据等。这些数据的准确性和实时性对于飞行安全至关重要。如果飞行过程数据被篡改，例如飞行器的位置信息被错误引导，可能导致飞行器碰撞障碍物或偏离航线进入危险区域，从而引发飞行安全事故。（2）空间涉密数据。低空飞行器在飞行过程中会产生大量的位置数据，在低空飞行作业中也可能采集空间相关数据，如高精度位置数据、管制区域数据、高精度视频及影像数据等。这些位置数据不仅对于飞行导航和路径规划至关重要，还涉及国家安全和地理信息安全。例如，一些敏感区域的空间数据，可能会对国家的安全防御体系造成威胁。（3）数据传输安全。飞行过程中，数据需在飞行器与地面控制中心间进行传输。确保数据传输的安全是飞行安全管理的关键环节。如果数据在传输过程中被篡改，例如飞行器发送给地面控制中心的实时位置和状态信息被恶意修改，地面控制中心可能会基于错误的信息作出错误的决策，导致飞行安全事故。（4）个人隐私信息。在低空经济涉及业务场景中，如低空旅游、私人飞行等，会涉及乘客或用户的个人信息。这些个人信息包括姓名、联系方式、身份证号码、飞行偏好等。保护个人信息是维护用户权益的重要方面。如果个人信息被泄露，可能会导致用户遭受骚扰电话、诈骗等不良后果，严重影响用户的生活和财产安全。

3. 数据流通与共享障碍。由于低空经济涉及多个参与主体，如飞行器制造商、运营服务商、空管部门等，各主体之间的数据流通和共享存在障碍。一方面，不同主体可能出于自身利益和安全考虑，不愿意共享数据；另一方面，缺乏统一的数据标准和规范，以及有效的数据流通机制，使得数据难以在不同主体之间实现高效流通和共享，限制了数据价值的发挥。

4. 数据治理能力不足。目前，低空经济领域的许多企业和机构在数据治理方面的能力相对薄弱。缺乏专业的数据治理人才和完善的数据治理体系，无法对数据进行有效的管理和利用。例如，在数据采集过程中，可能无法保证数据的准确性和完整性；在数据存储和处理过程中，可能缺乏安全措施和数据备份机制；在数据分析和应用方面，可能无法挖掘出数据的潜在价值。

（二）低空经济与数据要素融合的趋势

1. 数据驱动的决策优化。随着数据要素在低空经济中的重要性日益凸显，企业和相关机构将越来越依赖数据进行决策优化。通过对大量的飞行数据、市场数据和用户数据进行分析，可以更好地了解市场需求、优化飞行路线、提高运营效率、降低成本，并制定更加科学合理的发展战略。

2. 数据融合与多源分析。为了充分挖掘数据的价值，低空经济将趋向于进行数据融合和多源分析。将飞行器的飞行数据与气象数据、地理信息数据以及业务数据等进行融合，可以更全面地了解飞行环境和运营状况，提高飞行的安全性和可靠性。例如，通过融合气象数据和飞行数据，可以提前预测气象变化对飞行的影响，采取相应的措施进行防范。

3. 智能化应用与服务创新。借助数据要素和人工智能技术，低空经济将不断涌现出智能化应用和服务创新。例如，利用机器学习算法对飞行数据进行分析，可以实现飞行器的故障预测和智能诊断；通过大数据分析和人工智能技术，可以为低空旅游提供个性化的旅游路线规划和服务推荐，改善游客的体验。

4. 产业协同与数据共享生态构建。为了克服数据流通和共享障碍，低空经济将逐渐构建产业协同和数据共享生态。各参与主体将意识到数据共享的重要性，通过建立合作机制和数据共享平台，实现数据的高效流通和共享，促进产业协同发展。例如，飞行器制造商可以与运营服务商共享飞行器的性能数据和维护数据，以便运营服务商更好地进行运营管理和维护。

（三）低空经济与数据要素融合的应对

1.建立健全数据治理体系。低空经济企业和相关机构联合协同建立健全低空数据治理体系，包括低空数据治理组织架构、低空数据标准规范、低空数据安全管理、低空数据质量管理和低空数据生命周期管理等方面。通过完善的低空数据治理体系，可以确保低空经济数据要素的质量和安全，提高低空经济数据要素的可用性和价值。例如，可以设立低空经济数据治理委员会，负责制定低空经济数据治理策略和监督数据治理工作的实施；制定统一的低空经济数据标准和规范，确保低空经济数据的一致性和可比性。

2.加强数据安全和隐私保护。采取有效的低空经济数据安全和隐私保护措施，包括数据加密、访问控制、数据脱敏等技术手段，同时建立低空经济数据安全管理制度和隐私政策，确保数据在采集、存储、使用和共享过程中的安全性和隐私性。例如，对飞行器的飞行数据进行加密处理，只有授权人员才能访问和解密；在处理游客个人信息时，采用数据脱敏技术，保护游客的隐私。

3.推动低空经济数据流通和共享机制建设。政府和行业协会应发挥积极作用，推动低空经济数据流通和共享机制建设。制定统一的数据流通和共享政策、规范，将低空经济海量数据与现有大数据共享平台融合，促进低空经济各参与主体之间的数据流通和共享。例如，政府可以出台相关政策，鼓励企业之间共享低空经济基础设施、航线、飞行器数据，并给予一定的政策支持；行业协会可以组织建立低空经济数据共享分平台，为各参与企业提供数据共享的渠道和服务。

4.培养高质量数据治理人才。加强数据治理人才的培养，提高低空经济领域的数据治理能力。可以通过高校和职业院校开设相关专业课程，培养数据治理专业人才；同时，企业也可以通过内部培训和外部学习交流等方式，提高人才的数据治理水平。

第四章　低空经济产业链

　　低空浩渺韵悠扬，产业连珠绽曙光；学研用金齐助力，锦途开启韵流芳。低空之上，仿若一幅宏大画卷徐徐铺展。传统产业似古老帆船，借低空东风鼓满新帆；战略性新兴产业如展翅雄鹰，于低空振翅翱翔；未来产业像天际新星，在低空孕育希望。科研智慧为笔，应用实践为墨，资金助力为彩，合力绘就低空经济的璀璨华章，产业链条交织成网。低空经济产业链涵盖飞行器制造、运营服务、配套设施建设等诸多环节，各个环节如同链条环扣，缺一则难以运转，唯有各环节参与者心往一处想，劲往一处使，协同合作，方能使整个产业链条顺畅运转。

第一节　低空经济赋能传统产业焕新，驱动新兴产业崛起，引领未来产业启航

　　低空经济如一颗新星闪耀，像灵动的纽带，一头连着传统产业的古老根基，赋予其新枝芽生长的方向；另一头伸向新兴与未来产业的未知领域，搭建起多元场景的舞台，各方产业携手共舞，奏响协同奋进的旋律。探讨低空经济在促进产业发展方面的作用，对深刻理解创新驱动发展、产业结构优化以及经济高质量转型等均具有重要意义。为更好说明低空经济对传统产业、战略性新兴产业、未来产业的促进作用，分别结合几个典型产业进行阐述。

一、低空经济对传统产业的拓新

（一）交通运输业

1.创新物流模式。低空物流可以打破平面地理约束，显著提升货物的空间

转移效率,促进物流行业提质增效。在人口密集的城市地区,低空物流可以减少因交通拥堵而产生的货物运输压力,实现紧急物资(如医药和血液)的高效配送。同时,在传统物流难以触达的地区,无人机也可以进行配送,如在解决偏远山区药品、农产品的"最后一公里"运输难点方面,无人机已经展现出强大的能力。此外,低空物流还能够解决应急物资运输难题,大幅提升救援响应速度,如发生地震、泥石流等自然灾害,地面交通受损严重时,无人机可在短时间内将紧急医疗、生活等物资运送给被困人员,及时为受灾群众带去生存的希望。

2. 提升交通效率。低空交通增加出行的灵活性,新型低空飞行器如电动垂直起降航空器(eVTOL)等,能够提供点对点的客运服务,满足乘客便捷、舒适的出行需要,极大缩短城市内、城市间的出行时间,增强城市间的连接互动,推动区域经济的协同发展。

(二)旅游业

1. 提升旅客参观体验。一方面,通过直升机、热气球、滑翔伞等低空载具游览,游客可以获得崭新的全面体验。另一方面,低空运输还可以解决风景区内地形复杂区域物资配送困难问题,从而提升游客的出行体验。例如,在国内许多名山风景区,长期主要依赖"索道+人力运输"进行物资补给,不仅效率低下,难以满足游客多样化消费需求,且在旅游高峰时段,共用游览道路,可能影响到游客的观赏体验。低空飞行器可突破地形限制,切实有效地解决景区内运输工紧缺、运力不足问题,并能显著降低综合运输成本。

2. 优化景区运营管理。低空飞行器可配置巡查设备,对景区流量、安全等进行监控巡查,及时发现并解决安全隐患和问题,有效开展安保工作。还可以通过无人机拍摄宣传视频,帮助景区进行宣传推广。

(三)农业

低空飞行器搭载农业设备可以提高农业生产效率,促进农业生产的智能化和现代化。一方面,农业无人机可以快速精准地开展施肥播种、农田巡测、灭虫减灾等耗工耗时的基础工作。另一方面,可以及时监测、获取农作物的生长信息,提升农作物品质,还可以精准控制农药用量,减少对自然环境的破坏。

二、低空经济对战略性新兴产业的促进

（一）卫星互联网产业

低空经济促进卫星互联网的高速发展。随着低空应用场景越来越丰富，对于高质量的天基网络通信的需求也越来越强烈，无论是目前已经在广泛应用的航拍、测绘，还是面向未来的低空客运、旅游等，都需要卫星网络提供强有力的通信保障，卫星互联网行业作为低空经济发展的关键基础设施，将迎来很大商机。

作为空天信息产业的重要组成部分，卫星互联网具有覆盖广、延迟低、容量大等特点，可以解决低空场景下高密度、多用户、高安全的通信需求。例如在低空客运中，卫星互联网可以更好地支持高频次、大容量的短途运输。此外，在遥控监测、数据高速传输等一众对通信网络具有特定需求的领域，卫星互联网也将大放异彩。

（二）新能源产业

低空经济与新能源产业双向驱动。一是新能源电池作为低空飞行设备的重要储能、补能设备，是低空飞行器的"生命线"。当前低空飞行器的动力电池主要是液态锂电池，随着低空飞行器对续航里程要求的不断提高，液态锂电池能量密度难以满足长距离飞行的需求，故而新能源电池技术的突破能够促进低空经济发展。以全固态电池为例，其能量密度可提升70%以上，且具有使用寿命长、生产和运营成本低等诸多优势，被视为电动直升机、电动无人机、载人低空飞行器等的动力优选。二是低空经济这一新质生产力为新能源产业的进一步发展创造了更为广阔的舞台，未来新能源技术不仅可以用于地面交通工具补能，还将成为低空飞行领域的重要基础设施，广泛用于解决空中通行面临的各类续航问题，为新能源产业开辟了应用的蓝海。

三、低空经济对未来产业的培育

（一）量子信息产业

低空经济与量子信息产业协同发展。随着低空经济活动越发频繁，各类无人机、低空汽车等新兴业态爆发式涌现，数据安全问题有待进一步关注和管理。如飞行器作业的路线、拍摄的图像等各类数据信息被捕获、窃取甚至篡改

时，可能会导致严重的后果，而量子加密技术的应用可以保障低空飞行器控制指令和敏感信息不被窃取，是低空经济得以安全发展的重要途径。这为量子科技的发展提供了丰富的应用场景，促进了相关技术的快速优化与升级迭代。

（二）智能交通产业

低空经济是智慧交通的重要实现途径之一。目前大城市人群仍然饱受交通拥堵所带来的极大困扰，使用低空飞行器，可以通过智能传感、摄像设备等载荷对路况进行实时监控，获取并预测车流、人流分布，进而动态调整交通信号，完成道路车辆合理调配，提高城市交通运行效率。在交通事故发生时，无人机载荷设备能够准确及时地记录事件经过，能在相当程度上避免警力不足造成的事态延误，减少道路纠纷，提高交通事故的处理效率。

综上，低空经济作为一种创新性和综合性的经济形态，产业链长，覆盖面广，是发展新质生产力的重要着力点，能够辐射带动传统产业、战略性新兴产业和未来产业等的融合发展，深刻影响社会生产生活的方方面面。从地面交通运输、旅游业、农业，到新兴卫星互联网、新能源产业，再到量子信息、智慧交通等未来产业，低空经济以其独有的吸引力及多元化的应用场景，为技术的革命性突破和产业的转型升级带来很大机遇。为进一步发挥低空经济的产业促进作用，政府、企业和科研院所等需要深入合作，加大支持和投入，不断完善相关政策和标准，推动低空经济与其他产业的深度融合与可持续发展。

第二节 低空经济产业链构成

比如制作面包，农民种小麦提供面粉（原材料供应），面粉厂加工成面粉，面包厂制成面包（生产制造），再经物流运往超市（销售流通），消费者购买。这一系列环节相互关联，从源头到终端，就是一条简单产业链。低空经济产业链以民用有人驾驶航空器和无人驾驶航空器的低空飞行活动为牵引，辐射带动航空器研发、生产、销售以及低空飞行活动相关的基础设施研发生产、建设运营、飞行保障、衍生综合服务等领域产业融合发展，具有链条长、环节多、覆盖范围广的特点，贯穿从研发、制造、组装、设施到应用、服务的全链条各环节。想象一下举办一场低空无人机灯光秀。首先无人机研发企业设计出高性能无人机（研发），工厂将零部件组装制造（制造），销售商卖给表演商（销售）。表演场地的建设运营团队搭建场地与信号塔等（基础设施），技术人员保障飞行（飞行保障），策划团队编排节目（衍生服务），这便串起了低空经济产业链。

一、常见低空飞行器简介

低空飞行器是低空经济的应用载体，是连接低空经济产业链上下游的纽带。常见低空飞行器包括新型的无人机和电动垂直起降航空器（eVTOL），以及传统的直升机、固定翼飞行器，还包括地效飞行器、飞艇、气球平台等。

1. 直升机是一种能垂直起降、在空中可悬停、可任意转向的飞行器。它通过旋转的旋翼产生升力及推进力，机动性和灵活性良好，可在较小的场地起降，适用于如人员运输、空中观光、应急救援、航拍测绘等多种任务。

2. 无人机是一种无人驾驶的飞行器，通过遥控或智能程序自主飞行。无人机种类繁多，根据其尺寸可分为微、小、中、大型无人机，根据用途可分为工业级、民用、军用无人机等。无人机在航拍、物流、农业、巡检、应急等领域得到了广泛应用，使用成本低、效率高。

3. 普通固定翼飞行器是一种机翼固定于机身，可通过固定机翼产生升力的飞行器，具有飞行速度快、航程远、燃油效率高等优点，适合长途飞行和大面积区域的作业，如航空运输、农业植保、航空摄影等。

4. 地效飞行器是一种利用地面效应飞行的特殊固定翼飞行器。《中国大百科全书》第三版网络版定义地面效应是物体在贴近地面运动时，地面会对物体产生空气动力干扰的现象。即飞行器接近地面（或水面）时，地面（或水面）阻止这种空气下行，就好像地面（或水面）给飞行器额外的"助力"，让飞行器能更高效飞行。地效飞行器同时具有飞机和船舶的特点，适用于海上巡逻、快速客运、军事运输等任务，适用于较为平坦的海域或大型湖泊。

5. eVTOL（electric Vertical Take-off and Landing，电动垂直起降航空器）是一种新型低空飞行器，采用电动动力系统，可垂直起降，融合直升机和固定翼飞行器的优点，噪声低、零排放、操作简单，预计未来将广泛应用于短途客运、物流配送等领域。

6. 飞艇，轻于空气的航空器，通过在艇体内部充入比空气密度小的气体

（如氢气、氦气）产生浮力，从而能够在空中飞行。同时依靠发动机和螺旋桨推动前进，其体积较大，飞行速度较低，便于在空中长时间停留，适合广告宣传、旅游观光、气象观测、地理测绘、应急救援等任务。

7. 气球平台也是一种利用气体浮力升空的飞行器，其结构简单，成本较低，可用于气象探测、通信中继、环境监测等领域。

二、低空经济产业链结构

低空经济产业链具有多元化、协同性强、技术与服务并重的特点，其基本结构按照产业界惯例，划分为上中下游。上游由核心系统、零部件及关键原材料产业构成；中游由低空飞行器制造、基础设施建设、飞行保障和运营服务构成；下游则涉及各行业应用场景，如农业、工业、旅游、物流和巡检等。

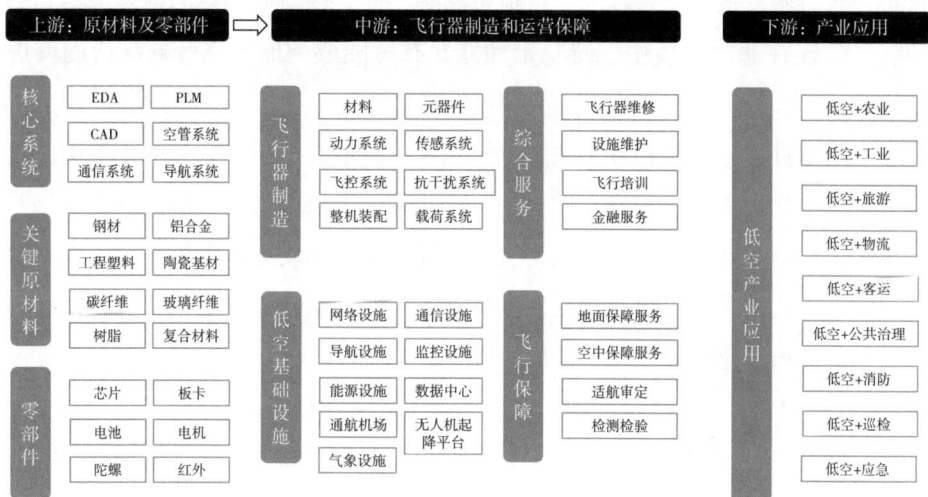

（一）上游环节

1. 核心系统。包括任务载荷、导航系统、飞行控制系统等，其中任务载荷包含传感器载荷、操作载荷、其他载荷等。（1）任务载荷系统的发展将大大扩展低空飞行器的应用，通过搭载不同的任务载荷，可完成侦察、监视、目标跟踪、物流、农业喷洒、搜索与救援等多种任务。（2）导航系统的高精度定位对于低空飞行的安全性和可靠性至关重要。然而，现有的 GNSS（全球导航卫星系统）技术虽然已经相当成熟，但在某些复杂环境下仍存在精度不足的问题。未来可能会通过引入更先进的信号处理算法和多源数据融合技术，来提高 GNSS 系统的定位精度。5G 具有低延时、高带宽、超高密度连接等特点，能通过基站部署有效覆盖卫星信号覆盖不到的盲点区域，将现有 GNSS 系统与 5G 相结合，也可能是未来技术发展的方向之一。（3）飞行控制系统承担航迹控制、姿态控制和飞行增稳等核心功能，是低空飞行中最为关键的系统。随着半导体和电子技术的进步，飞控系统将会更加智能化、模块化和集成化，具有自主导航、避障、自动返航等高级功能。通过人工智能技术，将能够更好地适应不同的飞行环境，提供更加精确的控制。

2. 关键原材料。包括金属原材料、特种橡胶与高分子材料等。低空飞行器对材料的性能要求，不仅需要具备轻量化、高强度的特性，还要满足复杂环境下的使用需求。先进复合材料为低空飞行活动提供新选择。例如，碳纤维复合材料，具有密度低、比强度大、比模量高等特性，还具有出色的耐腐蚀性和耐疲劳性，能在恶劣环境中保持稳定性能，有可能成为低空飞行器制造的首选材料。

3. 零部件。包括结构件、陀螺仪、芯片、电池、电机等。其中，结构件确保飞行器的物理稳定性和安全性，陀螺仪和芯片等核心电子元器件负责飞行器的导航、控制和数据处理，电池为飞行器提供能源和动力，电机是动力系统中实现大推重比的关键。推重比是发动机推力与发动机自身重量（或者飞行器的重量）的比值，是衡量发动机性能关键指标之一。

（二）中游环节

1. 低空飞行器制造。包括固定翼飞机、直升机、多旋翼无人机等各类航空器的设计、研发和生产，涉及机身结构、航空发动机、航电系统等关键部件的制造。这一环节不仅要处理好上游原材料、零部件、关键系统的整合，还要面向下游市场，满足各种应用场景的需求。

2. 低空基础设施。包括起降场地及配套设施、通导监系统、雷达、高精度地图、气象监测等。其中起降场地及配套设施有通用机场、无人机起降平台、中型起降场、大型起降枢纽、停机库、中转站、能源站、运营保障基地等。通导监系统包含通信系统、导航系统、监视设备，与传统适配民航需求的通导监系统相比，低空飞行对通导监提出更高要求，更强调新技术在其中的应用。

3. 运营服务。包括通用航空运营、无人机运营、维修与保养服务及其他配套服务等。其中，（1）通用航空运营包括公务飞行、私人飞行、空中游览、航空摄影、航空救援等多种业务。（2）无人机运营包括航拍、物流、农业、巡检、应急等业务。（3）维修与保养服务主要是对飞行器及其设备进行定期检查、维修和保养。此外，低空经济的运营服务还包括飞行器、设备的租赁融资服务和航空保险等服务。

4. 飞行保障。包含机场服务、空域管理、飞行信息服务、飞行审批、培训与认证、应急救援等。其中，（1）机场服务包括通用机场和临时起降点的建设、运营和管理。（2）空域管理包括低空空域的规划、分配和管理，确保航空器在安全、有序的空域环境中飞行。（3）飞行信息服务包括无人机飞行计划、空域使用情况、气象条件等信息服务。（4）飞行审批服务包括飞行计划的申报、审批和飞行许可的发放。（5）飞行培训与认证服务为飞行员和无人机操作员提供专业的培训服务，包括理论教学和实际飞行训练。（6）应急救援服务包括航空医疗救援、空中消防、搜索与救援等。

（三）下游环节

低空经济产业的下游环节主要聚焦于产业的应用，即如何将中游生产的无人机、航空器等产品及服务应用于各个领域，包括但不限于低空旅游、低空农业、低空物流、医疗救护、航空摄影、空中巡查等。下游的应用拓展将推动低空经济产业的多元化发展，也为中游和上游的生产与研发提供方向，形成良性的产业发展循环。本书后续章节将介绍典型的低空场景应用。

第三节　低空经济产业链特点

低空经济产业链就像一场盛大演出，核心零部件是乐器，整机制造是乐手，运营是指挥，维修是后勤，各方协同配合才能奏响美妙乐章。低空经济产业链条长且复杂，涵盖从核心零部件生产、整机制造到运营服务、维修保障、基础设施建设等众多环节，要求链间高度协同，产业链各环节企业以及监管部门等也需高度配合，以保障飞行安全和运营秩序。低空经济产业链也是技术密集型产业链，涉及航空器研发制造、飞行控制、通信导航等高端技术，对持续创新有着内生需求。低空产业链应用场景广泛，包括农林作业、物流配送、应急救援、旅游观光等多领域，促使传统行业的革新并催生新业态。

一、低空产业链的技术深度融合

低空经济产业链涉及航空航天、电子信息、新能源、材料科学等众多技术领域，跨领域技术融合与协同是低空产业持续发展的基石。

新能源技术的发展，使低空飞行器的能源动力得到保障。高性能的锂电池和氢燃料电池等新能源技术，有望解决电动低空飞行器续航里程有限这一关键瓶颈问题，推动电动低空飞行器向更广泛应用场景拓展。太阳能飞行器通过利用太阳能充电或辅助供电，延长飞行时间和提高能源利用效率。这一技术融合了材料科学的高效太阳能转化材料研发、电子信息技术的能量转换与存储管理以及航空技术的飞行适配性设计，多技术融合实现飞行时间延长与能源利用效率提高。

新材料的研发，使低空飞行器重量性能以及适应性得到了突破。碳纤维复合材料的高强度和低密度特性应用于飞行器制造，是材料科学与航空技术深度融合的成果。新型高温合金在发动机领域的应用，不仅是材料自身耐高温高压性能的体现，更是材料科学与航空发动机技术、制造工艺技术等多技术融合的成果，从合金成分设计到精密制造工艺，再到与发动机整体性能的适配性优化，都离不开多种技术的协同合作。

新一代信息技术的快速发展使低空飞行器的核心零部件和整机研制更加成熟和完备。电子信息技术如同幕后魔法师，它的魔法效果渗透到了飞行器设计制造的每一个关键节点，包括导航系统、通信系统、飞行控制系统等，这些系统就像机器运转中紧密咬合的齿轮，驱动低空飞行器天空中精准安全翱翔。

感知技术、通信技术、定位和导航技术、计算能力和智能算法等数字技术的发展，使得低空空域利用变为可能，也保障低空运行的安全与高效。例如，5G网络在带宽、时延、定位等方面发展，将使低空飞行导航系统更加完善；人工智能等新兴技术为复杂环境下的空中交通管控提供可能。通信技术在实现数据高速稳定传输时，依托于材料科学提供的高性能传输介质，以及航空技术保障飞行器的飞行环境适配性，多方技术协同构建起"信息桥梁"。

低空产业链从技术端到应用端、从制造技术到基础设施再到数字系统、从规划到管理，上中下游各产业的技术协同和融合为低空应用场景的实现提供支撑与保障。而低空经济的开拓与发展，反过来对制造技术、数字系统、管理模式乃至上游的核心零部件、原材料都提出更多更高要求，促进这些技术的进一步创新与研发。这些技术相互交织、深度融合，共同构成低空产业链技术的高密度融合体系，推动低空产业不断迈向新高度。

二、低空产业链的内部高度协同

低空经济产业链犹如一个紧密相连的生态系统，各个环节相互依赖、互相促进。例如，航空器制造企业生产的飞机需依靠低空飞行服务提供的导航和通信保障，才能安全、顺利在低空领域飞行，而低空飞行服务依赖于机场和导航台等基础设施支持。这种高度关联性意味着产业链任一环节变化，都会像涟漪一样波及整个产业链。各环节间需高度协同，这种协同贯穿技术、生产和市场等多个层面。

（一）产业的协同性

低空经济产业链高度关联性表明各个环节间的协同非常重要。航空器研发制造企业不但要着力于产品技术创新及质量提升，还要与低空飞行服务提供商密切合作，以保障航空器实际运行时的兼容性与安全性。譬如，新型航空器设计需考虑低空飞行服务的导航信号接收模式、通信频率等方面，与空管系统无缝衔接。

（二）风险的传导性

高度关联性会让风险得以快速传导。低空产业链风险如多米诺骨牌。若核心零部件生产出错，整机制造受牵累，进而影响运营服务，一环倒则可能致全链失衡，如同首张骨牌倒下引发连锁反应。例如基础设施建设迟缓致使起降设施容量匮乏，便会影响航空器的运营效率以及飞行计划的执行，给运营企业带来经济损失，并波及上下游企业。

（三）标准的统一性

为保障产业链各环节的技术兼容性和协同性，统一技术标准至关重要。通过在制造、基础设施、通导监设施、运营方、客户方等各个环节建立并遵循统一技术标准，低空经济产业链得以实现全方位技术协同，推动产业健康、快速发展。

1. 在飞行器制造层面，统一飞行器控制系统标准可确保不同厂家生产的飞行器在飞行性能、操控性与稳定性上具有一致性。统一电池接口标准不仅方便用户在不同飞行器间更换电池，提高电池的通用性与资源利用率，还促进电池生产企业与飞行器整机企业的专业化分工和协同生产。

2. 在基础设施建设方面，统一的机场及起降场的配套设施标准是保障低空飞行安全与便捷的关键。照明系统的统一包括如亮度、颜色、闪烁频率等，能够为飞行器在夜间、低能见度条件下提供清晰视觉引导，避免因照明差异导致的飞行事故。加油设施（对于燃油飞行器）和充电设施（对于电动飞行器）的技术规格与安全要求的统一，确保飞行器在不同起降场都能顺利补充能源，并且保障能源补充过程的安全性。

3. 在通导监设施方面，统一通信协议便于飞行器与地面控制站之间、飞行器与飞行器之间能够建立起稳定、高效的信息交流通道。统一通信频率与带宽分配标准，避免不同飞行器或通导监设施之间的通信干扰，保障整个低空通信网络的顺畅运行。

4. 在飞行空管领域。统一的飞行交通规则能进一步规范低空飞行秩序。在交叉航线飞行时，避免飞行冲突，制定起飞、降落的顺序与安全距离标准，防止飞行器在机场及起降场附近发生碰撞事故。

（四）市场服务的协同性

1. 市场营销相关协同。低空经济产业链各环节的企业共同开展市场推广活动，对于提高低空经济的社会认知度和市场影响力非常关键。在实际运作中，不同类型企业可发挥各自优势形成强大推广合力。例如，飞行器制造企业、运营服务企业和旅游景区联合推广低空旅游项目是一种有效模式。

2. 客户产品服务协同。为客户提供优质一站式服务，离不开产业链各环节企业之间客户服务协同。当客户在使用低空飞行器过程中遇到问题时，制造企业、运营企业和维修企业需迅速协同响应，及时解决问题，是维护客户满意度和忠诚度的关键。例如客户购买的无人机出现故障，制造企业应发挥其技术优势，为客户提供专业的技术支持，包括故障诊断指导、维修建议等；运营企业则协助客户联系维修企业，确保客户能及时获得维修服务；维修企业需尽快对故障无人机进行维修。

三、低空产业链的市场多元需求

低空产业链在农业植保、物流配送、应急救援、旅游观光等领域均有着多元化的应用需求，这些多元化需求具有以下几个特点：（1）需求的多样性，不同行业领域对低空经济产业的应用需求多种多样，随着未来技术能力的不断发展，应用领域和场景还将不断延伸拓展。（2）需求的专业性，每个行业领域的应用场景和需求对低空飞行的高度、速度、载重、精准度等都有其专业性的标准和要求。（3）需求的定制化，由于需求的多样化和专业性，使得满足这些低空应用需求需要进行定制化的研究开发和运营服务。（4）安全性要求高，安全是所有需求和应用的基石，无论哪个行业都把飞行安全放在首位，包括飞行器可靠性、飞行路线安全规划等。（5）融合性，不同行业需求相互交织，如旅游与交通结合打造空中游览线路，农业与工业在设备研发和应用上相互借鉴。（6）对技术更新的依赖性，随着行业发展，对低空飞行的智能化、环保化等新技术有着持续需求，以提升效率和质量。这些特点共同构成低空经济在各行业多元化需求方面的丰富内涵。

第四节　产学研用金"组合拳"助推低空经济高质量发展

高校智慧启迪创新思路，科研院所精研关键技术，企业全力转化成果，用户反馈需求导向，金融资本注入活力源泉，各方携手打出"组合拳"，驱动低空经济如鲲鹏展翅，翱翔于高质量发展苍穹。

一、打好产学研用金"组合拳"

（一）完备的产业链体系是低空经济发展的前提

低空经济不是一个单独的产业，而是一种综合经济形态，包括低空制造、低空运营、低空基建等多个行业，涉及制造业、服务业众多门类。其中低空制造和低空基建是发展低空经济的基础。

（二）低空经济的发展离不开人才梯队建设

"创新之道，唯在得人"，低空经济作为全新的经济形态，人才始终是支撑力量，是智慧源泉。从低空飞行器的制造，到低空翱翔，再到一系列低空应用场景落地，既要"教得出人"，也要"用得上人"，还要"留得住人"。

1."教得出人"。构建低空经济教育体系。鼓励高校、职业院校开设低空飞行器设计制造、无人机应用、低空软硬件基础设施建设等低空经济相关专业或课程，深化校企合作，促进院校资源与市场需求互补。支持高校联合企业开展通用航空商照、私照、运动类照、民用无人机驾驶员执照、遥控航空模型飞行员执照等培训。

2."用得上人"。加强人才引进和培养。首先要集中高层次人才，高层次科技人才是推动低空飞行技术突破的关键。通过国际科技合作交流加快聚集相关领域顶尖科学家，组建稳定、专职的研制、工程、管理人员队伍。其次要重视高技能产业工人，依托航空学院、职业学院等，建立学校、企业及第三方培训机构共同参与的产教融合人才培养新模式，定向培养飞行驾驶、机务维修、运营管理等各类低空经济技能人才。

3."留得住人"。完善人才吸引和激励措施。充分提高全社会对低空经济行业前景的认识，增强行业吸引力。制定专门的低空经济人才政策，提高各层次低空经济人才的福利待遇。明确低空经济领域的职业发展前景和人才晋升通道，有助于各层次低空人才做好职业规划，稳定预期。对顶尖人才给予事业平台、科研经费、服务保障等政策支持，对符合条件的低空经济高端人才申报各类人才奖项给予政策支持。

（三）核心技术的领先为低空经济发展创造了条件

低空经济是新质生产力的典型代表，其发展离不开科技创新的引领。通过构建从基础研究到应用基础研究、技术研发、产业化的低空经济完整科创链条，抢占全球低空经济价值洼地。

1.构建科研机构和创新平台。科创机构和平台是科创引领低空经济的承载主体，不仅能够提供技术研发、人才培养、政策研究等服务，还能促进产学研用的深度融合。（1）国家和区域层面的创新实验室，国家重点实验室聚焦低空基础研究和应用基础研究，产出重大原创成果并培养高水平的科研人才。区域创新实验室侧重于服务地方低空经济发展，推动区域科技创新能力的提升。（2）产学研结合的低空科创项目，当前低空经济正处于起步发展阶段，构建企业和科研机构的创新研发联盟有助于推进低空科研与产业、应用相结合。

2. 低空核心技术创新和攻关。目前低空经济核心技术主要在于低空飞行器研发、低空飞行控制技术和低空经济与人工智能、大数据等的结合。我国在低空制造端的新材料、新能源、新机型，服务和保障端的北斗导航、卫星互联网、5G 应用、大数据、云计算、人工智能等高科技手段，为低空核心技术突破提供了支撑。此外，在动力系统和能源管理方面的技术创新也使得无人机的续航时间和载重能力大幅提升。

3. 建立清晰的科研成果转化和激励机制。科研成果转化和人才队伍建设息息相关，确保有明确的科研转化机制和路径，是科创引领低空经济的关键。（1）发挥企业、高校、科研院所的作用，鼓励部署科技成果孵化器、加速器，孵化转化创新成果、产品和技术。加强北斗、5G 等技术的应用，促进商业航天与低空经济融合发展。（2）明确政府引导和政策先行的风向，在知识产权保护和低空核心技术交易市场给予政策支持，更好促进低空技术的创新和突破。

（四）低空经济的应用场景是一片全新蓝海，是可以创造经济增长的资源

1. 低空经济多元化应用场景。低空经济的核心就是把低空飞行应用于下游各类场景中，从而实现低空与其他领域的融合，具体而言，低空飞行可以解决三重维度的问题。（1）情绪维度，最为典型的应用是低空旅游，这也是通用航空所涉及的传统场景，比如直升机、热气球游览观光。（2）信息维度，这主要涉及无人机，无人机本身轻巧，飞得高看得远，因此可以用于海防、电力、林区等巡检，甚至包括战场上的敌情监测。（3）能量维度，方便快捷地将物品或者人进行短途运输，这是未来低空经济产业最有潜力的领域。未来在短途城际交通中，低空客运将会成为地面客运的短板补充交通方式，两者优劣互补，相互呼应，促进发展，为人们的出行提供多样性的选择。

2.下游应用领域制度规范。不论是低空旅游、低空巡检还是低空物流、空中交通，都需要统一规范的制度，比如低空飞行器的运行标准，需要构建统一的低空飞行器技术、飞行等规范标准，确保低空飞行的安全性。在低空运输中，低空物流和低空客运都需要制定科学合理的服务评价标准以及安全考核指标体系，因为一旦出现安全问题，将会对整个行业产生较大影响。

3.低空用户反馈机制和市场培育。低空经济未来能创造多大价值，某种程度上取决于下游的应用场景，而场景应用和拓展的关键是要让用户觉得使用低空飞行物有所值，而且愿意为此持续付费。因此需要注重低空消费市场的构建和培育，在方向上引导用户使用低空飞行解决需求。在此基础上进行市场营销和全面推广，并建立完备的用户反馈机制，在干中学，学中干，基于每一次用户体验对低空飞行过程进行改进，本质上与服务业的用户反馈改进机制比较相似。

（五）低空经济领域金融需求主体多、客户体量大、业务综合性强，是科创金融领域的潜力市场

低空经济的蓬勃发展，给金融机构带来了多元化金融服务需求，为金融业的产品创新、跨境合作、综合经营等带来新的机遇，同时也对金融政策和营商环境提出了更高要求。

1.低空经济具有多元化金融需求。（1）低空制造企业多属于科创企业，传统"重资产"的融资方式可能并不适用，针对低空制造企业的发展特点及生命周期，融资方需具备一定对科创型及专精特新一类企业"看未来的"评价能力，提供创新型的"轻资产"金融产品。（2）低空飞行企业作为下游应用航空器的主体，通常依托特定业务背景开展运营活动，其直接面向客户的特性决定了在业务运营过程中面临诸多金融需求。例如，在融资租赁领域，航空器整套购置成本较为高昂，低空飞行企业自身可使用的流动性资金相对有限，融资租赁成为一种重要的融资手段，通过与专业融资租赁机构合作，企业能够以分期支付租金的方式获得航空器的使用权，在一定程度上缓解资金压力并优化资金配置。在供应链融资方面，企业在航空器零部件采购、维护保养服务采购等供应链环节中，需要借助供应链融资服务来保障供应链的稳定运行，解决因资金周转问题可能导致的供应链中断风险，促进企业与上下游供应商之间的协同合

作与业务拓展。

2.金融机构建立低空金融服务产品体系。金融是国民经济的命脉，低空经济作为一种全新的经济形态，也需要金融产品体系进行相适应的创新。（1）对银行而言，需提升信贷能力，夯实信贷业务基本盘。一是重点地区银行用好试点优惠政策，加强产品创新。针对低空经济行业，积极推广专精特新 e 贷、专精特新小巨人贷、新兴产业赋能贷等科创专属产品，不断优化科创企业评价体系。二是借智引智，推动信贷管理专业化。根据业务需要尝试在信贷业务中引入产学研机构、投资机构、产业资本、产行业协会等外部智库，采取专家访谈等方式辅助评审，提升行业研判能力。三是数字赋能，提升信贷业务效能。积极运用数智化手段赋能信贷业务减负增效，从而提升金融服务低空经济效能。（2）对市场的股权和风投机构而言，需提升股权能力，拥抱低空股权业务蓝海。一是积极挖掘低空经济优质股权标的，探索从认股安排顾问、股权投资到产业赋能、上市培育的全链条服务模式。二是积极推动母基金及非债转股试点基金筹组，丰富股权投资供给。抓住非债转股 AIC 试点政策，以母基金为支点，构建覆盖天使基金、PE/VC 基金、S 基金、并购基金的股权投资生态圈，为低空客群营销提供差异化服务手段。三是提升融智服务能力，塑造低空经营新业态。股权和风投资本天生具有高风险、高收益的特质，正好与低空经济起步阶段相匹配，而且当前的低空经济产业不仅需要融资，更需要"融智"，股权机构可整合融智联盟资源，加强与融智联盟机构合作，聚焦低空经济企业员工股权激励、上市培育、融资租赁、产业并购等重点场景，形成细分领域循环。（3）对保险机构而言，低空经济势必会给财产和人身保险领域带来全新业务机遇，针对产业链各主体、各环节的风险保障需求，拓展保险应用场景，联合前端直保公司，制定和设计相应产品，优化低空经济保险产品供给。同时，结合低空空域监管、运行和保障的新形态、新需求，在充分定价的基础上，提供从前端业务拓展到中台承保理赔管理、后端再保风险分散的低空保险全流程解决方案。

3.营商环境优化与金融政策为低空经济保驾护航。要实现金融服务低空经济高质量发展，仅凭靠金融机构的产品创新和机制改进还远远不够，政府对于低空经济融资融智端的政策支持和营商环境改善也必不可少。（1）政府金融扶持政策的制定和实施。目前各地出台的低空经济行动方案中大多有对低空经济企业的财政补贴政策，后续还可进一步普及并完善银行贷款贴息、税收优惠等金融政策。（2）明确监管规则，推进低空经济风控体系建设。明确政策框架和服务流程，可在监管报表中更新低空经济专项统计，并督促金融机构优化金融服务流程。加强风险管理引导，建立健全的风险评估模型和管理体系，定期对金融机构的低空经济业务风险管理实践进行评估和监督。（3）完善低空产业营商环境和标准，为企业提供稳定可预期的政策环境。进一步明确低空空域、无人机飞行管理等规定，加强相关技术标准的研究和制定，为企业提供稳定可预期的政策环境，保障低空经济产业的健康发展。

二、产学研用金"组合拳"经验分享

（一）低空经济城市发展模式

政策先行，产业支撑，市场牵引。在空域改革逐步推进、低空政策密集出台的背景下，涌现出一批资源禀赋优越、政策力度超前、市场反应迅速的低空之城，成为低空经济的领跑者。以深圳为例，深圳提出打造"世界低空经济第一城"的目标，目前，已经形成涵盖低空制造、低空飞行、低空保障和综合服务的全产业链体系，涵盖载客运输、物流运输、社区配送、公共治理服务等多个领域。本质上，深圳领跑低空经济的背后在于其强力的政策支持、完备的产业基础以及丰富的应用场景。

1. 敢为人先，完善低空政策。自 2022 年开始，深圳就通过特区立法解决关键问题、央地协同破题空域管理、通关便利助力企业"走出去"等举措，在体制机制、政策法规、营商环境等方面抢占先机。（1）立法先行保障发展。2024 年初，深圳出台全国首部低空经济立法——《深圳经济特区低空经济产业促进条例》，涵盖了基础设施、产业支持、安全管理等方面，建立了产业发展协调工作机制，为深圳构建全产业链协同发展创新模式奠定了政策基础。进一步出台了《深圳市培育发展低空经济与空天产业集群行动计划》，提出强化技术攻关、加快新型基础设施建设等六个方面共 19 项重点任务，加速构建深圳低空经济"路线图"。（2）低空示范区破题空域管理。2024 年 3 月，中国民航局明确支持深圳市建设国家低空经济产业综合示范区，支持深圳完善产业发展服务体系，同意开展低空物流、城市空中交通等研究试点。这为深圳建设"天空之城"创造了空域条件，进一步推动了低空空域资源由自然资源转化为经济资源的过程。（3）专项政策激发活力。出台《深圳市支持低空经济高质量发展的若干措施》，围绕引培低空经济链上企业、鼓励技术创新、扩大低空飞行应用场景等方面提出具体支持措施。

2.产业完备，充分利用先发优势。一直以来，深圳都是全国"无人机第一城"，在无人机领域拥有高效低成本的供应链配套和融合多交叉的产业链支撑。（1）以低空制造为例，深圳的产业链涵盖了芯片、复合材料、连接器、传感器等核心零部件和原材料。(2)以低空基建为例，深圳率先提出通信网、气象网、航路网、服务网"四张网"为深圳全域的低空飞行提供技术保障。

3.场景丰富，重点开发下游需求。深圳地处粤港澳大湾区，是该区域的核心城市之一，人口密度高，经济体量大，可以用寸土寸金来形容。因此低空飞行对于运输效率的提升效益最为明显，涌现出低空出行、游览观光、城市管理及服务等三类跨领域融合发展的城市空中交通新业态。

（二）低空经济运营主体

根据地方政府的资金需求和低空经济规划，低空经济基建有政府投资运维、政府与承包方合资企业、企业运维三种合作模式。近期，多地国资委牵头组建低空经济产业投资公司，虽然各公司合作模式、聚焦领域不尽相同，但这些具有国资背景的产业投资公司可能是未来低空经济基建和运营的重要主体。

第五章 数字化＋低空经济场景

低空盛景韵初彰，数字蓝图绘锦章；要素详斟谋应用，新篇开启韵悠扬。城市高楼间空域，可开启无人机配送新篇；广袤田野之上，低空植保让农业增效。低空经济场景应用，处于整个低空产业链的下游，直接触达用户。向后，它通过需求端的反馈反向推动上游和中游产业的进步，驱动产业链的发展与优化；向前，它具有无限丰富的想象力，不断拓展产业边界，创新商业模式，推动低空经济的繁荣。本章将总体阐述低空经济场景，后续将讲解低空经济几个典型细分场景。

第一节 低空经济场景概述

在低空广阔天地间，新装备似飞鸟展翅，新技术如灵羽闪耀。创新商业模式像奇异花园，唯有在此场景播撒希望，才能让成果落地生花，于低空翱翔里完成蜕变，绽放商业价值的璀璨光芒。

一、低空经济场景概念

低空经济场景是低空环境下新装备、新技术、新商业模式应用的情景。（1）新装备既包括新型低空运载装备，如无人机、eVTOL，也包括新型低空作业装备，如物流挂载系统、喷洒／清洗系统、测绘遥感系统。（2）新技术包括高精度导航定位技术、自主避障技术、图像识别技术、大规模组网调度技术，其中不乏由深度学习和大模型等人工智能加持的新技术手段。（3）新商业模式既包括传统行业传统业务的新实现方法，即"新瓶装老酒"，如采用低空无人机运送外卖、快递，该模式在低空经济场景中占据主要地位，形成了"传统行业＋低空"的众多模式；也包括利用新技术手段创造的新型业务或商业服务，如无人机消防，可破解高程建筑消防这一世界性难题。随着低空经济的不断壮大和探索，新型场景将会不断被开发。

二、低空经济场景特征

低空经济场景因其装备特性、活动范围、技术特点的新颖、独特，具备以下显著特征。

（一）空间限定性

低空经济活动限定在低空领域，一般是地面距离 1000 米以下的空域，与传统航空活动有明显的空域区分。在这个有限的空域内，飞行器的飞行高度较低，速度也相对较慢，更贴近地面设施和人群。同时，由于地面地势起伏或城市建筑物的阻碍，低空经济活动范围也随之受限，尤其是在城市空间，无人机的飞行高度在几十米到几百米之间，受到建筑物高度的影响。此外，在民航机场、军事区域和涉密区域，低空经济活动也受到时间或空间上的限制。

低空经济活动的空间限定性特征，在给经济活动和人民生活带来便利的同时，也带来安全、噪声、隐私等方面的隐患和风险，需要采取相应的预防和处理措施。

（二）高技术性

在低空经济产业链的制造环节，涉及高端芯片、飞控系统、新材料和电池技术等，其高技术特征明显。在低空经济产业链的场景端，高技术性特性同样显著，例如高精度定位技术、高通量低延迟通信技术、高时空分辨率的低空气象预报技术等；在具体场景上，如低空农业，在航空施药作业过程中，会涉及专业的变量喷雾技术，通过流量传感器实时监测农药的喷出流量，通过压力传感器确保喷雾压力的稳定，而气象传感器（如风速、风向传感器）则根据实时气象条件精准调控喷雾量，从而避免农药飘移造成环境污染和物料浪费。

（三）颠覆性

在空军出现之前，战争主要局限于陆地和海洋的二维平面，空军的诞生使战争扩展到了天空这一全新的维度，其快速的机动性使空中打击效率远超平面作战。无人机在俄乌冲突中表现出来的新侦察模式和精准攻击手段，是继空军出现后对战争模式的进一步颠覆，甚至改变了现代战争的规则。

1.空间利用的颠覆。传统作业主要局限于二维平面或近地空间。例如农药喷洒作业，传统上通过人工背负喷雾器或地面机械在农田地表作业，而利用无人机则打破地面限制，能够在农田地表以上三维空间中灵活穿梭，到达一些传统方式难以到达的区域。在山区果园的植保作业中，地面设备可能因地形崎岖而无法有效作业，无人机则可在果园上空按照预设路线进行农药喷洒作业。

2.作业效率的颠覆。传统很多作业任务，首先需要到达作业地点，而受到地面交通速度、可达性、拥堵等因素制约，作业的整体效率受到很大影响。例如在应急救援场景下，传统救援队伍通过地面交通到达偏远山区或受灾区域的时间会较长，而低空救援直升机、固定翼飞机或无人机则可以飞越复杂地形，在最短时间内将救援人员和物资送达现场，为救援争取了宝贵的时间。

3.作业精度的颠覆。低空作业借助高精度的导航和定位系统，能够实现精准的定位和操作。比如在农田播种方面，低空播种无人机可以根据预先设定的种植密度和间距，通过精确的控制系统，将种子精准地播撒到土壤中，相比传统的人工播种，其精度更高，以满足现代精准农业对种植密度和均匀度的要求。

（四）普适性

低空经济场景中，既保留了以传统通用航空为支撑的运营业态，又产生了以无人机等新型低空飞行器为支撑的低空生产服务方式，体现了低空载具的普适性。低空经济场景应用的行业领域众多，已经覆盖农林牧渔、制造、矿业、电力、交通、物流、环境、卫生、体育、娱乐、公共服务和管理等行业领域，呈现出显著的"低空＋行业"特性。例如"低空＋农业""低空＋电力""低空＋旅游""低空＋物流""低空＋应急"等。

三、低空经济场景意义

新技术的突破及验证、新应用领域的培育、产业链及生态的成长，要建立在应用场景基础之上，才能在应用中快速变现、验证、迭代，体现出商业价值，进而带动产业的发展，形成正向良性循环的低空经济生态。

（一）为新技术验证提供平台

科技成果无法有效地商品化、产业化，将导致科技成果与产业化发展之间出现断层，这被称为科技成果转化的"死亡之谷"（valley of death）。这种现象普遍存在于各类创新活动中，因此，如何跨越这一"死亡之谷"，是推动低空经济创新发展的关键点。只有通过在场景中的不断应用，才能发现新技术存在的问题和缺陷，以及新产品的功能和性能是否匹配市场需求。在技术端通过不断的技术迭代，让技术更具有商业可落地性；在生产端不断改进优化生产工艺，为大规模投产积累必要的经验和试验数据，跨越工程化和商业化之间的"死亡之谷"。

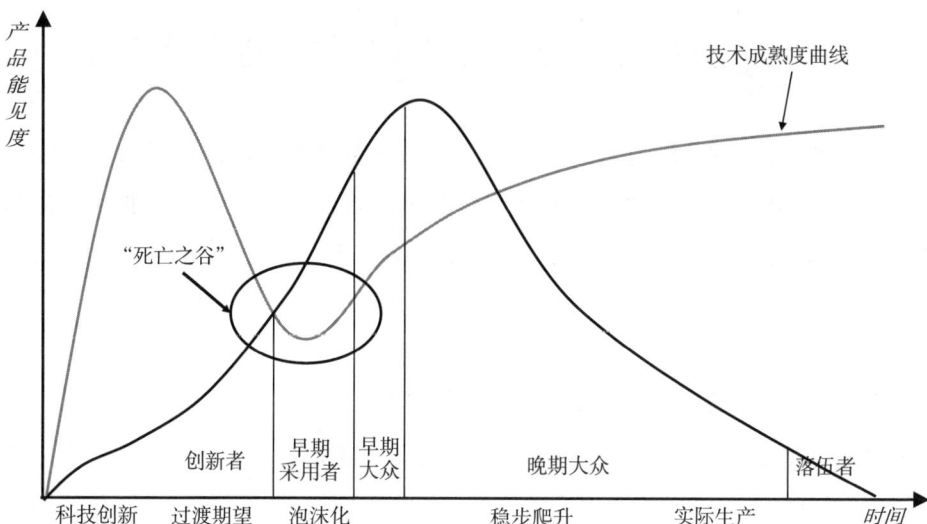

（二）为商业模式构建提供载体

通过在实际场景中的应用检验，企业可以掌握用户对低空产品或服务的接受度和满意度，获取市场的真实需求，并根据市场反馈持续提升产品性能，优化商业模式，提高服务水平。当新产品和服务趋于稳定，并逐步得到市场和用户的认可时，低空产品或服务商才能在细分市场找到合适赛道，实现商业模式的验证和商业价值的闭环。在这个过程中，场景提供了一个足够宽阔厚实和客观公正的载体，让低空经济参与各方公平竞逐，优胜劣汰。

（三）为产业化规模化提供牵引

当技术验证和商业模式都取得一定成功后，低空经济形态将进入产业化阶段，这时需要产业链上下游企业协同合作，推动产业链的成熟。这个阶段，企业通过大规模生产以降低成本，获取足够利润，进而开展下一轮的投资，研发更先进的技术改进产品或服务质量，提高生产效率，优化生产工艺，进一步扩大生产规模，形成一轮正向循环。而这一切，都需要依靠类型丰富、规模客观、需求稳定的应用场景做牵引。有了应用场景的源源不绝的动力，低空的生态圈才能开始形成良性技术扩散，带动产业链上下游企业共生与合作，形成良性的产业生态，进而通过探索和开拓新行业、新领域、新市场，创造业务增长的新机会。

第二节　开展低空经济场景应用的"道天地将法"

在低空经济的浩瀚苍穹之下，企业仿若矫健雄鹰。遵循"道天地将法"，沿着规范准则的航线，逐市场趋势之风，栖地域优势之枝，以专业人才为羽翼，凭创新运营、优化管理展翱翔之姿，划破长空，直上青云，尽显壮志豪情。

一、"道"：遵循规范准则，筑牢安全根基

"道"是低空经济活动的基本准则。如同交通规则之于行车安全，严格遵循规范是低空经济活动安全有序进行的关键。低空经济活动的"道"包括两个层次：

第一层次的"道"，犹如低空经济的行业"宪法"，是国际民用航空组织（ICAO）制定的标准，覆盖了从飞行器的设计蓝图到翱翔天际的全过程。以欧洲一家飞机制造企业遵循 ICAO 适航标准研发低空旅游飞机为例。在初始设计阶段，需要运用计算机模拟技术进行虚拟"压力测试"，确保结构强度的坚固可靠；在制造环节，需要建立质量检测体系对每个零部件进行"放大镜式"检测，确保严格匹配设计要求；飞机组装完成后，需要通过在不同气象条件下的性能测试和系统可靠性测试，历经长时间的打磨改进，才能获得适

航认证。

第二层次的"道"，是低空经济相关行业协会的规范，例如美国航空航天工业协会（AIA）制定的规范。以一家美国无人机企业遵循AIA规范提供输电线路巡检服务为例。业务开展前，操作人员需要深入研究AIA无人机系统安全操作规范，对规范的飞行限制、操作流程和安全注意事项要烂熟于心；无人机执行巡检任务前，要按照规范对设备进行全面"体检"，确保设备处于最佳状态；无人机飞行过程中，需要严格遵循预定航线和操作流程，并实时监控飞行状态。

二、"天"：洞悉市场趋势，把握发展契机

"天"代表低空经济的发展方向，象征着市场趋势和机遇。如同海洋中航行的灯塔，学会"观天象"，是企业能否捕捉低空经济商机的关键。

国外企业不乏相关的例子，为我国企业"观天象"把握低空经济商机提供了借鉴。例如，澳大利亚大堡礁地区旅游企业推出水上飞机观光和直升机潜水项目，满足游客渴望空中赏景的需求。德国汽车企业利用无人机在工厂园区进行安全巡逻和设备巡检，不仅提升了工厂安全性和生产效率，还降低了人工巡检成本和风险。巴西农业企业利用无人机实时监测农作物生长状况，为精准施肥、灌溉提供科学依据，提高了资源利用效率。

三、"地"：因地制宜规划，释放地域潜能

"地"，也就是"接地气"。强调的是因地制宜，要求紧密结合地域特色和资源优势，制定独具匠心的低空经济活动方案。

"地"突出的是差异化发展。例如，在加拿大落基山脉等山区或森林资源丰富之地，旅游企业将低空经济与地域特色深度融合，提供徒步旅行与直升机救援相结合的服务。在法国地中海沿岸等沿海地区，旅游企业引入水上飞机和直升机，为游客搭建起通往海岛的快捷通道。港口城市利用低空飞行器进行港口物流管理和海上风电设施巡检等活动，提高了效率和维护水平。在新加坡等城市地区，旅游企业利用直升机和电动垂直起降航空器（eVTOL）开展城市空中游览项目，为城市空中交通和低空广告宣传开辟了新途径。

四、"将"：培育专业人才，锻造精英战队

"将"是企业开展低空经济活动的核心动力。专业运营和服务人才是低空经济企业成功的关键，企业吸引和留住人才的策略也至关重要。

高素质的人才和专业化的团队是低空经济企业运行的动力和保障。对低空飞行器研发企业而言，飞行器设计、空气动力学、航空电子系统等领域的工程师非常重要，并且还需要通过跨学科合作，让不同专业背景的人才紧密协作，共同攻克技术难题。对低空旅游公司和无人机服务提供商等运营服务企业，飞行员和专业旅游服务团队都很重要，需要定期培训考核飞行员，确保他们能为游客提供安全舒适的飞行体验，同时配备专业旅游服务团队，如同热情好客的东道主，提供优质服务。此外，低空经济企业可积极与高校、科研机构合作建立产学研合作基地，实现人才联合培养和技术创新协同发展，为企业持续发展注入源源不断的动力。

五、"法"：创新运营模式，优化管理流程

"法"是低空经济企业提高效率、降低成本、增强竞争力的重要手段。无论是运营模式创新还是管理流程优化，"法"如同高效齿轮，助力低空经济在市场竞争中运转顺畅。

数字化技术发挥了重要作用。在运营模式创新方面，美国的无人机租赁平台企业开启了"低空经济＋互联网"模式，整合市场无人机资源，为不同行业用户提供租赁服务，既提高了设备利用率，又带来了可观经济效益，实现多方共赢。在管理流程优化方面，一家低空物流配送企业利用物联网、大数据和人工智能技术构建智能化物流管理系统，将人工智能技术应用于无人机自主飞行控制和故障预测诊断，提升安全性和可靠性。

第三节　开展低空经济场景应用的非政策性因素

在低空之下，技术创新如灵动飞鸟，市场需求似广袤大地，社会接受度若和煦暖阳，基础设施建设像稳固基石。它们携手交织，共同勾勒低空经济场景应用的蓝图。除了政策因素外，技术创新、市场需求、社会接受度和基础设施

建设等常见的非政策因素，对低空经济场景应用也很重要，深入分析这些非政策因素，利于合理规划低空经济的应用场景。

气象对低空经济影响独特且关键，不同于其他非政策因素，直接关联飞行安全与效率，强风、暴雨等恶劣天气瞬间改变低空运营环境，故单设一节解释气象因素。

一、技术创新

低空经济涉及多学科、多领域的技术融合。其中，飞行器、通信导航、数据处理与分析等领域的技术创新对低空经济的发展尤为重要。发展低空经济，需要在技术上补短板、固长板，实现高效协调发展。

（一）飞行器技术

1.无人机技术。无人机是低空经济中最活跃的元素之一，现代无人机在飞行性能方面取得了显著突破。飞行控制系统方面，通过将陀螺仪、加速度计、磁力计和 GPS 等多种传感器的数据进行融合处理，大大提高了无人机的飞行稳定性和导航精度。续航能力方面，锂电池技术的改进和新型能源技术的应用，将工业级无人机的续航时间从几十分钟延长到数小时，大大拓展了作业范围。同时，复合材料和新型结构设计，不仅减轻了无人机的重量，又保证强度，进一步提升了无人机的有效载荷能力。

2.载人低空飞行器。小型直升机、电动垂直起降航空器（eVTOL）等载人低空飞行器为城市空中交通（UAM）的场景应用提供了可能。载人低空飞行器的设计和制造涉及航空工程、材料科学、电力电子等多学科领域的前沿技术，如高效电机技术、飞行控制系统算法等。其中，eVTOL 结合了直升机的垂直起降功能和固定翼飞机的高效巡航性能，利用分布式电动推进系统和先进的飞控技术，实现在城市环境中高效、安全的低空飞行。

（二）通信导航技术

1.通信技术。5G 通信技术的低延迟、高带宽和大容量优势，为低空经济的场景应用带来了全新的通信方案。在无人机物流配送场景中，5G 通信实现无人机与地面控制中心的实时高清视频传输，方便操作人员监控配送过程，及时处理突发情况。在大规模农业植保、城市巡逻等多架无人机协同作业场景中，5G

通信支持海量数据的快速交互，保证了无人机之间的安全距离和协同作业的准确性。此外，5G 通信与物联网（IoT）技术的结合，将低空飞行器作为物联网的节点，与其他地面设备实现互联互通，拓展了低空经济的应用边界。

2. 导航技术。北斗导航系统等全球导航卫星系统（GNSS）的不断完善，为低空飞行器提供了精准的定位服务。其中，差分 GPS、实时动态（RTK）等技术将定位精度提高到厘米级，对于需要高精度定位的低空经济场景至关重要。例如，在工业巡检中，通过高精度导航技术，能够支持无人机精确地接近目标设施进行检测，确保无人机飞行路径的准确性，避免碰撞事故。此外，惯性导航系统（INS）与 GNSS 的融合，提高了导航的可靠性，即使卫星信号受到遮挡的情况下，也能保证低空飞行器的稳定导航。

（三）数据处理分析技术

1. 大数据分析技术。在低空经济场景应用中产生海量的数据（包括：飞行器的飞行参数、传感器采集的摄像头图像、气象、环境监测等），通过大数据技术对这些数据进行存储、管理和分析，支持生产生活实践。例如，农业科学管理实践中，分析无人机采集的农田图像数据，获取农作物的生长状况（如病虫害情况、土壤湿度分布等），为精准农业提供决策依据。城市管理实践中，分析无人机巡逻采集的城市环境数据，及时发现城市设施损坏、交通拥堵等问题，提高城市管理效率。

2. 人工智能算法。人工智能算法在低空经济的很多场景应用中发挥着关键作用。例如，利用机器学习算法，能够对无人机采集的图像进行目标识别，快速检测应急救援中的受伤人员和灾害发生位置。基于人工智能的自主飞行算法，无人机能够根据环境变化，实时调整飞行姿态和路径，提高飞行的安全性和效率。通过深度学习算法预测低空天气变化对飞行的影响，能够为飞行计划的制订提供参考。

二、市场需求

市场需求是低空经济发展的根本。目前，无人机等低空飞行器在物流运输、旅游娱乐、城市管理与公共服务、工业与能源等领域的场景应用中有独特的优势，具有很好的市场前景。

（一）物流运输领域

1. 城市物流配送。大城市的核心商业区高峰时段地面交通容易拥堵甚至瘫痪，但无人机等低空飞行器可以在低空穿梭，有效避开地面交通拥堵，实现快速配送。对于生鲜食品等对时效性要求极高的商品，低空物流配送更是具备独特的优势。一些电商巨头和物流企业已经开始试点无人机配送项目，通过建立分布式的配送中心和飞行网络，提高城市物流的整体效率。

2. 区域间货物运输。在一些传统陆运、水运和空运相对困难的特定区域，低空运输可以发挥重要的作用，作为传统货运的有益补充。例如，在交通不便的偏远山区或岛屿，可以通过小型固定翼飞机或直升机承担货物运输，将急需的物资(如医疗用品、生活用品等）快速送达，提高物资供应的及时性。此外，针对一些高价值和小批量的货物，低空运输在灵活性和快速性方面也具备很大的吸引力。

（二）旅游娱乐领域

1. 低空旅游。低空旅游近年来深受游客的喜爱，成为旅游市场的新热点。低空旅游通过直升机、热气球或观光飞机等，让游客在低空视角欣赏壮丽的自然景观（如大峡谷、山脉、海岸线等）或城市的地标建筑和夜景，为游客提供了全新的旅游体验。旅游景区纷纷开发低空旅游项目，并将低空旅游与其他旅游项目（如徒步、水上活动等）相结合，打造多样化的旅游线路，丰富了旅游产品种类，提高了景区的吸引力和竞争力。

2. 飞行体验。飞行驾驶培训、模拟飞行游戏等飞行体验项目在娱乐市场中逐渐流行。飞行体验不仅提供了娱乐体验，还具有一定的教育意义，培养了人们对航空知识的兴趣和了解。尤其对于航空爱好者来说，有机会亲自操控小型飞机或飞行模拟器，可以满足他们的飞行梦想。此外，空中表演、无人机灯光秀等活动也成为城市文化娱乐活动的新形式，吸引了大量观众。

（三）城市管理领域

1. 安防监控。通过无人机可以快速覆盖大面积的城市区域，实时监控城市的治安状况、交通情况和公共设施状态，在城市巡逻、安防等场景大显身手。例如，为无人机配备高清摄像头、红外热成像仪等设备，能够对可疑人员和活动进行侦查。通过无人机可以实时监测道路拥堵情况，能够为交通指挥中心提供数据支持，辅助进行交通组织和疏解。

2.环境监测。无人机在空气质量检测、噪声监测、水体污染监测等城市环境监测场景市场前景广阔。例如，无人机搭载专业的传感器，在城市上空不同高度采集环境数据，能够分析污染源分布和污染程度变化趋势。将无人机应用于城市绿化资源的监测，能够快速评估树木的生长状况、植被覆盖面积等，为城市园林部门的规划和养护工作提供依据。

（四）工业能源领域

1.工业设施巡检。在工业领域，许多大型设施(如发电厂、炼油厂、桥梁、高压线塔等）需要定期巡检，传统的巡检方式往往效率低下且存在安全风险。为无人机等低空飞行器搭载高清摄像头、超声探伤仪、热成像仪等检测设备，能够轻松到达人类难以到达的高处或危险区域，及时发现设备的潜在故障（如管道泄漏、结构裂缝、电气设备过热等），降低维修成本，提高工业设施的安全性和可靠性。

2.能源行业应用。低空经济在能源行业也有广泛的应用场景。例如，在风能发电领域，可以将无人机应用在风电场的前期选址、建设过程中的施工监控以及运营阶段的风机叶片巡检等场景。通过无人机对风场的地形地貌、气象条件进行详细测量和分析，优化风电场的布局。在风机叶片巡检场景中，通过无人机能够快速检查叶片的表面损伤、腐蚀情况，避免因叶片故障导致的发电效率降低和安全事故。在石油天然气行业，可以将无人机应用于管道、钻井平台等设施的巡检场景，保障能源生产和运输的安全。

三、社会接受度

公众和社区对低空经济的认知和接受度是低空经济场景能否广泛应用的重要考量。发展低空经济应用场景时，也要充分考虑公众认知和社区居民的利益，实现多方互赢。

（一）公众认知度

公众对低空飞行器的安全问题存在一定的担忧，这是影响低空经济社会接受度的重要因素。例如，担心无人机与有人驾驶飞机发生碰撞，或者无人机在飞行过程中出现故障坠落伤人。需要加强对低空飞行器安全性的宣传和教育，增加公众对低空经济活动安全保障措施的了解。同时，通过技术优化持续改进低空飞行器的安全性，不断提高低空飞行的可靠性。

为了提高公众对低空经济的接受度，科普宣传至关重要。通过举办航空科普展览、飞行体验活动等方式，让公众了解低空飞行器的工作原理、应用场景和安全措施，增强公众对低空经济的认知和兴趣。此外，鼓励公众参与低空经济相关的决策过程，如在低空飞行项目规划阶段听取社区居民的意见，能够有效缓解公众的担忧，促进低空经济与社会的和谐发展。

（二）社区接受度

低空飞行器在飞行过程中可能会产生噪声，对周边社区居民的生活造成干扰。特别是在居民区附近频繁起降或低空飞行的情况下，噪声问题可能更为突出，容易引起周边居民的不满。同时，一些配备高清摄像头的低空飞行器，会引发居民对隐私侵犯的担忧。因此，在规划低空经济项目时，需要充分考虑社区的分布情况，合理选择低空飞行路线和起降点，避免对居民生活造成过度干扰。对于隐私问题，可以通过制定严格的低空飞行操作规范，限制低空飞行器在敏感区域（如居民庭院、私人场所等）的飞行和拍摄行为。

低空经济的发展，需要充分考虑社区居民的利益，实现多方平衡和合作。一方面，通过与社区建立合作机制，为社区提供一定的经济补偿或公共服务，如利用低空飞行器为社区提供环境监测数据、参与社区的应急救援演练等。另一方面，鼓励社区居民参与低空经济相关的就业和创业活动，使社区居民从低空经济的发展中受益。如培养当地居民成为低空飞行器的操作人员或参与低空经济相关的服务产业等。

四、基础设施建设

基础设施是低空经济运行的必要前提条件。低空经济基础设施建设，需要在保障安全的前提下提升效率。

（一）起降场地及设施

1.起降场地。低空飞行器需要合适的起降场地，起降场地的规划和布局对于低空经济的发展至关重要。起降场地的选址，需要综合考虑交通便利性、与周边环境的协调性以及对空域的影响等因素，合理规划起降场地的数量和分布，确保低空飞行器能够在合理的飞行半径内找到合适的起降点。例如，可以在城市商业中心附近建设直升机起降坪，方便商务旅客的快速交通需求，但需要避免对周边建筑物和居民的影响。

2.配套设施。除了基本的跑道、停机坪等硬件设施外，低空飞行器的设施还包括加油设施（对于燃油飞行器）、充电设施（对于电动飞行器）、机库、维修车间、气象观测站、飞行指挥塔台等。配套设施的建设质量和运行效率直接影响低空飞行器的运营安全和效率。例如，完善的充电设施对电动无人机的快速充电和连续作业非常重要，高质量的维修车间能够及时处理飞行器的故障，确保飞行安全。

（二）维护保障体系

1.飞行器维护维修服务。低空飞行器的维护和维修，是保障低空飞行器安全可靠运行的关键。建立专业的维护维修服务体系，培养高素质的维修技术人员，对低空经济的持续发展至关重要。维修人员需要掌握飞行器的机械、电子、电气等多个系统的维修技能，具备及时诊断和处理飞行器故障的能力。建立零部件供应网络，确保维修所需的零部件能够及时供应，缩短维修周期。此外，利用数字技术，实现对飞行器的远程监控和故障诊断，提前预测潜在故障，提高维护维修的效率。

2.应急救援体系。在低空经济活动中，可能会面临飞行器坠毁、人员受伤等突发情况，需要建立完善的应急救援体系。一般情况下，应急救援包括救援队伍、救援设备和应急预案等，救援队伍需要具备应对低空飞行事故的专业能力，一旦出现事故能快速到达现场救援。

3.保险体系。保险体系的完善也非常重要。完善的保险体系，能够为低空经济参与者（包括飞行器所有者、操作人员、乘客等）提供风险保障，降低因意外事故带来的经济损失，促进低空经济的稳定发展。

第四节　气象：低空经济场景应用的核心自然制约变量

在低空作业的广袤舞台上，精准气象数据宛如幕后的指挥家。它如同明亮的灯塔，穿透云层迷雾，为航线规划勾勒出清晰路径；又似敏锐的预警哨，提前洞悉风险的暗流涌动，让飞行器巧妙规避，稳稳护送低空作业顺利启航，驶向成功彼岸。

一、气象与低空时域资源管理

气象对低空经济的影响，归根结底就是一个时域资源管理的问题。顾名思义，低空时域资源的概念与低空空域资源的概念相类似，主要指适飞时长所占的比例。实际上，低空时域资源有三个内涵：

一是时空的相对性，低空时域资源是相对于特定的低空适飞空域而言的，也即低空时域资源是低空空域资源的衍生资源，先有空间，再有时间。

二是时间的相对性，低空时域资源是相对于全天时而言的，一天24小时，一年365天中有多少时间适合飞行，这些适飞的时间所占的比例有多大，分布在白天还是晚上，早晨还是下午，是集中分布还是分散分布，集散的程度如何等，都是反映低空时域资源禀赋的重要指标。

三是技术与风险的相对性，也即经济性，例如，对于不同技术水平、不同性能的飞行器来说，其适飞的时间是不同的，所谓艺高人胆大，在相同的条件下，性能好的飞行器，如果又敢于冒险，其适飞时间所占比例肯定更大，因此，按照什么样的技术标准、什么样的风险偏好来核算低空时域资源，其结果也是不同的，这就意味着，在特定的环境下，低空时域资源的开发利用，变成了一个实实在在的经济问题。

低空时域资源具有自然属性和社会属性的双重特征。低空时域资源的自然属性主要体现在天气对低空飞行的影响方面。简单来说，在特定的低空适飞空域，对于特定机型来说，一年365天中，有多少时间是因为天气不能飞，剩下的就是适飞时间，适飞时间的时长、比例、分布就是低空时域资源的自然水平。低空时域资源的社会属性则主要体现在管理对低空飞行的影响方面，它可能涉及间隔管理、活动管理、安全考虑、社会影响等诸多因素。比如，学校上空，白天上学日可能不允许低空飞行，公园有大型活动时也会临时进行管控等，这些都是低空时域资源社会属性的体现，也是影响低空时域资源禀赋的一个方面。

发展低空经济，实际上也是对低空空域资源和低空时域资源的开发利用过程。如何做好这两个资源的优化配置，是一个新问题。仅对低空时域资源的优化配置而言，至少要考虑以下三个方面：

第一，摸底统计一个城市、一个地区的低空时域资源的自然属性，至少应该对全年356天逐小时，甚至分钟级的气象数据进行一个梳理，掌握并了解一个城市、一个地区全年大概有多少时间是因为天气条件不适宜飞行的，这个统计数据对于低空投资者的决策来说是非常重要的，也是降低投资风险的关键。

第二，在低空经济发展初始阶段，由于飞行密度和飞行时间还不是很大，低空时域资源的社会属性还不是很强，低空时域资源主要取决于气象条件。这一阶段，低空气象基建就成了低空时域资源优化配置的前提条件，只有对天气进行全天时、全适飞空域的覆盖监测，才能掌握并配置好低空时域资源。目前还没有针对低空经济的气象监测体系，低空时域资源优化配置的条件还不具备。

第三，低空时域资源的优化配置过程，本质是对天气的效率管理。什么时候能飞，这是安全要求。什么时候飞最省钱，什么时候飞盈利最大，这是经济要求。例如，一架物流飞机如果能够顺风飞，不仅可以增加载重量、提高安全性，还能够省时省电，这就是一个经济问题。

因此，气象对低空经济的最大影响，就是低空飞行的时间窗口问题。

二、气象在低空信息基础设施建设中的位置

基础设施建设是发展低空经济的基础条件，气象科技作为低空基础设施建设中的重要一环，其核心作用和战略意义不容忽视。

从大的方面，低空基础设施可以分为四个大类：一是物理基础设施，主要为起降场、站房、机房、电源等，构成低空飞行的物理空间基础；二是信息基础设施，主要为通信、导航、监视、气象、频域管理、时钟同步等软硬件及配套，构成低空飞行的时空频数据基础；三是科研基础设施，主要为低空实验室、测试场、研究院、培训学校等，构成低空飞行的技术基础；四是管理基础设施，或者叫管理保障能力，主要为标准制定、规则统一、产业链协同等方法体系，构成低空飞行的社会生态基础。

在这四大基础设施中，就科技水平和创新程度而言，低空信息基础设施建设的难度最大、创新性最强，也最重要，是低空基础设施建设实施过程中首先要解决的问题。气象科技在低空基础设施建设中的地位非常特殊，气象因其特殊的作用和地位，是低空信息基建的重要切入点。

第一，低空气象信息不仅具有安全属性，更重要的是带有经济属性，不仅是保障品，还是投入品，低空气象信息不足，会影响低空经济的整体运转效率；第二，低空气象的技术路线很长，场景的个性化突出，较难用通用技术统一解决；第三，低空气象基建的运营是关键，做好天气的风险和效率管理是核心；第四，低空气象基建的成本弹性大，是调整低空信息基础设施总投入的重要方面；第五，气象科技的独特性和壁垒性使得低空气象基建在设计方面要有优先性，不能成为低空飞行管理的效率短板；第六，天气的快速变化性，海量数据处理、传输、存储等技术问题，增加了低空气象的兼容难度。

总之，气象科技在低空信息基础设施建设过程中，必然处于核心关键的地位，会成为低空经济快速发展期的一个重要技术抓手。

三、低空气象基础设施建设的基本原则

低空气象基础设施建设就像大桥的栏杆、大厦的玻璃，虽然行驶的车辆可能一次也没有碰到它，但试想一下，在没有栏杆的大桥上行驶、站在没有玻璃幕墙的大厦高处，你是一种什么感受。在平坦的地面上，2米宽的小路，可能可骑上自行车纵横驰骋，如果将这条小路放在楼顶，即使它有5米宽，你可能也会腿软，站都站不稳，更别说骑自行车了。道路的宽度没变，挪到了高处，就需要栏杆了，这是主观需求，也是客观需求。如果从这个角度来理解低空气象基建，问题似乎就会变得更形象一些。低空飞行天气风险的管理，实际上就像大桥的栏杆一样，能避免悲剧的轻易发生。

如果将气象放到低空基础设施建设的大框架中，在建设次序和管理逻辑上，可考虑遵循以下原则。

1.场景原则。至少要以满足某种低空飞行场景为目标，构建低空信息基础设施建设。通信、导航、监视、气象的建设要能够满足该场景的最低需求。

2.成本原则。在满足某种场景最低需求的前提下，低空信息基础设施建设的成本可满足预算需求和财务盈亏条件，不具备经济性的基建没有实际意义。

3.功能原则。低空信息基础设施建设应以场景为依据，围绕飞行器特征做功能设计，功能配置要与适飞飞行器的需求相匹配，同时具有一定的可扩展性。

4.系统原则。低空信息基础设施建设应着眼全局，通信、导航、监视、气象的功能要协同考虑，综合设计匹配，以保障整体的最优性。

5.集成原则。分场景的低空信息基础设施建设应该有统一的牵头方，由牵头方负责整体设计并集成所有功能，并确保该集成方案能够符合场景适用、成本合理、功能完备、系统集约等原则，最终一体化解决。

四、低空气象的其他问题

低空经济气象基础设施建设是一套全新的技术体系，它既不是传统公益气象服务体系的自然延伸，也不是现行专业气象服务的一个新兴场景。从底层逻辑看，低空经济气象基础设施建设将带来气象业务体系的三个根本性的转变，具有转捩点的作用。

1.低空气象是气象业务从服务于"人"到服务于"物"的对象转变，未来低空高密度的快速短时飞行活动，主要是无人机体系对天气信息的理解和决策，"人"从直接决策变成了间接决策，主要任务是制定通用规则，并分析规则体系运行的风险和效率。

2.低空气象是气象业务从关注突变"大天气"到关注微变"小天气"的时空域转变，即不仅要关注大范围灾害性天气的生成和防御，也要关注小范围天气对飞行活动的影响，天气信息价值从突变间隔性变成全域的 7×24 小时。

3.低空气象是气象业务从消极防御到积极管理的策略性转变。安全是低空气象下限，通过天气管理，在保障安全前提下挖掘更多的飞行时间、更多的载重，才是低空气象的主要任务。低空经济时代，适飞空域是一种资源，适飞时域更是一种资源，而这种资源的开发利用，本质上就是对天气的效益管理。

五、有效应对低空经济场景应用的气象因素

气象条件是影响低空飞行安全和效率的关键因素之一。强风、暴雨、大雾、雷电等恶劣天气会严重影响低空飞行器的飞行。强风可能导致无人机偏离预定飞行路径，暴雨可能损坏飞行器的电子设备，大雾会降低能见度，影响飞行安全。在低空经济场景应用中，有效应对气象因素至关重要。

1. 加强低空气象监测体系建设。积极采用无人机、卫星遥感等有针对性的观测技术手段，加大低空气象观测站点的布设数量，提升低空气象观测数据的质量。

2. 提升专业气象预报的精确性。借助人工智能技术，深度剖析处理低空气象观测数据，并且针对低空经济多样化的应用场景，构建定制化、个性化的气象预报模型，增强专业气象预报的精准程度与时效特性。

3. 健全气象服务系统。加强专业气象服务产品的有效供给，依据不同低空经济场景的特定需求，为用户提供定制化的气象服务产品，同时加强气象部门与航空管理、交通运输、应急管理、农业等关联部门的协同合作机制，达成信息的互通共享以及联动处置。

4. 推进气象风险评估与管控工作。对低空经济活动可能遭遇的气象风险展开全面且深入的评估，进而确定相应的风险等级并制定应对策略。制定完备的低空经济气象灾害应急预案，清晰界定在不同气象灾害情形下的应急响应流程以及责任分工。引入低空经济气象风险的金融保险机制，设计并引入有针对性的低空经济气象金融保险产品。

5. 加强人员培训。面向低空经济相关的从业人员开展气象知识与技能培训，提升对气象条件的认知水平以及应对能力。

此外，地形地貌也会对气象因素造成影响。（1）平原地区。平原地区地势平坦，视野开阔，对低空飞行器的飞行较为有利。同时，平原地区人口密集、经济发达，低空经济的市场需求也较大。需要根据不同区域的地理环境和经济发展需求，制定差异化的空域利用方案。例如，在繁忙的城市空域划分出专门的空中走廊和飞行限制区，为低空经济活动预留适当的空间。在旅游胜地适当增加观光飞行的空域，在工业集中区为工业巡检飞行器提供便利的飞行条件。（2）山区。山区的地形起伏大、气流复杂，对低空飞行器的性能和飞行员的操

107

控能力要求较高，需要采用特殊设计的飞行器（如具有更强抗风能力的无人机），并结合先进的气象监测和飞行路径规划技术。（3）复杂地形。复杂地形可能对通信信号产生遮挡或反射，影响低空飞行器的通信质量，给低空飞行带来挑战，需要综合考虑不同地形的特点，合理规划低空飞行路线和起降点。

第五节　数字化赋能低空经济场景应用中的经验分享

低空之上，数字精灵轻盈舞动。它们编织安全之网，让飞行器自在穿梭，业务如流畅乐章奏响高效旋律。于商业天地，数据幻化成珍贵宝藏，洞悉用户心之所向，定制贴心体验。管理舞台中，数字魔法促成实时谋略，精细管控携手供应链共舞协同之美。

一、数字化赋能低空经济场景应用中的典型技术分享

低空场景会涉及很多数字技术，下面分享几种常用的典型技术。

（一）低空通导监技术

1.通信技术。为确保低空飞行器与地面控制站、其他飞行器之间的通信顺畅，需建立专门空地通信链路，避免信号干扰，保障通信的稳定性和安全性。常见的低空通信技术有以下几种。（1）5G/5G-A技术。5G网络具有高带宽、低延迟和高可靠性的特点，能够满足低空经济中大量数据的实时传输需求，5G-A作为5G的演进版本，具备更优的性能。在城市等环境中，5G/5G-A基站分布广泛，能为低空飞行的设备提供良好的网络覆盖，支持大量低空飞行器同时接入网络，低延迟进行数据传输、远程控制等操作。在城市的低空物流配送、警用无人机巡逻等场景中，5G/5G-A技术发挥了重要作用，无人机可将采集到的图像、视频等信息快速稳定地回传至控制中心。（2）低轨卫星通信技术。相比于高轨道卫星通信，低轨卫星距离地球表面较近，信号传输的路径较短，信号延迟大幅降低，能提供更流畅的通信性能，适用于实时性要求高的场景。同时，不受地形地貌限制，能在广阔低空区域实现全覆盖，特别是在偏远地区、海洋等地面通信设施覆盖不足的区域，低轨卫星通信可以为低空飞行器

提供可靠的通信链路。由于低轨卫星通信距离远，可实现跨区域的低空通信，服务长距离的低空飞行任务，如跨境、偏远地区的物流运输。（3）专用无线通信技术。专用无线通信在无线电管理部门专门划分特定的频段上运行，与公共通信频段相互独立，能避免受到公共通信网络的干扰。与公共通信网络相比，专用无线通信技术可以更好满足低空飞行的特殊需求，如抗干扰性、低时延、保密性等，常用于对通信安全性和可靠性要求较高的场景。（4）Wi-Fi 技术。Wi-Fi 通信核心设备无线接入点（AP）就像一个小型基站，向上游通过有线网络连接到互联网或本地网络，向下游终端，AP 将有线网络信号转换为无线信号，在一定的频率范围内对周围空间进行信号收发。Wi-Fi 技术在短距离通信中具有较高带宽和较低成本，通过对该技术改进和优化，使其能适应低空通信环境和需求。例如无人机飞行表演，就广泛采用了 Wi-Fi 技术实现大规模小型无人机集群通信，支撑起上万架无人机密集低延迟通信的需求。

2. 导航定位技术。（1）全球导航卫星系统（GNSS）。基本原理是三角定位法，终端接收 GNSS 广播信号，通过至少 4 颗卫星来计算并确定自身在地球三维空间中的位置（经度、纬度和高度）。GNSS 系统能够在全球范围内提供服务，不受地理区域和普通天气条件的限制，是应用最为广泛的导航定位技术，包括美国的 GPS、俄罗斯的 GLONASS、欧洲的 Galileo、中国的北斗卫星导航系统，以及相关的地基增强系统。GNSS 为汽车、船舶、飞机等提供精确的位置和授时服务，在低空领域飞行器利用 GNSS 技术，结合地图数据，可实现最优路径规划，并实时引导飞行器准确地飞抵目的地。GNSS 定位精度受多种因素影响，包括卫星轨道误差、卫星钟差、电离层和对流层延迟误差、多路径效应、接收机性能及其附近的噪声和干扰。因此，高精度 GNSS 服务往往还需要配套的地基增强系统，其原理是在已知精确位置的地面基准站接收卫星信号，同时测量出卫星信号的误差。然后将这些误差信息通过通信网络（如电台、网络等）发送给周边一定范围内的用户，从而对原始定位数据进行差分修正并得到精度更高的定位。（2）惯性导航系统（INS）。一种不依赖于外部信息、也不向外部辐射能量的自主式导航系统，以牛顿力学定律为基础，通过测量载体在惯性参考系的加速度，并对时间进行积分，将其变换到导航坐标系中，从而得到载体速度、偏航角和位置等信息。INS 具有隐蔽性好、环境适应性强、导航信息延迟低等优点，但长期精度差、初始校准时间长且设备成本较高。该系统广泛应用于飞机、潜艇、航天器等运输工具及导弹导航与制导，也适用于低空制导。（3）无线电导航系统。一种利用无线电波进行导航定位的技术系统，它基于无线电波的传输特性，通过测量无线电信号的时间延迟、相位差、频率差或幅度等参数，来确定导航目标的位置、速度或方向等信息。该系统通常由导航台（或称为发射台）、导航接收设备以及必要的显示或记录设备组成，具有覆盖范围广、导航精度较高、可全天候工作等优点，被广泛应用于航空、航海、陆地交通以及军事等领域。在航空领域，无线电导航系统可以帮助飞行员确定飞机的位置、航向和飞行速度，确保飞行安全。（4）视觉导航技术。利用光学相机等设备获取飞行器周围环境的图像信息，然后通过对图像进行处理和分析来确定飞行器的位置和姿态。例如，通过识别地面上的地标建筑、跑道标志等特征，与预先存储的地图或模型进行匹配，从而计算出飞行器相对于这些地标的位置。（5）组合导航技术。一种将惯性导航与卫星导航相结合的组合导航技术，当卫星信号受到干扰或遮挡时，惯性导航系统可以独立工作，为飞行器提供连续的位置、速度和姿态信息的稳定导航。在城市高楼阻挡信息的环境或山区低空飞行时，该技术可以有效应对高楼、山脉等对卫星信号的遮挡问题。

3. 监控技术。（1）雷达监控技术。一种利用电磁波的反射原理来探测低空目标的技术。传统机械扫描雷达通过一个机械装置带动天线进行旋转，使天线能够向不同方向发射高频电磁波。机械雷达扫描速度相对较慢，在面对快速移动的低空小目标时，可能会因为扫描间隔的问题而出现漏警的情况。相控阵雷达则是一种更为先进的雷达技术，由多个天线单元组成一个阵列。这些天线单元在发射信号时，通过精确控制每个单元发射信号的相位，能够改变电磁波的辐射方向，实现波束的快速扫描和灵活指向。不同于机械扫描雷达那样依靠机械旋转部件，相控阵雷达能够同时对多个目标进行快速跟踪。在低空防御系统或者大型活动的空域安保场景下，相控阵雷达可以快速地发现并跟踪多个低空目标，为安全保障提供有力支持。合成孔径雷达（SAR）的工作原理有所不同，它利用雷达与目标之间的相对运动，通过一系列复杂的信号处理技术，将在不同位置接收到的雷达回波信号进行合成，相当于构建了一个等效的大孔径天线，从而获得高分辨率的雷达图像，对低空大面积区域进行成像监控。即使在复杂的气象条件下，如云雾天气或者夜间，SAR 依然能够有效地工作。在边境监控方面，SAR 可以对边境线附近的低空区域进行扫描成像，及时发现非法入境的低空飞行器；在海洋低空监控场景中，也能够对海面上方的低空目标进行监测。(2) 光电监控技术。主要依靠光和电的转换原理实现对低空目标的监控。光学望远镜监控是一种较为传统的光电监控方式，通过光学镜头收集来自远处低空目标的光线，然后将这些光线聚焦并成像在探测器上。探测器将光信号转换为电信号，再经过处理后就可以在显示器上显示出目标的图像。这种方式能够为操作人员提供非常直观的目标图像，对于目标的细节部分，如飞行器的型号、标志以及外观上的其他特征等，都有很好的观察效果。红外热成像监控是基于物体热辐射的原理进行监控，能够捕捉低空目标发出的热辐射信号，将其转换为电信号，并进一步将其转换为可视化的热图像。红外技术的最大优势在于它能在夜间和低能见度的条件下有效工作。激光测距与成像监控技术结合了激光的发射和接收原理，通过向目标发射激光脉冲，然后测量反射光返回的时间来计算目标与设备之间的距离，结合扫描装置，让激光束在低空目标周围进行扫描，可以获取目标不同位置的距离信息，进而构建目标的三维图像。激光成像方式能够提供高精度的目标空间信息，包括目标的形状、尺寸以及目标与周围物体的位置关系等。如在建筑物周边低空安全监控场景，激光成像用于检测靠近建筑物的低空物体。但激光设备受天气的影响较大，在雨、雾等天气条件下，传播会受到很大的阻碍，传播距离也会大幅缩短，从而影响其监控范围和效果。(3) 无线电监测技术。主要针对低空目标的无线电信号进行监测和分析，通过专门的频谱监测设备监测低空无线电频段的频谱使用情况。无线电频谱就像是一条无形的"高速公路"，不同的无线电设备在不同的频段上"行驶"（发射信号）。频谱监测设备就像是这条"高速公路"的"交警"，它能够扫描各个频段，查看是否有异常的无线电信号出现。例如，在城市空域管理中，通过频谱监测可以发现无人机使用的频段。当有未授权的无人机在低空飞行时，其发射的信号就会在频谱中被监测到，从而及时发现非法低空飞行活动。在防止无人机干扰其他重要设施或者活动方面，频谱监测技术也发挥着重要作用。但该技术存在一定的局限性，只能检测到那些有无线电信号发射的低空目标，无法检测采用其他通信方式的飞行目标。

（二）空间信息技术

1.GIS 技术。GIS 技术即地理信息系统（Geographic Information System）技术，是一种专门用于处理地理空间数据的计算机技术系统。它集成了地理学、计算机科学、测绘学等多学科知识，通过采集、存储、管理、分析和可视化地理空间数据，为各种应用提供决策支持和信息服务。GIS 技术能够揭示数据之间的关系和模式，并以图形化的方式展示地理数据的空间分布，广泛应用于城市规划、环境保护、交通运输、农业管理、灾害预警等多个领域。在低空导航方面，GIS 可以结合卫星导航定位系统（如 GPS、北斗等）提供的飞行器位置信息，构建详细的低空数字地图，包含地形地貌（如山脉、河流、山谷）、人造设施（如建筑物、桥梁、输电线路）等要素。低空飞行器在飞行过程中，通过 GIS 系统能够直观地了解周围环境，提前规划安全合理的航线。例如，在城市低空飞行的无人机可以利用 GIS 避开高楼大厦等障碍物，避免碰撞风险。

在低空监控与管理方面，GIS 技术能够将雷达监测到的低空目标位置信息、光电设备获取的图像信息等融合在一起，在地理空间框架内进行统一展示和分析。进而支撑相关部门对低空空域进行划分和管理，设定不同的飞行区域（如限制区、保护区、通用飞行区等），通过将低空飞行器的实时位置与这些区域信息进行匹配，有效监管低空交通秩序。

2.数字孪生技术。数字孪生是一种将物理实体和其虚拟模型紧密结合的技术。在低空领域，它通过收集低空飞行器、空域环境等物理实体的数据，构建出对应的虚拟模型。首先，利用传感器(如飞行器上的定位、状态监测传感器)收集低空飞行器的位置、速度、姿态、设备状态等数据，同时收集空域的气象数据（温度、湿度、风速风向）、地形地貌（如山脉、河流、城市建筑布局）数据等。然后，通过数据传输和处理，在虚拟空间中创建出一个与真实低空环境和飞行器状态高度一致的数字模型。这个模型不仅包括飞行器的外观和机械结构，还涵盖了其飞行性能、系统运行等多方面的细节。该模型能随着物理实体的变化实时更新，以反映真实环境和飞行器的动态变化。

在飞行安全方面，通过实时对比虚拟模型和实际飞行状态，能及时发现潜在故障，如发动机异常、飞行控制系统偏差等。在复杂的低空环境中，如城市上空或山区，可提前仿真模拟可能出现的危险情况，如气流突变、障碍物碰撞，提前做好应对准备，大大提高了飞行的安全性。

在低空交通管理方面，数字孪生技术提供了清晰的全局视野。空中交通管制部门可依据虚拟模型中的飞行器分布、飞行轨迹等信息，更合理地规划航线、分配空域资源。在繁忙的低空交通区域，能有效避免飞行器之间的冲突，提高空域利用率。同时，在制定新的低空交通规则和政策时，数字孪生模型可进行模拟评估，确保规则的科学性和可行性。

（三）人工智能技术

1.目标识别与跟踪技术。在低空飞行的无人机、直升机等飞行器执行任务时，该技术可对特定目标进行准确识别与跟踪。比如在安防领域，能够识别出进入监控区域的可疑人员、车辆等目标，并持续跟踪其行动轨迹，为安保人员提供实时信息，以便及时采取应对措施。在一些大型活动现场或者重要设施区域，安防部门采用无人机进行监控，通过深度学习中的卷积神经网络（CNN）算法，对采集到的视频图像进行分析，能够快速、准确地识别出可疑人员、车辆或者其他潜在的安全威胁。一旦目标被识别，系统会自动启动跟踪程序，实时监控目标的行动轨迹，并将信息及时反馈给地面控制中心。

2.智能避障技术。低空飞行环境复杂，存在建筑物、树木、电线杆等各种障碍物。智能避障技术则能够利用传感器数据和算法，实时检测飞行器前方的障碍物，并自动调整飞行方向或高度，避免碰撞事故的发生。例如，使用无人机进行包裹配送，可利用人工智能算法进行路径规划，根据配送目的地、低空气象条件（如风速、风向）、地理环境（如山脉、河流、村庄分布）以及禁飞区域等多种因素，为无人机规划出最优的配送路线。同时，无人机配备了智能避障系统，该系统通过激光雷达和视觉传感器收集周围环境数据，利用深度学习算法识别障碍物的类型、位置和运动状态，如遇到电线杆、树木或者其他低空飞行物时，能够实时调整飞行姿态和路径，成功避开障碍物。

3.预测性维护技术。首先是对低空飞行器本身的维护，通过收集飞行器的各种运行数据，如发动机温度、振动频率、飞行姿态等，进而利用人工智能算法进行分析和建模，预测飞行器部件可能出现的故障或磨损情况，提前安排维护和更换，降低飞行器的故障概率，延长其使用寿命。同时可以利用无人机巡检对目标设备进行预测性维护，如在电力行业，采用无人机对输电线路进行巡检，通过传感器收集输电线路的图像、温度、电场强度等数据，利用人工智能算法对这些数据进行分析，建立预测模型。当检测到异常情况时，系统会及时发出警报，并对故障的位置和严重程度进行评估，进而开展设备维护。

4. 气象预测与环境感知技术。低空飞行受气象条件和环境因素的影响较大。人工智能技术可以对气象数据进行分析和预测，包括风速、风向、降雨、雾霾等，为飞行器提供准确的气象信息，帮助飞行员或操作员作出合理的飞行决策。

5. 数据分析与决策支持技术。在低空应用场景中，会产生大量的飞行数据、图像数据、传感器数据等。人工智能的数据分析技术可以对这些数据进行快速处理和分析，提取有价值的信息，为用户提供决策支持。例如，在城市交通管理中，通过对低空飞行器采集的交通流量数据进行分析，为交通部门制定交通疏导策略提供依据；在农林植保领域，分析无人机喷洒农药的效果和农作物的生长数据，优化植保方案。

二、数字化赋能低空经济场景应用中的应注意的技术问题

（一）通信技术稳定性

在低空经济场景中，通信是一项关键技术。低空飞行器依赖通信链路实现指令传递和数据传输，一旦通信出现断联，可会导致飞行器会失去控制，造成其自身损失或地面人员设施的损伤。要确保通信稳定性，即覆盖范围足够广，链路足够稳定，延迟足够低。还要考虑通信抗干扰能力，能抵御低空环境复杂的各种电磁干扰。为防御城市中的电子设备、输电线路带来的电磁干扰，需采用抗干扰性强设备、技术及其通信协议，确保低空飞行器与控制中心通信稳定。

这就需要根据实际应用场景选择适合的通信技术。如果场景主要集中在城市，且对安全性要求不是特别敏感（如城市物流无人机配送），5G通信技术是较好选择。如涉及国家安全、军事机密、关键基础设施保护以及对电磁干扰敏感的工业环境等特殊场景，可优先选择专网通信技术。

（二）导航与定位精度

低空环境下，地形地貌、建筑物、障碍物等因素对导航精度的影响较大，因此，高精度导航与定位是低空飞行安全的重要前提。在卫星导航定位系统的基础上，还需要基于差分定位技术来提高位置精度。差分技术是通过在已知精确位置的基准站接收卫星信号，计算出卫星信号的误差，然后将这些误差修正信息发送给附近的低空飞行器，进而修正卫星导航定位结果，提高定位精度。例如，在机场附近设置差分基准站，能够为起降阶段的飞机或低空作业的无人机提供厘米级甚至毫米级精度的定位服务。同时，也可以结合惯性导航、视觉导航等方式，以应对信号遮挡等复杂情况。例如，在城市高楼林立区域，因峡谷效应导致卫星信号遮挡，此时就需要惯性导航系统发挥作用，以精准定位和安全飞行。

（三）数据安全与隐私保护

低空经济会收集和产生海量数据，不仅包括飞行数据、传感数据这些涉及飞行安全、商业机密等重要信息，也包括摄像头等传感器采集的个人隐私数据。因此有必要建立严密的数据安全体系，确保数据的完整性、安全性和保密性，杜绝数据泄露、篡改等安全事件，并且保护个人隐私，确保数据合法的存储和使用。

（四）自主飞行能力

在复杂的气象条件下，如强风、暴雨等，或者面对突发情况，如飞鸟撞击、其他航空器闯入航线等，航空器需要能够快速做出反应，采取避让或紧急降落等措施。因此，飞行传感器技术、飞行控制算法等将支撑飞行器具备良好的环境感知和决策能力，提高自主飞行系统的可靠性和安全性。

（五）系统兼容性

低空经济场景涉及众多系统的协同工作，如飞行控制系统、地面控制站系统、数据传输系统、低空交通调度系统、气象服务系统等。不同厂家设备或数字化系统可能存在接口标准不一致的问题，将影响系统之间的通信和数据交互。因此，有必要建立统一的技术标准和接口规范，确保各个系统能够无缝对接，实现低空经济场景的高效协同运行。

第六章　数字化 + 低空经济 + 农业

低空农务韵悠长，播种施肥展翅忙；农药飞喷驱病害，数智耕云绘锦章。广袤的田野如绿色海洋，麦浪起伏，一架架轻型农用无人机如灵动的飞鸟，穿梭于农田上空，精准播撒着希望的种子，细密药雾均匀洒落，在低空绘就农业科技新画卷。

第一节　低空经济在农业应用中的现状问题

在广袤的农田之上，农业无人机是精准农业的希望之星。它已锋芒初露，也面临着问题和挑战。简陋的起降场地，时断时续的网络信号，飞一会儿就没电的尴尬，都像枷锁一般，捆住了希望之星的手脚。而且它大多只干喷药活儿，成本降不下来，效益上不去，难以在田野间尽情施展身手，规模化应用之路还很漫长。

一、农业低空基础设施薄弱，制约技术普及和规模化发展

农业低空经济的发展离不开完善的配套设施。目前，在农业领域的低空基础设施建设仍存在明显短板。（1）农业无人机的起降和维修受到地形地貌及作业区域分布的影响。我国农业产区地形地貌复杂，从平原到丘陵、山地、梯田均有分布，许多偏远地区缺乏适宜的起降设施，增加了农业无人机作业调度和运行的复杂性。（2）农业主产区通信网络覆盖不足。农业无人机的远程控制、数据回传和作业过程中的实时监控等，高度依赖于通信网络的支持。在某些山区或偏远农业区，信号覆盖的盲区严重限制了农业无人机的远程操控能力，作业人员难以进行远距离操作，增加了人力成本。信号中断可能导致无人机失控

或作业数据的丢失，对农业精准、高效和安全作业的目标带来挑战。（3）农业低空设备高效能源补充设施缺乏。农业无人机的动力主要分为电池和燃油两种。农业电动无人机因环保、噪声低等优势广泛应用于中小型农业作业，但其续航时间通常较短，需要频繁充电或更换电池。目前农业主产区的能源补充系统存在明显不足，无论是电池动力无人机的充换电设施，还是燃油动力无人机的加油设施，都面临布局不足、分布不均、效率低下等问题。严重制约了农业无人机的作业效率及推广普及，尤其是在大规模作业和偏远地区，能源补充设施的不足成为影响农业低空技术普及的关键因素。

二、农业低空核心技术瓶颈突出，影响作业效率与稳定性

农业无人机的技术主要包括以下几个方面：（1）飞行控制技术。农业生产环境复杂多样，包括丘陵、平原、山地和盆地等地形。农业作业区常见的输配电杆塔及线路、通信基站及线缆、监控设备等设施对无人机飞行来说是障碍物，增加其飞行的难度。因此，农业无人机需要具备高度稳定的飞行控制能力，能够在复杂环境中自主飞行，避免碰撞和坠落。然而，现有的飞行控制系统在应对复杂地形和多变气候条件时，仍存在稳定性和精度不足的问题。（2）通信技术。农业无人机依赖实时数据传输、远程控制以及图像和视频流的传输，确保与地面控制站或遥控器之间的可靠连接，保证在作业过程中的安全和高效。在偏远农业地区，网络信号覆盖不足，存在信号盲区。复杂地形环境下，通信容易受到阻隔或干扰，信号传输的连续性和稳定性难以保障。尽管自组网、卫星通信等技术的发展提供了可选的解决方案，但尚未大规模商业化应用，故而通信技术成为制约农业无人机广泛应用的瓶颈之一。（3）感知技术。农业无人机需要通过 RGB 相机、红外相机、激光雷达、毫米波雷达、GNSS定位系统、惯性测量单元等传感器，融合机器学习、人工智能与边缘计算等多种算法和技术，构建完整的感知系统，确保农业无人机能够"看得见""看得懂"周围环境，并根据实际情况做出反应。现有感知技术在复杂农业环境中的可靠性和精度仍需提升，尤其是在多变的气候条件和复杂的地形下。感知系统的稳定性和准确性是影响农业作业自主性、稳定性、高效率的重要因素。（4）喷播技术。农业无人机需要具备精确的喷洒和播撒技术，能够根据作业区域的地

形、边界、作物生长情况等因素自动调整喷洒、播撒用量和范围，实现"指哪打哪"、有的放矢，使得每单位面积上所投的化学品用量精准。现有的喷播技术在精度和均匀性方面仍存在不足，可能导致农药或肥料的浪费，并对环境造成不良影响。提高喷播技术的精度和可靠性，是提升农业无人机作业效果的关键。

此外，农业无人机自身的基础技术如续航和气候适应能力也存在短板。

三、低空农业领域高质量专业人才短缺，限制技术推广和落地

（一）农村地区地广人稀，专业团队部署成本高、效率低

低空经济在农业领域的推广和普及，需要一支数量充足、结构合理、素质优良的人才队伍作为保障。但是，一方面，农村劳动力人口老龄化不断加剧，青壮年在农村劳动力结构中持续走弱；另一方面，农村"空心化"现象的日益严重，大量具备知识背景和技术能力的人才离开农村，迁往城市或其他地区。低空农业领域的发展需要具备专业知识和技能的人才来推动和创新，特别是需要既懂农业又懂计算机、数字信息等方面的复合型人才，推动新技术、新方法的应用，引领低空领域农业发展方向。农村地区在吸引和留住人才方面面临的现实困难，加剧了低空经济在农业领域的发展困境。推进乡村产业振兴，农业科技人才仍是短板。

（二）低空农业人才培养机制不健全

由于低空经济农业领域的特殊性和复杂性，现有的教育体系和培训项目未能全面覆盖低空农业所需的专业知识和技能。这导致了低空农业专业人才的短缺，进而影响了低空农业技术的推广和应用。低空农业涉及无人机操作、遥感技术、精准农业等多个领域，这些领域需要具备跨学科知识和技能。目前我国职业学校、高等院校的教育体系往往缺乏与这些新兴技术相匹配的课程和培训项目，导致低空农业领域从业者难以获得提升技能的深造机会。

四、"农林牧渔"应用场景开发不足，商业模式闭环未形成

农业稳，天下安。总体看，我国农业基本盘扎实稳固，农业生产形势较好，畜牧业总体平稳，低空农业面临大好发展形势，在科技兴农赋能乡村振兴

方面将大有可为。但仍然面临着一些显著的挑战。

（一）不同地区间低空基础设施建设水平参差不齐

在不同的地理区域，各种不同作业场景下低空基础设施建设水平不一，低空农业技术的普及和应用程度表现出显著的差异性。如在某些地区，由于资源和设备不足，基础设施薄弱、技术人才缺乏以及资金投入不足等，低空农业技术难以得到广泛推广，应用也显得较为落后。在这些地区，农民仍然依赖于传统的耕作方式，缺乏现代化的农业技术手段。

（二）不同作业场景下的无人机技术适应性不足

气候的多变性、土壤的复杂性和作物生长的多样性都对低空农业领域的无人机技术提出更高的要求。低空农业领域的无人机在实际应用中需要根据各地的气候差异、土壤特性和作物种类，应用场景进行相应的调整和优化，以确保其有效性和效率。然而，无人机技术尚未建立这一标准，单一的技术无法满足多场景的差异性，导致其在实际生产中的应用效果并不理想。

五、成本效益失衡限制规模应用，资源配置效率亟待优化

（一）农业无人机设备维护成本较高

在政策的大力支持下，通过补贴和厂商大规模生产，农用无人机产品成本得以降低，价格已经逐渐变得亲民，农业人群能够以比以前更加低廉的价格购买到这些先进的农业设备。然而，由于农业无人机技术尚未完全成熟，在实际使用过程中，对比传统成熟的工业产品仍然存在较高的故障率。农户在使用过程中可能会较多遇到设备故障，需要进行维修或更换零部件，这些都会增加额外的经济负担，而且影响农业作业效率。这意味着虽然农业无人机在购买价格上变得便宜，但其综合维护成本仍然较高，这也是选择和使用农业无人机时需要考虑的重要因素。

（二）碎片化场景应用难以实现盈利闭环

农业生产作业通常具有特定的时间窗口，春季是播种和种植的关键时期，农业从业者会在这段时间内进行大规模的田间作业。一旦"种"阶段结束，农田的管理需求就会变得零散和不规则。例如，施肥、除草、病虫害防治等作业通常需要在不同的时间点进行，而且每次作业的规模可能相对较小。

碎片化的应用场景、无法规模化的作业模式以及作业需求的不稳定性，使得农业无人机难以在全年保持高效的工作状态，实现稳定持续收益，形成良好的经营发展闭环。这不仅影响农业无人机的经济效益，也制约其在农业领域的更广泛应用和发展。

第二节　低空经济在农业应用中的目标与路径

农田之上，无人机轻盈盘旋，宛如科技精灵。它们借低空之力，精准播撒希望的种子，细密灌溉滋养的水流，敏锐监测作物的健康。人力渐少，资源巧配，产量稳升，面对灾害亦从容。低空经济，正携现代农业，绘就生机盎然的田野新画卷。

一、低空经济在农业应用中的目标

通过与数字技术的深度融合，可以实现农业一体化托管，基于精准农业技术，提升农林植保作业效率，帮助农民提高收入，改善生活条件，并实现资源的高效利用，保护生态环境，促进农业可持续发展。

（一）经济效益目标

低空飞行器技术的应用，实现了农田巡查、病虫害监测、农药喷洒和种子播种等农业作业高效且精确的执行。相较于传统的地面和手工作业方式，无人机的作业效率将显著提高，精准作业能减少农药和肥料的过量使用，从而削减了农业生产成本。预计未来低空飞行器将拥有更先进的性能，应用范围也将持续拓展，这将进一步推动农业生产成本的降低，带来经济效益的提升。推行自动化和智能化操作模式将减少人力投入，有效地缓解劳动力短缺，同时，解放的劳动力可以从事其他生产经营活动，带来新的经济效益。

（二）产业结构目标

低空经济与农业的结合，客观上将带动无人机、低空遥感、导航、通信等技术在农业上的应用，对当前农业产业结构是一次重大调整。相应地还带动了低空经济相关的服务产业，如无人机维修、遥感数据处理等，这些服务为农业生产提供了必要的支持。以农业监测为例，无人机及其搭载的低空遥感设备这一典型应用已经成为作物监测、病虫害防治、灌溉施肥等作业的新型生产力工具，在监测农产品的生长环境和质量方面也发挥着重要作用，提升了农业生产的自动化和智能化水平，确保了农产品的安全、绿色和优质，这对于推动现代农业发展具有重要意义。

（三）生态环境目标

通过实施精细化的农业作业，对施肥与农药喷洒的时间、剂量及位置进行精确调控，缩减农药与化肥的使用量，提升资源利用效率。精细化作业不仅能够削减成本，增进农作物的品质与产量，而且有利于保护农业种植环境，减轻对土壤及水资源的污染，实现农业的可持续发展，确保农业生产的长期稳定和环境健康。

二、低空经济在农业应用中的路径

积极推进低空经济在农业领域的应用，实现数字化、网络化、智能化的转型升级，深入探索和创新应用场景，充分挖掘发展潜力。

（一）强化低空农业基础设施建设，完善实时监测体系

通过实时监测手段，收集关于土壤湿度、温度及养分含量等核心数据，并结合气象站数据与卫星遥感技术所提供的降雨量、气温、湿度及风速等气象信息。同时，依据作物的具体生长状况，涵盖叶面积指数、生长速率以及病虫害发生状况等因素，运用智能算法与大数据分析技术，从中提炼出具有实用价值的信息。据此，农业工作者能够更精确地掌握农田的实际状况，从而适时调整灌溉、施肥以及病虫害防治等农业管理措施，进而提升农作物的产量与品质。实时监测体系的不断健全，不仅对于提升农业生产效率具有重要意义，而且能够为农业决策提供坚实的科学依据，有力推动农业可持续发展。

（二）构建低空农业数字化管理系统，提升农业决策效率

构建基于低空数据的智能农业管理系统，依托管理平台进行智能数据分析，为农民提供精准的施肥、灌溉和病虫害防治建议，如农业灾害监测、作物轮作、施肥计划等，提高农业生产效率和质量。开发集成化平台，将无人机的实时监控数据与物流、加工信息结合，形成从农田到市场的全链路溯源系统，覆盖每一个环节，确保信息在各参与者之间共享，提高供应链透明度，从而提

高整个农业生态系统的效率和可靠性。

（三）推动多部门跨专业协同联动，优化资源配置

通过政策支持和规范制定，促进技术的合法合规应用，为技术的发展提供有力保障。通过政府、行业协会、企业等，各方共同制定无人机在农业领域的应用标准，有助于提高无人机技术在农业领域的普及度和应用效果。政府提供农业补贴和优惠政策，为农民购买和使用无人机设备的成本减负，鼓励更多的农民采用新产品、新技术。此外，还需加强培训与教育，推动农业无人机操作的专业化培训，提升农民对新技术的接受度和应用水平。

（四）加快"低空＋农业"数字化融合，促进高质量发展

低空经济的兴起为农业数字化带来了前所未有的机遇，通过加快低空经济数字技术与农业数字技术的融合，如融合多光谱遥感、北斗高精定位导航、人工智能大模型、大数据、数字孪生区块链等数字技术的低空农业载荷和数字化平台，可推动农业数字化、智慧化转型，向更高生产效率、更精准、可持续的方向发展。

1.低空经济与农业数字化融合提升精准农业发展。无人机搭载高分辨率相机和多光谱传感器，能够实时获取农田的详细图像和数据。这些数据与遥感卫星信息融合，构建出精准的农田数字孪生模型，实现对农田状况的实时监测和精准分析。通过人工智能对农田图像、遥感数据和农业气象数据进行深度学习，智能识别作物生长状况、病虫害、土壤墒情等信息，并生成精准的农业管理建议，实现精准灌溉、施肥、用药等，提高农业生产效率和资源利用效率。低空农业数字化的应用，使得农田管理更加智能化，模拟不同管理措施下的作物生长情况，为农业决策提供科学依据，推动农业向智能化方向发展。

2.低空经济与农业数字化融合推动农业基础设施升级。通过发展农业无人机与5G、北斗、卫星通信、新能源动力系统等技术的融合应用，实现农业无人机在缺乏高密度通信覆盖的广袤农业地区与地面控制中心的实时数据传输和远程控制，提高农业无人机作业的效率和安全性。将农业无人机起降点、充电站等低空基础设施与农业设施如农田灌溉系统、气象监测站等进行融合建设，构建高效的农业信息化网络，为农业数字化提供基础设施保障。通过建立农业基础设施的数字模型，实时监测基础设施的运行状况，预测潜在故障，实现基

础设施的智能化管理和维护。

3.低空经济与农业数字化融合推动农业产业升级。（1）农业无人机与农业产业链融合，在农业生产、运输、销售等各个环节的应用，将推动农业产业链的数字化升级，提高产业链效率和竞争力。（2）农业电商平台与低空经济融合，发展农业无人机配送等新型农产品物流模式，将农产品快速、高效地送达消费者手中，推动农业电商发展，促进农业产业升级。（3）农业金融与低空经济融合，通过农业无人机采集的农业数据，发展基于数据驱动的农业金融服务，为农业生产提供更精准的金融支持，促进农业产业升级。

4.低空经济与农业数字化融合推动农业可持续发展。（1）农业环境监测与生态保护。农业无人机搭载的土壤、水质、空气质量等环境监测载荷，能够实时监测农田生态环境状况，为农业生态环境保护提供数据支持，推动农业可持续发展。（2）灾害预警与应急响应。当发生水灾、旱灾等农业灾害时，农业无人机能够快速抵达灾害现场，进行灾情侦察和保险评估，为灾害评估和减灾救灾提供精准数据支持，减少农业灾害损失。（3）无人农场。通过农业无人机、农业机器人等智能化设备，构建无人农场，实现农田的智能化管理和生产。（4）农业文化遗产保护。通过无人机拍摄和记录传统农业耕种生产文化，为传统农业文化遗产保护提供数据支持，并将其提炼成数字模型融合到智能化农业生产设备，推动农业文化遗产的传承和发展。

第三节　低空经济在农业应用中的经验分享

低空经济在农业中大展身手。无人机似敏锐鹰眼，于农田上空盘旋，精准分析作物状况助力作业；又像尽职卫士，实现高效监管与治理。它还如灵动纽带，延伸农业产业链，让田野与市场紧密相连。低空经济与农业的跨领域融合，为推进农业农村现代化注入新活力。

一、精准农业分析与作业

（一）农业数据采集与分析

通过搭载先进的多光谱和热成像摄像头，实现农业数据实时收集，对作物健康状况进行全面监控；精准识别病虫害问题，及时采取有效措施进行防治；实时监测土壤湿度和养分分布情况，为精准施肥和浇灌提供科学依据。通过优化资源使用，提高农作物产量，有效降低生产成本。通过将数据实时上传至云端，并与地面感应器、气候站的数据进行深度融合，为农产品生长全过程提供详细的参数记录，为每一个环节提供可靠的数据支持。借助这些数据，农业从业者能够更加精准地了解作物的生长状况，及时调整种植策略，从而推动农业生产的智能化和精准化发展。

（二）精准播种和植保服务

在农牧播种和施肥的场合，多种低空飞行器如直升机、喷洒作业无人机都能得到应用。采用精准播种机具控制系统的精细播种技术，能够依据地形、作物需求及气象条件进行精确播种，从而降低种子的浪费。精准施肥技术则通过土壤检测与分析来确定养分需求，制定出个性化的施肥方案，同时利用图像识别技术来指导施肥决策，以提高针对性。自动化喷洒系统确保肥料均匀分布，减少肥料浪费。无人机的作业不仅提高了作物的发芽率和产量，还降低了人力成本，特别是在那些地形复杂、难以使用传统机械进行作业的区域，如高地和梯田等地，无人机的优势尤为明显。

（三）无人机农田精准管理

以棉花种植为例，农业无人机在棉田田间管理的应用已经变得越来越普遍。与传统的人工和传统农机相比，农业无人机植保具有精准、高效、安全等优势，可以提高农业生产的现代化水平和生产效率，既降低农业生产成本，又确保农作物增产，助力农民增收致富。

农业无人机可以在短时间内覆盖大面积的棉田，进行精确的监测和数据收集，帮助农民及时发现病虫害、水分不足等问题。农业无人机在棉田田间管理中的应用主要包括：（1）病虫害监测与防治。无人机配备高分辨率相机和多光谱传感器，可以快速捕捉棉田中的病虫害信息。通过分析这些数据，农民可以及时发现病虫害的早期迹象，并迅速采取喷洒农药等措施，有效控制病虫害的蔓延。（2）灌溉管理。无人机可以监测棉田的土壤湿度和植被健康状况，帮助农民了解哪些区域需要灌溉，哪些区域水分过剩。从而实现精准灌溉，节约水资源，同时避免因水分不足或过量导致的棉花生长问题。（3）施肥管理。无人机可以进行土壤养分分析，帮助农民了解哪些区域需要补充肥料，从而实现精准施肥。这不仅可以提高肥料的利用率，减少环境污染，还能促进棉花的均衡生长。（4）生长监测与评估。无人机可以定期拍摄棉田的高清图像，通过图像分析技术，评估棉花的生长状况和产量潜力。农民可以根据这些信息调整田间管理措施，优化棉花的生长环境。（5）收获与后期管理。在棉花收获季节，无人机可以用于监测棉田的成熟度，帮助农民确定最佳的收获时间。

二、高效农业监管与治理

（一）种植与收成监控管理

传统的农业种植及收成监控方式往往需要人工进行实地勘察，不仅耗时费力，而且难以覆盖大面积农田。而农业无人机的出现则可能改变这一局面。通过利用无人机搭载的高分辨率相机和多光谱传感器，依赖无人机的飞行速度和灵活性使得它能够快速穿越农田，对不同区域进行连续监测，可以在短时间内对大面积农田进行航拍，获取高分辨率的图像和数据。这些数据经过处理后，生成详细的农田报告和作物健康状况评估，为农民提供关于作物生长状况、土壤湿度、病虫害情况等多方面的信息，并可以实现对作物生长过程的实时监测和收成情况的精准预测，帮助农民做出更加科学的决策，及时采取相应的措施进行调整和优化。

（二）自然灾害预防与应对

为了提升农业灾害应急响应能力，需要迅速评估各种自然灾害如洪水、干旱和冰雹等对农田的具体影响。通过这种评估，可以制定出更加有效的应急响应方案，以减轻灾害带来的损失。依托实时图像技术，帮助管理部门更快地做出决策、管理人员直观了解灾害现场情况，从而迅速采取相应的措施，有效降低灾害对农业生产的负面影响。

（三）全自动化农场管理

无人机与机器人技术的结合，使得全自动化农场管理成为现实。全自动化农场管理系统可利用物联网技术，实现设备间的互联互通。这意味着无人机和机器人可以在一个统一的平台上协同工作，无缝对接各种任务。无人机可以在空中进行作物监测、病虫害监测和喷洒农药等工作，而地面机器人则可以负责土壤耕作、播种、施肥和收割等任务。通过这种先进的技术组合，农场的日常运营和管理变得更加高效。

全自动化农场管理的另一个显著优势是其能够进行精准农业操作。通过使用高精度的传感器和先进的数据分析技术，无人机和机器人可以精确地测量土壤湿度、养分含量和作物生长情况，从而进行精准施肥和灌溉。无人机在空中发现病虫害后，可以立即将信息传递给地面机器人，机器人随后进行精准喷洒农药，确保药效最大化的同时减少对环境的污染。全自动化农场管理系统不仅大大减少了人力需求，还提高了农作物的产量和质量。通过实时数据采集和分析，农场管理者可以更准确地掌握农场的生产情况，及时作出科学决策，实现资源的最优配置和环境的可持续发展。

无人机与机器人技术的结合为现代农业带来了革命性的变革。全自动化农场管理不仅提高了生产效率，降低了生产成本，还使得农业生产更加环保和可持续。未来的农业将会更加智能化和自动化，为人类提供更加丰富和安全的食品资源。

三、农业产业链延伸

（一）上下游产业链延伸

1.农业科研。应用无人机技术为农业生产提供技术支持和创新动力，优化种植技术、育种技术等，提高农产品的产量和质量，推动农业科技的进步和应用，为农业生产提供坚实的科技支撑。

2.农资供应。可采用无人机物流配送种子、化肥、农药、农机具等农业生产所需的基本物资。

3.农产品运输和销售。无人机技术能够为农产品运输和销售提供支撑，将鲜活的农产品及时推向市场。

（二）农业相关产业融合

在低空经济的推动下，农业正逐步实现多元化发展。低空经济涵盖了低空飞行、无人机应用等多个领域，这些新兴技术的应用为农业带来了新的发展机遇。在产业融合方面，农业与旅游、文化等其他产业的深度融合、跨界合作，不仅为传统农业注入新活力，还将带来全新的经济增长点。

第七章　数字化＋低空经济＋工业

低空工业韵相连，数字赋能新貌添；采矿巡监多助力，流程重塑谱佳篇。无人机于矿场探源、化工区查隐患、工厂间协生产、新能源域勘资源，作用广泛。数字低空似灵动精灵，在工业天地穿梭，精准测绘、智能巡检、实时监测、应急驰援，重塑传统工业流程，开启智慧工业新画卷。

工业门类众多，涵盖采矿、电力、石化、新能源、制造业、建筑业、电子信息、食品和纺织等多个领域。低空飞行器飞行高度低，机动性强，能在复杂地形和低空环境灵活飞行，可对传统工业生产模式进行赋能甚至重塑。低空飞行器为采矿、化工、制造、新能源等领域提供了创新性的解决方案，随着低空经济的深入发展，也将在其他工业领域展现出独特的应用价值。

第一节　低空经济在工业应用中的现状问题

低空经济于工业的版图上徐徐铺展，然其路漫漫，低空飞行器如精密飞鸟需多元技艺雕琢，应用场景似小众花园难起规模波澜，安全可靠则为高悬利剑，待破局突围。

一、对低空飞行器技术要求复杂多样

由于工业领域行业类型复杂多样，对低空飞行器的类型和性能要求也不尽相同。低空飞行器及配套设施设备的研发制造近年来虽然取得了巨大的进步，但在部分技术性能上还尚未满足某些工业领域应用的特殊性复杂性需求。例如，在矿产资源探测、大范围光伏电场和长距离石化管道巡检等场景中，无人机的续航能力、载荷能力和环境适应性仍存在限制。（1）低空飞行器续航能力

不足。大多数工业无人机依赖锂电池供电，其续航时间通常在 30min 至 1h 之间，难以满足长时间、长距离任务的需求。虽然氢燃料电池等新型能源技术已进入研发阶段，并展现出高能量密度的优势，能够有效延长续航时间，但其在稳定性、生产成本和配套基础设施建设方面仍面临诸多挑战，短期内难以实现大规模推广应用。(2) 低空飞行器负载能力有限。低空飞行器目前的负载能力，难以满足工业场景中复杂传感器的搭载需求。例如，矿产探测中需要同时搭载多光谱传感器、激光雷达和气体监测设备，很有可能超出了低空飞行器的负载能力，亟须通过新材料研发、结构优化和能效提升技术，解决工业用低空飞行器的负载与续航问题。(3) 低空飞行器环境适应能力不足。工业领域环境复杂度高、风险因素多，存在如大风、极端温差、强磁场等特殊环境，低空飞行器在复杂环境中的稳定性和抗干扰能力相对较弱。如超高压电力巡检环境存在较强的电磁场干扰，会对无人机的通信、导航和控制系统产生影响，导致图像传输出现延迟或丢失，影响巡检任务完成。

二、应用场景专业度高，规模效应不足

在工业领域，无人机的应用场景高度分散且各应用场景的专业度要求高，导致对工业用无人机的技术要求也复杂多样，难以规模化量产和规模化应用，影响了其生产制造和应用的经济性：(1) 工业应用场景的多样性和专业性强，要求无人机的设计和制造要满足特定领域的专业化需求。无人机研发制造企业往往需要根据客户的具体要求进行定制化，难以达到大规模量产，导致生产成本相对高昂。(2) 工业应用领域的无人机在技术上更为复杂，搭载了传感器、飞行控制系统和任务载荷，在研发和制造成本上远高于消费级无人机。

三、安全性可靠性要求高

工业用无人机常常应用于应急通信、气象探测、矿产勘探等环境恶劣、地形复杂的工作场景，容易受到环境的制约、气象的影响、地磁的干扰等因素的影响，对低空飞行器的飞行路线规划、通导监系统可靠性和精确性、飞行控制系统的灵敏度和安全性等都提出了更高的要求。

对于执行物资运输（如化学品、药品配送等）任务的无人机，一旦飞行途

中发生意外，可能会导致运输物品泄漏、爆炸或污染环境，对社会安全和生态环境将造成严重影响，对低空飞行器应用的安全性和可靠性提出了更高的要求。

第二节　低空经济在工业应用中的目标与路径

在工业的广袤天地中，低空经济如灵动精灵。智能感知、导航定位与地理信息技术携手，让无人机轻盈穿梭于工业设施间，精准采集数据。数字化平台之上，供应链如脉络般清晰优化，设备维护高效有序，安全与精准伴生产同行，推动工业迈进数字新境。低空经济在工业领域的应用旨在提高工业生产效率、降低制造成本以及优化全链条工作流程等。融合低空智能感知、高精度导航定位和地理信息技术，可以实现对工业设施的实时监控和数据采集；依托数字化平台，可以优化供应链管理，促进工业流程自动化，提高工业设备维护效率，提升工业生产过程的安全性与准确性，为政策制定者和企业管理者提供决策依据，助力工业数字化转型。

一、低空经济在工业应用中的目标

低空经济在工业中的应用主要围绕提高生产作业的安全性、提升生产作业效率、降低生产作业成本等目标展开。一方面，通过无人机等低空技术带来的高效监控能力，实现工业生产过程感知、智能化管理，从而提高生产力水平；另一方面，通过低空飞行器搭载配套设备替代特殊危险场景下人工作业，保障人员安全，节约人力成本，提高生产效率；最后，通过低空飞行器及配套设备的研发制造，提升无人机对工业场景的适应性及安全性。

（一）提升工业生产效率，为企业创造更大的经济效益

低空经济的发展为工业领域带来了服务模式的变革，尤其在矿产资源勘探、化工业生产巡检等领域，已开始得到广泛应用。依托低空技术提升工业制造效率，持续拓展应用领域，是低空经济在工业应用的核心目标。低空飞行器与智能传感技术融合，可以在戈壁、海上等特殊场景实现电力设施巡检；低空飞行器与机器人技术融合，可以在高端制造等复杂作业场景实现对生产环境的

全方位动态监测和数据采集，提升巡检效率和故障排查速度；依托数字化的精准飞行控制，可以实现无人化工厂等场景下的物资输送。

工业企业可依托无人机的高效监控能力灵活调整生产计划，以应对市场需求的快速变化，推动生产线智能化升级。依托云计算技术充分挖掘和分析海量历史和实时数据，进行更为复杂的预测和优化，以提高整个供应链的响应速度和效率，缩短产品从研发到上市的时间，为企业提供更强的市场竞争力和创新空间。

（二）降低特殊工业制造场景下的安全生产风险和成本

减少人员高风险场景作业、降低人工成本是低空经济在工业领域应用的重要目标。依托低空技术进行海上作业、沙漠戈壁等特殊场景下的电力设备巡检、原材料运输和环境监测，工业企业能够大幅减少对传统人力的依赖，降低人力成本和高危作业风险。在粉尘涉爆场所、有限空间作业、高温高压及高空环境作业的高风险工业场景中，无人机等低空设施能够作为空中机器人代替人工进行复杂操作，保护工人生命安全的同时，避免高风险场景下工业生产流程的中断，降低制造流程误差。

（三）提升无人机对工业场景的适应性及安全性

在工业领域，仅能执行单一任务的无人机已难以满足未来行业的发展需求。因此，实现无人机在多种任务载荷间的优化集成，形成综合竞争优势，已成为未来应用推广的关键目标之一。亟须推动无人机前沿技术的研究与开发，增强其在特殊工业场景中的适应性。在工业应用场景中，人工操作易受地形地貌、磁场干扰以及操作员协调能力等因素的影响。随着5G、物联网、人工智能、大数据技术的广泛应用，无人机的智能自主能力将得到明显提升，执行任务的自动化程度也将逐步提高。因此，提高无人机智能化和自动化水平，实现其在智能规划和执行任务过程中能够进行自主判断与控制，是推动无人机在工业领域广泛应用的关键前提。

二、低空经济在工业应用中的路径

依托低空经济与数字化融合赋能传统工业，实现生产力水平提高、资源要素配置和全链条工作流程的优化，需要从推动前沿技术研发、完善基础设施配套、拓展工业应用场景和推动持续融合创新四方面探索发展路径，推动低空经济在工业领域的应用向数字化、智能化转型，持续释放低空新潜力。

（一）推动前沿技术研发：突破飞行技术与自主导航瓶颈，加速技术创新集成

1.加大工业领域无人机高端制造投入。应用于工业领域的无人机根据飞行平台构型主要分为固定翼无人机、多旋翼无人机、无人直升机、垂直起降固定翼无人机(即复合翼无人机)等四类，已逐步应用于测绘、电力、安防、应急、采矿、化工等多个工业领域。在这四类无人机发展基础上，推动精密制造技术的提升是实现量产和生产力提升的关键。核心技术包括：（1）借助3D打印和智能机加工技术，实现复杂零部件的高精度和大规模生产，缩短产品开发周期并降低成本。（2）升级航空电子和自动控制系统，通过集成先进传感器和人工智能算法，增强飞行器的自主决策能力和操作效率，确保工业飞行器在复杂环境下的稳定性和安全性。（3）部署智能装配线和自动化检测设备，提升生产效率和质量控制精度，推动高端制造水平，形成一体化智能制造体系。

在工业领域，专业无人机通常配备不同行业所需的载荷：（1）光电吊舱可以提供高分辨率的图像和视频，帮助进行实时监控和决策，主要应用于安防监控和电力巡检等行业。（2）热红外相机能够识别设备的过热现象，帮助发现潜在的安全隐患，适用于建筑能耗检测和电力设备巡检等领域。（3）高光谱相机具备获取地物表面光谱信息的能力，可以识别不同植物、矿物或物质的特征光谱，帮助进行森林健康监测和矿产资源评估，常用于林业、矿产勘探和环境监测等领域。（4）激光雷达可以快速获取高精度的三维地形数据，帮助绘制详细的地形图或进行精确的测量，广泛应用于测绘、建筑工程测量和矿山开采等领域。这些载荷根据各自的技术特点，在相应领域发挥着重要作用，并根据特定需求提供定制化生产。为了满足日益增长的市场需求和技术创新要求，需在无人机制造和通用航空装备制造领域推动飞行器高端制造水平，包括先进材料的开发和应用，如轻量化复合材料和耐高温合金，以提高飞行器的性能和结构强度，降低油耗和碳排放。

为了进一步推动无人机在工业领域的应用，需要将无人机技术演变为跨行业、跨专业应用的模块化、标准化、组合式技术，满足在不同工业场景下，根

据具体任务需求灵活组合，以适应不同任务的要求。

2.推动固态电池、氢燃料电池等动力技术商业化应用。需要加速研发与低空飞行器配套的新型电池技术，并商业化和产业化，加快可持续航空燃料的应用，提高机械能效和环保性能，重点包括：（1）固态电池。其能量密度高，安全性强，能够为工业领域低空飞行器提供更持久的续航和更高的安全标准。（2）氢燃料电池。其环保特性强，能够为工业领域提供可持续发展的动力解决方案。（3）生物燃料及合成燃料。其可持续强，能够减少航空业对传统化石燃料的依赖，推动整个工业生态系统的绿色转型和智能化提升。

3.推动机器人技术、工业自动化和智能制造融合创新。将低空飞行技术与工业自动化智能制造相结合，形成综合性解决方案，提升生产力和优化工业流程，主要包括：（1）统一无人机与机器人应用体系。将无人机应用演变为特定的工业机器人场景，为智能制造提供强有力的支持。依托无人机技术快速收集大范围的实时影像资料，进行高空或封闭空间设备检查和小范围运输；依托机器人技术执行精密监控、检查和维护，进行重负荷物流运输以及精密装配，两者结合实现对生产设施和工业环境的全面监控，提升供应链效率和产品质量，增强应急响应能力。（2）应对大规模突发事件和复杂场景。通过多机协同建立无人机网络集群，实现即时数据采集和反馈，提高响应速度。利用无人机进行设施监控巡检流程的自动化，通过物联网、大数据分析和人工智能技术对生产数据进行深度分析。（3）建立跨部门、跨平台的数据协同与分享机制。增强工业系统的整体灵活性和互操作性，推动低空经济和工业生态向更加智能和可持续的方向演进。

（二）完善基础设施配套：建设低空配套基础设施，推动工业能级提升

工业生产常进行于地下、高危等场所或偏远、僻静等地区，需要综合考虑地理和生产环境的复杂性，建设和完善工业领域低空飞行基础设施布局，包括：（1）建立可靠的地面起降平台和能源供给途径，重点包括工业无人机起降场、工业无人机服务站等，保证运营效率及安全性。（2）构建工业领域低空数字化、智能化平台，利用通信和导航技术提供稳定的通信导航支持，确保无人机起降和货物运输的快速响应，实现低空空域的实时监控与动态管理。发展覆盖各重点工业场景的通信和导航网络，确保数据的实时传输和精确的位置服

务，提高低空经济活动的可靠性和效率。（3）结合工业各重点门类的特征和需求，建立基础设施安全运行保障体系，包括风险评估、人员培训和维护监控机制，确保操作安全和合规性，为各类低空经济活动的创新应用提供坚实保障。

（三）拓展工业应用场景：拓展场景应用广度深度，提升商业化价值潜力

工业无人机已在多个工业场景中进行了广泛的应用，例如电力等设施设备巡检、矿产资源勘探、低空航空测绘、输油输气管网巡检、高速公路设施巡查、海洋环境监测、建筑工程施工等场景。未来，应持续拓展挖掘低空经济在工业领域应用场景，推动智能化精细化发展进程。

1. 工业环境监测与智能预警。无人机配备了高精度摄像和多光谱传感设备，在各种工业环境中执行空中监测任务，以快速识别环境中存在的污染源或异常情况。这项技术能够定期收集空气质量、温度、湿度和排放物等数据，并实时传输至云端，利用物联网和大数据分析对这些数据进行整合和解析。通过人工智能技术，系统能够自动检测环境趋势和潜在的合规性问题，提供预警和响应策略。智能传感器网络的广泛分布，更提升了数据采集的深度与广度，使监测系统可以及时适应环境变化。整合数字化平台则允许企业轻松访问这些信息，进行动态调整，优化工业流程，并进一步确保合规性及可持续发展。这种综合应用将增强环境监测的精确度和实时性，减少人力资源的投入，为工业企业提供一种高效且可持续的环境管理解决方案。

2. 工业事故灾害监测与安全应急响应。在工业场景中应用无人机技术，能够显著提升事故灾害监测与安全应急响应的效率和效果，为应急指挥中心提供及时的情报支撑，帮助制定科学的应急方案，提升整体应急救援的效率和安全性，主要包括：（1）无人机搭载高分辨率摄像头、热成像设备和环境传感器，能够迅速部署到事故或灾害现场，提供全方位的实时监测，并捕获关键细节数据。不仅可以抵达传统地面人员难以快速接近的危险区域，减少人力风险，还能够在受影响区域上方进行持续的监测，以帮助获取实时画面和参数，为决策提供动态支持。（2）将收集到的数据通过物联网平台进行即时传输和分析，利用大数据技术提炼关键信息，并通过人工智能来识别潜在的威胁和发展趋势。技术的融合支持快速决策和精准部署救援资源，优化应

急管理流程。数字化通信网络确保事故现场与指挥中心之间的高效互动和协调，增强响应速度和应急行动的有效性，为减缓灾害影响和保障生命财产安全提供强有力的技术支持。

3.挖掘和拓展工业重点应用场景。工信部印发《先进安全应急装备推广目录（工业领域2024版）》，面向小型应急无人机（平台、载荷、应用系统）、无人机载三维激光扫描仪、系留无人机照明系统等装备，要求推动工业领域安全应急装备更新配备，进一步拓展工业应用场景，提升行业安全水平。

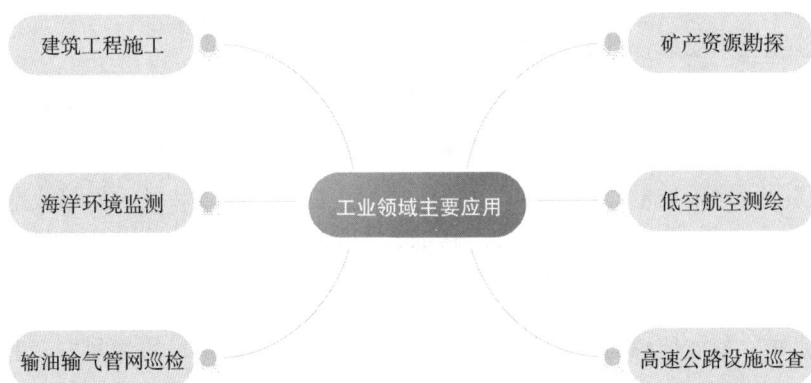

序号	装备名称	关键技术指标	适用场景及范围
1	无人机载三维激光扫描仪	1.实时测量距离≥100m 2.绝对建图精度≤4cm 3.操控方式：遥控飞行 4.连续工作时长≥30min 5.通信距离≥8km 6.建图方式：实时建图	适用于矿山地面测绘，冶金、有色、建材、机械等工业企业厂区级危险场景测绘
2	小型应急无人机（平台、载荷、应用系统）	1.最大载荷重量≥5kg 2.续航时间≥1h 3.抗风能力≥6级 4.图传距离≥20km 5.巡航速度≥60km/h 6.搭载光学、雷达等探测载荷，可实现环境目标智能识别、定位 7.具备自主起飞降落、电池自动更换能力	适用于工业领域生产装置监测、人员位置搜寻、应急救援侦察等

序号	装备名称	关键技术指标	适用场景及范围
3	系留无人机照明系统	1. 光通量≥12000lm 2. 有效照明面积≥10000m 3. 高度为50m时，光照度≥5lx 4. 空中持续照明情况下，续航工作时间≥24h 5. 抗风能力≥7级	适用于工业企业、工业园区等场所的空中应急照明保障

（四）推动持续融合创新：促进跨企业跨领域协同创新

1.打通企业壁垒，推动无人机协同应用。推动工业领域无人机技术的资源共享与优化配置，需要将分散在各个企业中的无人机应用演变为跨企业的无人机应用，打通企业壁垒，将原本各自为政、独立运行的无人机系统和服务整合到统一的管控和调度平台，实现数据共享、任务协同和资源配置。更协同和广泛的跨企业协作还有助于解决单一企业在无人机应用过程中可能遇到的资源限制、技术瓶颈等问题，推动无人机技术在工业领域中的广泛应用和产业升级。

2.与高端制造领域合作开发定制化无人机解决方案。将不同行业、不同专业的无人机应用演变为跨行业、跨专业应用。以高端制造领域为例，整合无人机技术与高端制造前沿科技的专业知识与技术优势，创造出高度契合工业需求的无人机产品，提升产业链各环节的效率和精确度，为工业企业提供更具灵活性和响应能力的工具，有效降低运营成本和提升竞争力。企业与科技公司间需建立紧密的战略合作关系，通过联合研发、试点测试以及共享数据平台，加速产品开发和迭代。在跨领域协作的过程中，积极参与行业标准制定，确保新技术的兼容性与安全性，在推动产品创新的同时，催生新的商业模式，为工业生态系统带来持续的创新动力和增长潜力。

3.将人工智能技术深度融入各类工业应用场景。探索将人工智能应用于空域运行优化和空域分层治理能力，依托人工智能大幅提升数据处理和分析的能力，使无人机采集的各类原始数据转化为有效的商业情报，支持实时决策和优化流程，帮助预测市场趋势、优化供应链管理。

第三节　低空经济在工业应用中的经验分享

在低空经济与工业携手前行的进程中，一幅崭新画卷徐徐展开。往昔沉静的传统工业大地，如今有了灵动变化。天空中飞行器如敏锐雄鹰，展开航空探矿与矿区巡查；似敏捷飞燕，低空穿梭于电力作业线路；若机灵白鸽，在空中仔细巡查并检修设施。这些新服务像活力源泉，让工业数字化、智能化转型加速奔跑，迈向可持续的康庄大道。

一、低空数智融合为矿业开采注入新动能

低空经济在采矿业中的应用展现出了较大的潜力和价值，目前应用领域主要包括航空探矿、石油勘探、矿区巡查等。低空技术的应用有效提升了采矿作业效率，增强了采矿安全性。

（一）低空经济提升矿产资源勘探效率

低空技术结合数字化在矿业勘探与安全管理中发挥了关键作用，尤其是在地形勘察、资源估算和工人安全检测等方面，有效提升矿业运营的安全性和效率。

1.在地形勘察中，无人机配备高精度激光雷达和高清摄像设备，能够快速获取矿区的地形数据和立体影像，通过数字化技术进行 3D 建模和解析，帮助矿业公司精准规划开采路线和作业方案。例如，地质学家借助无人机低空高精度航磁测量技术，对山东三山岛矿床进行高效和精确的勘探，发现全国首个海上金矿，结合 5G+AI 智联空地协同无人机应用，提升了探矿智能化水平。

2.在资源估算方面，利用多光谱传感器和地质雷达，低空飞行器可以对矿区进行详细的地质勘测，提供关键的矿体分布和储量信息，这些数据通过大数据分析和机器学习算法实现精确的资源评估，优化开采策略。

3.在安全勘探方面，无人机可用于监控矿区内的环境变化和安全状况，实时采集空气质量、温度等参数，并通过人工智能技术分析识别潜在的安全隐患，及时发布预警，保障工人安全，为矿业运营提供了一个智能化和安全化的管理平台。

（二）低空经济为石油勘探和开发提供生产保障

在石油勘探方面，直升机被应用于人员与物资的快速运输，以及绞车提油、医疗急救、台风撤离等关键服务，有效降低了传统运输方式的风险与成本。特别是在高原、高寒、山地、沙漠等交通不便的地区，利用直升机等小型固定翼飞机，使得空中吊装与运输、石油管线巡护飞行作业成为可能，确保了石油勘探的顺利进行。

（三）低空经济助力智慧矿区管理和绿色矿区建设

除了航空探矿和石油勘探外，低空经济在矿区巡查和环境治理方面也发挥着重要作用。无人机可以定期对矿区进行巡查，及时发现并处理潜在的安全隐患。它们还可以用于监测矿区环境的恢复情况，通过无人机拍摄的高清图像和视频资料，企业可以更加直观地了解矿区的实际情况，为制定科学合理的开采方案和环境治理措施提供有力支持，确保矿产资源的可持续开发。

随着技术的不断发展与完善，低空技术在采矿业的应用前景将更加广阔。未来，随着无人机等低空设备自主飞行能力的增强和监测精度的提升，其应用范围将不仅限于航空探矿、石油勘探和矿区巡查等领域，将进一步拓展至矿产资源的深加工、运输和销售等各个环节，为采矿业的可持续发展注入新的活力。

二、低空数智融合为生产制造创造新价值

近年来，低空技术在工业生产制造领域展现了较强的应用可能性，低空经济与数字化技术的深度融合，为生产制造领域创造新的价值，尤其是在高危作业和对人体有害的生产环节中，展现出显著的优势。

（一）提升高危作业环节的安全性和作业效率

在工业生产中的高温、高压、危化品处理等高危环节，人工作业存在较大的安全隐患。利用无人机搭载特定传感器，实时监控高危区域的生产状况，减少人员直接接触危险环境的机会，降低安全风险。

（二）降低对人体有害作业的健康风险

某些生产环节涉及有害物质或环境，如粉尘、辐射、噪声等，对工人健康构成威胁。无人机搭载特定传感器，实时监测生产作业区域的空气质量、噪声

水平、辐射强度等，及时预警异常情况。通过机器人和无人机的协同作业，替代人工完成有害环境中的操作，如喷涂、焊接、清洁等。

三、低空数智融合为工业设施巡检提供新模式

当前无人机及直升机技术已经在电力、通信、油气管网巡检及空中巡查等关键领域展现出了较大的潜力和价值，相较于传统的人工巡检方式，不仅提高了巡检效率，更保障了人员的安全，为基础能源和公共服务设施领域带来了深刻的行业变革。

（一）低空经济提升设施巡检效率和质量

在风力发电、石油化工、通信塔等高空作业领域，无人机和直升机的应用大幅减轻了人员的工作负担和作业风险。它们能够替代人工进行复杂和危险的高空检查工作，如风力发电机叶片的巡检、石油化工设施的腐蚀检测以及通信塔的结构检查等。

1.在电力设施巡检方面。无人机能够高效地发现高压线路的各种问题，如线路缺陷、异物附着以及接触不良等，从而确保电力系统的安全稳定运行。此外，无人机在特高压线路智能巡检方面的应用，更是将巡检精度提升到了毫米级，为电力系统的稳定运行提供了有力保障。

2.在燃气高压管网巡检方面。通过搭载先进的卫星图传系统、高分辨率摄像机和红外高敏热成像仪等设备，低空飞行器能够对山区等复杂地形的燃气高压管网进行全面、高效的巡检。这种巡检方式不仅速度快、覆盖面广，而且能够及时发现潜在的安全隐患，确保燃气设施的安全稳定运行。

3.在化工业巡检方面。低空技术结合数字化技术可以显著提升化工业实施安全性、效率和环境管理，主要包括：（1）在设备检测和设施巡检方面。无人机可以高效地对化工厂的管道、储罐和反应塔等进行定期检查，配备红外相机和高分辨率影像技术的无人机能够识别泄漏、腐蚀和其他潜在的设备故障，提供详细的视觉数据，从而减少巡检周期和人工检查的风险。（2）在污染物监测与环境管理方面。可以借助无人机实时监测空气质量，检测包括挥发性有机化合物和其他有害排放物。结合物联网和大数据分析，这些实时数据可以被迅速整合和分析，以预警潜在的环境风险，确保合规性和减少对周边环境

的影响。

（二）低空经济助力工业重大安全事故应急响应

工业生产重大安全事故，如矿区塌方、电力设施故障、石化厂区爆炸、新能源场站火灾等，具有突发性、复杂性和高风险特征，不仅危及人民生命财产安全，还可能造成严重的环境污染和经济损失。传统的应急响应往往存在信息获取滞后、高危环境难以进入等问题，而低空经济技术的引入为工业应急管理带来了突破性解决方案。无人机等低空飞行器凭借其快速部署、实时监测和高效作业能力，显著提升了应急响应的精准性和效率。

1.矿区塌方与气体泄漏事故处理。矿区开采生产中常伴随地质复杂性、高粉尘和有毒气体浓度等风险，塌方与气体泄漏事故是最常见的安全威胁，事故发生后，无人机可迅速飞入矿区塌方现场，通过高清摄像和三维建模技术，提供坍塌范围和受损程度的数据；动态监测环境数据，识别是否存在一氧化碳、硫化氢等危害气体泄漏，为救援行动制定科学方案，同时对周边环境进行巡检，监测滑坡或次生灾害的风险，避免事故进一步扩大。

2.石化厂区爆炸与化学品泄漏应急响应。石化行业具有高危属性，当发生厂区爆炸和危化品泄漏时，对人员、环境和经济的影响尤为严重。无人机可快速抵达爆炸现场上空，利用红外成像技术实时监测火点分布和燃烧强度，通过搭载有毒气体传感器、气象监测设备，动态评估泄漏范围和扩散方向，辅助消防队制定灭火策略和周边区域封控和疏散方案。事故处理后，无人机可以对现场进行详细的三维建模和影像采集，帮助评估环境影响。

3.储能设施设备故障与火灾应急响应。随着新能源产业的快速发展，储能设施（如锂电池和氢燃料）存在火灾与爆炸安全问题。无人机可在储能站火灾发生后快速部署，使用热成像技术监测火源，协助制定灭火方案，避免火势蔓延至其他电池模块。

第八章　数字化＋低空经济＋旅游业

低空旅业韵悠长，数字携风任翱翔；湖海山川皆入画，穿梭胜景乐无疆。在低空经济的加持下，将成为越来越多普通游客所能体验到的新型旅游方式。低空经济似一支神奇画笔，轻点旅游业画卷。往昔常规旅游线路如平淡素描，如今低空之旅让游客像飞鸟般俯瞰大地。不再只是漫步山间、泛舟湖上，而是乘坐航空器穿梭云海，赏峰林奇景，览湖海全貌。游客仿若置身梦幻之境，畅享个性化、高品质旅游新篇。

第一节　低空经济在旅游业应用中的现状问题

低空经济欲在旅游展翅，却遇重重迷雾。安全风险如暗处礁石，威胁前行；商业化运营似幼芽初萌，尚待茁壮；高额购置维护成本像沉重枷锁，束缚飞行器翱翔蓝天之旅。

一、安全风险突出，设施有待完善

游客乘坐低空飞行器，能以一种全新俯瞰视角欣赏著名地标、自然景观和城市风貌，产生前所未有的观光体验。然而，这种新兴的低空旅游模式，也为景区带来不容忽视的安全隐患。

（一）飞行器及其人员安全问题

操作失误、技术故障以及环境因素的变化，均可能影响低空飞行稳定性，导致飞行器偏离既定航线，进而增加与其他飞行器或景区基础设施相撞的风险。一旦发生安全事故，不仅飞行器本身可能遭受损害，导致运营中断，更有可能危及机上和地面人员的生命安全。

（二）安全保障设施有待完善

许多景点、景区的安全保障设施和服务尚未完全适应低空旅游的发展需求。例如缺乏专业救援飞行器，在紧急情况下难以迅速抵达事故现场，实施救援和医疗转运；飞行线路沿线缺乏应急备降设施，无法满足飞行器在遇到紧急情况时安全降落的需求。

二、商业运营不足，难以规模化

低空经济在旅游领域的应用正逐渐展现巨大潜力，尽管如此，这一新兴领域在常态化运营和构建商业闭环方面仍面临重大挑战。这些挑战主要源自应用场景的相对局限性、飞行规模的制约以及宣传营销手段的缺失。

低空经济为旅游业提供了丰富的应用场景，包括空中观光游览、人流监测与疏导以及运输与配送服务等。然而，当前仍存在航线规划不合理、旅游路线单一化、项目内容同质化等问题。仅凭单一的飞行体验，难以长久地吸引游客。加之相关旅游项目定价昂贵，导致客户黏性不足，复购率较低。此外，飞行规模限制使得这些项目难以形成规模效应，进而推高了运营成本，降低了盈利能力。

在营销传播层面，互联网时代的旅游消费者格外注重个性化体验，并偏好具有社交属性的产品。低空旅游运营商销售推广渠道相对有限，广告宣传手段不足，导致项目品牌知名度不高，社会影响力较弱，未能有效吸引那些追求新鲜、刺激和冒险的客户群体。此外，低空旅游消费文化氛围尚未形成，国民对低空旅游消费的认知仍较为淡薄，市场培育尚需经历较长过程。

三、飞行器购置及维护成本高昂

在低空旅游领域，众多航空器受限于使用环境，导致成本过高、难以普及。目前市面上典型的航空器面临以下问题：（1）动力伞、动力三角翼和滑翔伞主要服务于高端小众市场，如滑翔运动等，价格昂贵且入门门槛较高。（2）载人热气球和飞艇受限于风力和气候条件，飞行速度慢且航程有限。（3）固定翼飞机性能稳定，但需要长跑道起降，且成本也相对较高。（4）直升机通用性强，但其购置与维护成本较高。（5）eVTOL续航、荷载、降噪、动力等关键核心技术及稳定性仍有待突破，取证过程复杂且漫长。

高昂的维护成本是低空经济在旅游业应用中的另一个重要挑战。无人机、小型飞机等低空设备需要定期进行详细的检查和维护，以确保其安全性能和飞行稳定性。检查和维护工作不仅频繁且成本高昂，涉及部件更换、专业技术支持以及设备保险费用等。即便在设备闲置期间，维护工作也不能减少，这进一步增加了运营成本。

第二节　低空经济在旅游业应用中的目标与路径

于蓝天白云间，精心培育航空消费文化之花。低空游览，赏景区盛景，花样体验随心选。严守安全防线，护佑这方天地，共筑景区永续繁华之路。

一、低空经济在旅游业应用中的目标

低空经济在旅游业中的应用目标，主要包括培育航空消费文化、提供多样化游览体验、保障低空旅游安全、实现景区可持续发展等。

（一）培育航空消费文化

在数字化融合的背景下，融入低空经济的传统景区景点能够焕发旅游产品新活力。通过与当地的文创产品、特色餐饮、住宿等产业联动，为游客提供一站式优质服务体验，将进一步培育旅游消费热点、释放旅游消费潜力、开拓旅游消费市场。（1）通过直升机、热气球、滑翔伞等低空飞行工具推出空中游览项目，以其独特的视角和体验，能够吸引更多的游客前来消费。游客可以俯瞰城市的地标建筑、自然景观以及特色文化区域，将城市和景区的全貌和精华尽收眼底。（2）通过整合数字化媒介手段，如发布主题挑战、话题标签活动、举办空中城市摄影赛等方式，将空中游览与创意传播相结合，打造出独特高效的宣传模式，提升城市或景区的知名度和影响力。（3）建立低空旅游产品产业链，除了低空飞行体验和观光外，还可以引入模拟飞行、航空用品销售、航空知识讲堂、无人机表演、航模表演竞赛、视频拍照留念等。

（二）提供多样化游览体验

依托低空技术打造观赏自然与人文景观的全新视角，有效提升游览互动性和趣味性。推广直升机观光、热气球旅行和滑翔伞探险等低空旅游项目，为游客构建新的游览空间；在传统低空游览模式的基础上，融合增强现实（AR）和虚拟现实（VR）等前沿数字技术，在飞行设备中增加沉浸式的景点信息介绍与互动功能，为游客提供新的旅游体验；利用三维立体旅游模式推动消费向个性化和多元化升级，体验飞越山川湖海的惊险与刺激，为游客开启新的体验维度。

空中游览的独特体验增强了用户满意度和消费黏性，满足现代游客对新奇、多样化旅游体验的需求，进而有效提升景区口碑和影响力。在互联网宣传作用下，提高新用户热情和老用户黏性，带动低空旅游项目收入的增长率和复购率提升，推动低空旅游项目实现盈利和可持续发展，使更多游客能够自主选择低空旅游作为探索目的地的一种新方式。

（三）保障低空旅游安全

低空旅游服务的对象是广大民众，其发展的首要目标是全面提升飞行器的安全性能和飞行人员的专业水平。不断完善安全制度体系与安全服务质量，以确保低空旅游活动在高度监管和严密保障的环境下进行，避免人员及财产损失，强化公众对飞行设施和飞行过程的信任感，推动低空旅游行业的可持续发展。

（四）实现景区可持续发展

低空旅游不仅可以为景区带来更多的旅游消费需求，还能通过绿色生态的游览方式提供新型的游览服务，并对景区生态环境保护进行赋能，实现景区的可持续发展。

1.提供低介入、低风险、低成本的游览方式。针对自然保护要求较高或因地理位置或交通条件限制而难以被普通游客触及，却又蕴含巨大吸引力的潜在旅游目的地，低空旅游能够提供全新的游览模式，通过无人机观光、热气球游览、小型飞机体验以及低空索道等方式从空中游览景区景色，为旅游业的多元化与可持续发展开辟了广阔空间。

2.实现生态环境实时监控和资源配置优化。配备高精度传感器和摄像设备的无人机能够对景区进行全天候巡逻和数据采集，实时监测植被覆盖、野生动物活动以及水质状况等生态环境的变化，为管理者提供潜在环境风险或异常情况信息，减缓其至避免生态环境破坏，实现经济利益与环境保护的双赢局面。依托数字化监控和数据分析，可以在游客流量较少的时段进行旅游基础设施维护和保养工作，降低对游客体验的影响，为景区的可持续管理提供了科学依据和技术支持，提升管理效率和灵活度。

二、低空经济在旅游业应用中的路径

推动低空旅游的发展需要政府与企业的协同合作，通过政策扶持、设施建设和市场推广等手段，逐步建立和完善低空旅游的安全保障体系和特色产品体系，推动低空经济在旅游业中的深度应用和可持续发展，从而实现游客体验的多样性、生态环境的可持续性和区域城市竞争力的打造。

（一）构建完善的低空旅游安全体系

安全保障是低空旅游发展的核心，从前期开发到后期运营，需依托全面的研发、制造、测试、应用、服务、管理等环节，构建完善的低空旅游安全体系。

1.提升低空旅游从业人员专业能力。建立严格的培训与认证体系，确保飞行员、维护人员和地勤支持人员等关键岗位从业者具有足够的知识、技能和资质。通过定期的职业培训和考核，培养操作员的安全意识和操控技能，特别是应急响应能力，以防范人为因素引发的安全风险。开展广泛安全教育活动，面向从业人员和游客开展风险防范意识和自我保护能力宣传，讲授基本的安全规程和应急措施。

2.完善低空旅游服务设施建设。建设完善低空旅游服务设施是支撑低空旅游项目安全运行的基础保障。发展低空旅游应在充分利用好现有通用航空设施资源基础上，进一步建设智能化、集成型、多用途的低空旅游基础设施，主要涉及低空旅游枢纽、配套的通信导航设备、气象预报服务设施和应急保障服务设施。同时，需要在飞行区域设置明显的警示标识和导航设施，确保飞行安全。在停机坪及必要的途经节点配备应急救援设备和物资，如救生设备、消防设备等，以应对可能的突发情况。引入先进的监控和预警系统，实时监测飞行区域的安全状况，为游客提供良好的出行体验和安全保障。

3.加强低空旅游安全监管与管理水平。通过低空旅游行业规范标准的设立，系统性提高低空旅游专业能力、专业团队、专业市场和专业管理水平。设立常态化的监督检查机制，对低空旅游的飞行器及相关设备、设施进行严格的安全检测和维护，确保其始终处于良好运行状态。建立透明而高效的监管体系，预防违规行为，推动低空旅游行业朝着合法、安全、有序的方向健康发展，助力行业打造安全、可靠的发展环境。

（二）拓展低空旅游应用场景

依托低空技术和数字化手段的结合，强调地域文化名片，充分融入地域特征，带动旅游业从传统模式向多场景低空智慧旅游模式转型。

1.多样化开发低空旅游应用场景。开发数字化融合的低空旅游产品，为游客提供沉浸式体验。主要包括：（1）利用无人机进行实时航拍，将景区的实时影像通过数字平台分享给游客，使游客即时了解景区内的动态景观甚至观光热点的实时人流情况，帮助游客做出更明智的游览决策。（2）融合低空飞行器与增强现实（AR）技术，为游客提供空中旅途中的历史背景、动植物介绍等屏幕扩展信息，获得更加全面的互动性、沉浸式旅游体验。（3）结合游客热力分布和兴趣方向等数据，为景区运营者提供决策参考，优化产品和服务，更精准地满足市场需求。

2.促进产业协同融合发展。无人机等低空技术与旅游业的融合不仅满足了消费者日益增长的新型旅游消费需求，还促进了城市在航空、体育、科技、金融、传媒等多产业的协同发展。低空旅游与体育产业、通用航空产业等新兴产业的融合发展，将打造出全新的场景体验；与金融保险机构的业态融合将为旅游项目提供资金支持；与媒体机构的协同合作将实现信息时代下的热点互利。为了实现跨行业、跨产业的协同融合，景区资源地区需要建立合作机制，搭建开放的数据共享平台，让各参与方分享关键数据，以优化资源配置和决策，策划特色飞行路线，共同参与旅游项目的规划和执行。积极鼓励地方居民的参与，协作制定应急预案，保障低空旅游安全进行。

3.结合景区特色打造低空旅游服务。低空经济在旅游业中的发展正日益关注地域特色的融合，以彰显独特的文化内涵和自然景观。在游客体验端，借助低空飞行器提供全新的视角，捕捉和传递地方文化与自然美景，记录当地特有的风土人情、传统节庆活动和地域特色建筑，为游客打造别开生面的空中画展。在运营管理端，依托货运无人机补齐景区人力运输短板，特别是在丘陵等地形复杂的景区，实现物资的高效运输，降低景区运营成本。

4.辅助景区管理运营。低空飞行器搭载监控设施，可对景区设施、客流等进行监控，通过预警系统和数字化管控可以实现景区资源承载能力水平的实时监测和及时干预，辅助景区管理运营工作。

（三）创新低空旅游品牌营销体系

将低空旅游与传统旅游模式及当地休闲度假生活系统融合，发挥"1+1>2"的整合效应。例如，可以通过加强对低空旅游项目的宣传推广力度，提升公众认知度，激发新用户潜在兴趣。依托低空旅游与各地旅行社、高端酒店、精品民宿的营销合作，推动低空经济与特色节庆赛事等高端业态的联动，实现市场拓展、客源共享、服务共创、品牌共建，开展联合营销、整合营销、网络营销、数字营销等多维度营销策略。低空企业结合旅游体验项目举办航空研学活动，提供航空博物馆或通用航空产业基地体验飞行等服务，推广飞机制造与飞行原理知识，推动低空旅游、低空运动、低空研学等项目的全面发展。

第三节　低空经济在旅游业应用中的经验分享

低空旅游业发展的浪潮中，铺设基础设施，让起降场地、航线标识等如脉络般延展，为飞行筑牢根基。以全景视角挖掘多样消费场景，无论是俯瞰壮丽山河，还是体验特色低空活动，皆魅力无穷。更借助数据力量，实现智能管理与贴心服务，游客随心翱翔，畅享低空之旅的无限精彩。

一、基建先行，完善低空旅游基础设施

低空旅游基础设施的建设，是低空旅游产业加速发展的基础和可持续发展的保障。

充分利用现有航空基础设施，建设一批低空旅游基础设施，形成多场景、多主体、多层次的起降点网络，为低空旅游提供更加便捷、高效的服务。例如，山东省通过推进完善通用机场旅游功能，推动低空飞行旅游发展；北京市房山区通过在琉璃河、韩村河、周口店、窦店等乡镇布局多处数字化、集成

型、多用途的起降场地，支持低空旅游的发展。

二、全景呈现，激发低空消费应用场景

（一）"低空＋"空中游览

"低空＋"空中游览作为一种新兴的业态，正逐渐成为旅游业转型升级的重要方向。推动空中游览从试点项目向全域全季低空旅游的转变。通过深度整合当地旅游资源，打造覆盖全领域、全季节、全天候的低空旅游产品，已成为推动低空旅游业态发展的重要方向，为当地旅游经济的蓬勃发展注入强劲动力。例如，通过在度假区、景区、航空飞行营地等开展电动垂直起降航空器（eVTOL）、热气球、动力伞等飞行体验点，开通低空飞行体验航线，发展各具特色的低空旅游项目。在北京延庆，游客可以乘坐直升机高空俯瞰八达岭长城，感受长城的雄伟壮观；在张掖丹霞景区，游客可以选择直升机鸟瞰、热气球空中观景、动力伞俯瞰等多种低空游览方式，领略丹霞地貌的神奇魅力；在山东日照，鲁翼通航直升机游览项目让游客从空中俯瞰美丽的海岸线。

（二）"低空＋"航空运动

近年来，随着人们生活水平的提高和体育消费需求的日益增长，航空运动逐渐成为一种新兴的、备受欢迎的休闲方式。为了加快航空运动的发展，各地纷纷加强航空飞行营地、航空运动俱乐部和飞行训练基地的建设，并积极举办各类航空运动赛事和活动，如滑翔伞锦标赛、全国动力伞冠军赛、无人机竞速赛等。这些赛事和活动的成功举办，不仅推动了航空运动的普及和发展，也引导培育了大众航空运动消费。越来越多的人开始关注并参与到航空运动中来，享受飞行带来的乐趣和刺激。

随着航空技术的不断进步和人们消费观念的转变，航空运动将会迎来更加广阔的发展前景。各地将继续加强航空飞行营地、航空运动俱乐部和飞行训练基地的建设，积极举办各类航空运动赛事和活动，推动航空运动的普及和发展，为大众提供更加多样化的体育消费选择。

（三）"低空＋"空中展演

"低空＋"空中展演，这一新兴的航空表演艺术，以其独特的魅力与创意，正逐渐成为各类庆典活动的亮点。它巧妙地将低空飞行的多种航空器，如无人

机编队、滑翔伞、轻型飞机等，与灯光秀、烟花效果及音乐旋律完美融合，为观众带来视觉与听觉双重盛宴。

"低空 +"空中展演不仅为公众提供了一个欣赏技术与艺术结合的平台，更成为推动航空文化普及、提升城市形象的重要力量。未来，随着技术的不断进步和创意的不断涌现，"低空 +"空中展演将带来更多惊喜。

三、数据驱动，推动数智化管理和服务

低空经济和数字化融合技术在旅游管理领域的应用，不仅提高了景区的管理效率，还为游客带来了更加便捷、舒适、安全的旅行体验。

（一）"低空 +"景区人流监测与疏导

低空技术和大数据分析的融合，可以有效地服务景区运营管理。通过无人机进行空中监测，结合大数据分析，可以实现对游客分布情况的实时掌握和对景区客流的有效预测，从而及时采取有效措施进行疏导，避免拥堵和安全隐患。

（二）"低空 +"景区配送服务

低空技术还能为运输与配送服务提供精准指导。以黄山风景区为例，2022年，无人机配送服务在该景区大放异彩，游客只需简单下单，无人机便能迅速将外卖等物品直接送达园区内指定位置，整个过程不超过 15min。

（三）"低空 +"景区救援服务

在低空救援方面，低空技术与大数据技术同样发挥着重要作用。通过实时监测和分析景区内的安全状况，可以及时发现潜在风险，并迅速启动救援机制，确保游客的生命安全。这些技术还能用于安全监控，对景区内的异常情况进行预警和处理，为游客提供一个更加安全、放心的旅行环境。未来，随着技术的不断进步和应用的不断深化，低空旅游数智化管理和服务将会迎来更加广阔的发展前景。

第九章　数字化＋低空经济＋物流

数字低空巧运航，智能配送韵悠扬；穿梭货件如星闪，经济新潮韵里彰。在低空物流的奇妙世界里，数字化的网络编织出精准航线。无人机像勤劳的信使，载着货物在低空穿梭，它们掠过城市的高楼大厦，避开喧嚣的人群车流，快速又精准地将包裹送往目的地，开启物流新景象，激活低空经济新活力。

第一节　低空经济在物流应用中的现状问题

在城市与偏远之地的上空，低空物流编织起一张高效之网。无人机与小型飞行器穿梭，干线如动脉，支线似脉络，末端配送精准抵达。电商包裹飞驰，应急物资速达。偏远山区迎来希望物资，生鲜美食新鲜上桌，医疗用品争分夺秒，特殊物品安全运输，城市配送即时高效，地面拥堵渐散，生活便捷欢畅。

一、低空物流基础设施尚不完善，未形成完整体系

低空物流基础设施主要包括：低空物流数字化飞控平台，低空物流起降设施、仓储设施、低空通导监设施、能源补给设施等。我国大部分地区低空物流基础设施建设处于小范围试验阶段，尚未形成规模。

（一）物流专用起降场分布不均

专业的物流起降场能够确保低空物流飞行器更加安全、高效的运行。然而，低空物流的枢纽和中转站整体建设滞后，一方面，缺乏统一的规划和布局，导致物流节点分布不合理，无法形成高效的物流网络。另一方面，缺乏统一标准规范，已有设施难以共享共用，导致部分商业发达区域的设施重复建设，其他地区则有可能缺乏相关设施。

（二）低空物流能源补给设施不足

低空物流主要依赖电动无人机等飞行器，而与之配套的充电设施却还不足。由于缺乏基本的充电设施，低空电动物流飞行器在执行中长距离运输任务时续航难以保障。对于燃油动力的低空物流飞行器，同样面临着加油站点不足的问题，限制了低空物流的运营范围。

（三）维护与维修设施缺乏

低空物流飞行器需要定期进行维护和维修，以确保其性能和安全可靠。然而，由于缺乏维修设施和技术人员，飞行器出现故障后难以得到及时有效的维修。这不仅增加了物流企业的运营成本，还可能导致飞行器长时间停运，影响物流业务的正常开展。

二、低空物流相关技术还不成熟，制约规模化应用

低空飞行器的载重能力、续航时间、可靠性和安全性等方面有待进一步提高。低空物流在精准投送、智能避障系统、高效的能源管理系统等方面的技术研发和应用仍需要持续投入资金和时间。这些因素制约了低空物流的规模化应用。

（一）飞行器安全性与可靠性有待提高

无人机虽配备了先进的避障传感器，如超声波传感器和激光雷达，但在复杂的低空飞行环境中，其检测和避让能力仍存在局限性。对于快速移动的物体（如鸟类、其他飞行器）以及细小障碍物（如树枝、电线等），无人机的感知精度和反应速度尚未完全达到理想水平，影响了其在复杂环境中的安全性。

无人机在强风、暴雨、雾霾等恶劣天气条件下，其飞行稳定性和安全性往往受到严重影响。（1）强风可能导致无人机偏离预定航线，增加飞行控制难度。（2）暴雨可能对无人机的电子设备造成干扰，甚至引发设备故障。（3）雾霾天气则会显著降低传感器的检测精度，影响无人机的避障能力和导航性能。（4）小型物流无人机通常只能在5级风以下的风况中安全运行。这些因素不仅影响了无人机的飞行安全，也影响了运营效率。

（二）载重与空间利用有待提高

低空物流无人机在载重能力和货舱设计方面仍存在瓶颈，制约了其在物流

行业的广泛应用。大多数无人机载重能力有限，通常只能运输小型包裹和轻量级货物，例如，在全球属于中高端水平的电池动力无人机在双电模式下最大载重 30kg，满载航程为 16km，难以满足大重量货物运输的需求。

三、低空物流商业模式尚未成熟，市场处于培育期

（一）运营成本高企

低空物流的运营成本主要包括设备购置、人工成本、飞行器维修与折旧、能源部件与能源损耗等。高性能物流无人机的采购价格可达数十万元，每年还需要投入一定的维护费。操作和维护这些飞行器需要专业技术人员，这也进一步增加了人力成本。

（二）商业模式还不成熟

低空物流作为一种新兴的物流模式，市场认知度和接受度仍较低，许多企业和消费者对其安全性、可靠性以及经济性存有疑虑，限制了市场需求的释放和行业的推广普及。同时，低空物流的商业模式尚处于探索阶段，尚未建立起成熟、稳定且可复制的运营模式。在盈利模式方面，由于低空物流作为新型运输方式，其规模效应尚未显现，运营成本难以有效分摊，企业面临实现盈利和保持市场竞争力的双重挑战。

第二节 低空经济在物流应用中的目标与路径

在广袤大地之上，低空物流正崭露头角。那不再是单一的地面物流通道，而是"路空一体"的崭新画卷徐徐展开，车辆与飞行器巧妙衔接。电商包裹、医疗物资、急件信件等，如同插上翅膀，穿梭于低空，飞向城市的各个角落、偏远的乡村。数字化光辉洒下，大数据引领路径规划，人工智能保障安全，区块链守护诚信，低空物流正开启物流新篇。

一、低空经济在物流应用中的目标

（一）物流行业降本增效

传统地面物流在运输效率、成本控制等方面存在瓶颈。低空物流通过无人

机等技术手段，能够缩短运输时间，降低人力和燃料成本，从而提升行业的运营效率和盈利能力。

1.缩短配送时间，提升配送效率。传统地面物流在运输效率和成本控制方面面临诸多挑战，如交通拥堵、路线绕行等，导致配送时效性和经济性受限。低空飞行器则不受地面交通状况的影响，适用于城市中心中转场和单元区域之间的直飞以及偏远地区或地形复杂区域的配送任务。低空飞行器物流运输可实现两地快速往返，能够在短时间内完成多次配送任务，提升了配送效率。

2.优化人力成本、降低运营成本。相比传统的人工配送方式，低空飞行器物流运输减少了对人力资源的依赖，能降低人工成本。特别在偏远地区或超大城市外卖高峰时段，无人机配送的成本优势更为明显。

（二）有效提升物流服务韧性

针对紧急、突发情形导致地面物流服务中断，偏远复杂地区物流难以抵达等场景，低空物流可以成为传统物流的替代方式，弥补传统物流的不足。如提供自然灾害后的应急救援、重大突发事件的处置以及偏远地区的紧急物资调配等物流运输服务。这些特殊场景对物资的快速抵达有着极为迫切的需求，而传统的物流方式往往在时效性和可达性上存在一定的局限性。

1.复杂环境地形下补充服务。对于偏远、海岛、山区等地理条件受限的地区，地面物流难以覆盖，居民的日常生活物资和医疗用品供应可能受到影响，低空物流利用无人机等技术，能够在复杂地形条件下执行配送，提供快速、灵活的运输服务，例如，在偏远山区，利用无人机进行物资运输，可以克服地形障碍，缩短运输时间，确保物资及时送达。在海岛地区，无人机可以在海况不佳时执行运输任务，保障物资供应的连续性。

2.紧急或突发情况下的快速抵达。在紧急或突发情况下，传统地面物流服务可能因道路受阻、交通中断等原因而无法正常运行，导致物资无法及时送达。低空飞行器可以携带急救药品、食品、饮用水等重要物资，快速飞抵受灾区域，为受灾群众提供及时的援助。在重大突发事件处置中，无人飞行器能够迅速运送专业设备和应急物资，为救援工作的顺利开展提供有力保障。而对于偏远地区的紧急配送需求，如医疗急救物资的输送等，无人机更是成为高效连接外界与这些地区的重要桥梁。

（三）推动物流产业转型升级

通过无人机等技术的广泛应用，低空物流有效减少了对传统燃油运输工具的依赖，降低碳排放。无人机智能调度系统提升了物流效率，优化了运营成本，推动物流产业转型升级。

1.实现行业电动化、智能化、低碳化升级。低空物流以电动无人机为主，随着技术的持续发展，电动无人机和氢燃料无人机的占比提升，降低对传统燃油运输车辆的依赖，减少了碳排放。低空物流依托先进的数字化技术，实现了物流运输飞行过程的智能调度和实时监控，提升了物流效率，降低了行业整体能耗。

2.促进上下游产业链的转型升级。低空物流的推广，催生了新兴产业链，在产业链上游，行业的发展促进航空飞行器制造产业、轻质高强度材料研发和生产、低空飞行导航与通信设备、动力电池等领域的快速发展，促使资源向高端制造业和高新技术产业集聚。在产业链下游，低空物流提升了快递快运行业的配送效率，对于偏远地区、城市间的物流的运输补充及时效性大幅提升，生鲜冷链食品、紧急医药物品的运输突破物流瓶颈，进而促进多个产业的消费升级，增强了整个下游产业的市场活力与竞争力，有效促进产业升级。

二、低空经济在物流应用中的路径

（一）打造"路空一体"物流基础设施体系

"路空一体"低空物流无人机运输基础设施体系，融合了地面交通与低空飞行器物流运输基础设施。"路空一体"的关键在于两者的有机结合和协同运作。通过智能化的物流转运中心，实现地面物流运输与空中无人机物流运输的无缝衔接。在转运中心，货物可以快速地在不同运输方式之间转换，提高物流效率。同时，利用大数据、物联网、AI等技术，建立统一的物流信息管理平台，实现对整个基础设施体系的实时监控和大规模飞行的调度，确保货物在路空不同运输环节中的顺畅流转。

1.地面物流运输基础设施。地面物流运输基础设施主要包括完善的公路、铁路等传统物流运输网络以及与之配套的物流园区、配送中心、仓储设施等。

这些地面物流基础设施确保了货物在长距离运输和城市内部配送中的基础性作用，为物流的高效运转提供了坚实的支撑。地面交通网络的不断优化升级，保障了货物的快速集散和转运。

2. 低空物流运输基础设施。低空物流运输基础设施主要由物流无人机起降场及配套设施、飞行过程安全保障设施、精细化气象设施及备降点设施等组成。(1) 物流无人机起降场及配套设施。低空物流运输需要有起降基础设施做保障，起降基础设施主要包含保证飞行器安全起降、紧急处置、维护维修、能源补给等相关设施。通常包括起降区域、停放区域、充电设施、通信设备和维护区域等。起降基础设施通过与系统平台协同，实现统一管控、协调和调度，保证飞行器起降安全。无人机起降站提供无人机停靠、货物装卸等服务，同时物流无人机的续航通常较短，需要在起降场附近建设通用的充电场所及设施，从而保障无人机的持续运行。在起降场附近也需要一定的仓储空间用于货物和无人机运维。(2) 物流飞行过程安全保障设施。针对物流无人机的飞行安全保障，当前各大低空物流企业均有其飞行管理系统，然而该系统仅涉及其自有物流无人机，同时当前运营的各类物流无人机的自主避障功能较弱。若其航线上出现其他无人机或飞行障碍物，则存在安全风险。因此需要建设完善的无人机感知基础设施，包括主动感知设施、被动监听设施和视频取证设备等。(3) 物流飞行精细化气象设施。物流无人机为了保障飞行过程的安全，需要实时气象数据。由于当前各物流厂商是通过自行建设的小型气象站以及通过互联网获取免费的公共气象数据，难以支持精细化航线运营和物流航线范围全覆盖。需建立精细化的气象设施体系，提供城市气象小范围、秒级实时精细气象服务。(4) 备降点设施。物流无人机飞行的过程中可能存在飞行器故障的情况，因此也有对备降点的需求。各低空物流企业需针对性地部署备降点。此类备降点需要部署在航线附近，同时需要保障备降迫降的安全性，避免造成人员或财产损失。

(二) 拓展"多元化"低空物流应用场景

1. 干线物流场景应用。低空干线物流主要指依托大载重有人 / 无人飞机，提供面向两个中心城市之间或中心区域之间的长距离干线物流运输服务，具备速度快、安全性高、不受地形限制的特征。主要包含以下应用场景：城市间高价值货物运输、生鲜及易腐食品运输、紧急救援物资运输等，低空运输可以不受地面交通拥堵或中断的影响，进行城市间物流快速运输。

2.支线物流场景应用。低空支线物流运输是指利用小型飞行器（如轻型固定翼飞机、直升机、无人机等），进行的区域性物流运输活动。它主要是连接干线物流节点（如大型机场、物流枢纽）与周边较小区域（如偏远山区、岛屿、城市郊区等）的物流配送，起到补充和细化物流网络的作用。具备飞行灵活、负载量有限、时效性高、运营经济性等特征。低空支线物流主要包含社区配送、商业区配送、医疗急救物资运输等应用场景。

3.低空末端物流场景应用。低空末端物流是指利用无人机、垂直起降航空器（VTOL）等低空飞行器，在空中直线距离一般在10km以内（对应地面路程可能达到20—30km），载重在5—20kg，单程飞行时间在15—20min提供货物运输、配送服务的物流模式。它主要解决传统地面物流在时间、效率和地理条件上的限制问题，主要场景包含：同城配送、医疗急救、应急物资运输等。

（三）数字化赋能低空物流技术创新

1.物联网技术赋能低空物流基础设施融合创新。物联网技术作为连接和通信的关键技术，主要是将通信、感知和监视设备进行互联互通，实现数据的实时传输和交换。

在货物调度环节，物联网技术可以将低空物流中的飞行器、车辆、人员等资源进行整合和管理。根据货物的数量、重量、体积以及配送地点等信息，智能调度合适的运输工具和人员，提高资源的利用率，降低运输成本。例如，当有多个订单需要配送时，系统可以自动分析各个订单的信息，合理安排无人机的飞行路线和载荷，避免资源的浪费。

在货物运输环节，通过在低空物流飞行器或货物上安装传感器和定位设备，实时获取货物的位置信息，同时监测货物的状态，如温度、湿度、振动等。对于一些对环境条件敏感的货物尤为重要，如生鲜食品、药品等。例如，当运输生鲜食品的无人机飞行过程中，传感器监测到温度升高可能影响货物质量时，系统可以自动报警并通知相关人员采取降温措施，确保货物在运输过程中的质量和安全。

2.数字孪生技术赋能低空物流运行模拟仿真。数字孪生技术的应用主要集中在模拟和仿真各类无人机，通过建立虚拟与现实的互动模型，可以大幅提升低空物流规划、管理和运营效率。

在规划设计阶段，数字孪生技术可以创建低空物流系统的虚拟模型，包括飞行器、起降场地、仓储设施、运输路线等物理实体以及物流流程、信息系统等逻辑元素。通过在虚拟环境中进行仿真，可以对系统的性能进行全面评估。例如，在设计新的低空物流配送网络时，可以模拟不同飞行器类型、数量、航线布局以及货物配送策略下的系统运行效率，包括配送时间、成本、能源消耗等关键指标，从而确定最优的系统设计方案。

在运营管理阶段，数字孪生模型可以与实际的低空物流系统实时连接，获取飞行器、设备和物流流程的实时数据。通过对这些数据的分析，可以实时监测系统的运行状态。例如，利用传感器收集无人机的飞行姿态、电机温度、电池电量等数据，并在数字孪生模型中进行实时显示和分析。同时，基于机器学习和数据分析技术，数字孪生模型可以预测设备的故障和维护需求。通过对历史数据和实时数据的分析，还可以预测无人机电池的剩余寿命、电机的故障概率等，提前安排维护计划，减少设备停机时间，提高系统的可靠性和运营效率。

3. 光电技术赋能低空物流安全运行。光电探测技术包括高清成像、红外探测、激光雷达等，可实现远程目标监测和跟踪，在复杂低空环境中保障飞行器安全，是低空物流安全运行的重要支撑。光电传感器是飞行器的"千里眼""顺风耳"，帮助飞行器完成自主导航和自主避障保障，物流运输安全。

第三节　低空经济在物流应用中的经验分享

在低空物流的广阔天地里，创新商业模式正蓬勃兴起。紧急救援时，无人机如希望之翼，快速穿越险阻运送物资。供应链物流里，各方协同，信息与货物在低空高效流转。租赁服务让资源灵活配置。聚焦"急、难、险、贵"，无人机无畏挑战。"空地联运"开启新篇，飞机与车辆接力，编织出全新的物流画卷。

一、低空物流商业模式创新

低空物流商业模式主要围绕无人机在低空领域进行物流运输展开。包括与电商及快递企业合作，为其提供快速配送服务，解决"最后一公里"难题及提高配送时效；在紧急救援中发挥关键作用，运输救援物资和医疗用品；开展同城即时配送，满足消费者对餐饮外卖等的即时需求；通过供应链协同，与上下游企业合作实现货物快速流转；还可以提供无人机租赁服务给有需求的企业或个人。

（一）紧急救援物资运输模式

在发生自然灾害、突发事件或医疗紧急情况时，无人机可以快速运输紧急救援物资和医疗用品。例如在地震、洪水等灾害发生后，地面交通可能中断，无人机可以不受地形限制，将食品、饮用水、药品、急救设备等物资快速运送到灾区，为受灾群众提供及时的援助。在医疗领域，对于一些紧急用血、急救药品等的运输，无人机可以大大缩短运输时间，提高患者的救治成功率。

（二）供应链物流协同模式

与供应链上下游企业合作，实现货物的快速流转和协同配送。例如，在制造业中，原材料供应商、零部件生产商、成品制造商之间的货物运输可以采用无人机物流，提高供应链的响应速度和灵活性。无人机可以在不同的生产基地、仓库之间进行货物的快速运输，减少库存积压，降低物流成本。同时，通过与供应链管理系统的对接，实现物流信息的实时共享和协同管理，提高整个供应链的效率和透明度。

（三）租赁服务模式

无人机物流企业可以将无人机设备、飞行服务等租赁给其他企业或个人使用。针对小型电商企业、物流公司，缺乏足够的资金和技术购买和运营自有无人机物流系统，通过租赁的方式可以快速获得无人机配送服务。无人机物流企业通过提供不同类型、不同载重的无人机设备租赁，提供飞行计划制订、航线规划、飞行监控等一系列服务，收取相应的租赁费用和服务费用。

二、聚焦"急、难、险、贵"物资运输

低空物流通过无人机技术的创新应用，提升解决"急、难、险、贵"四大类型的运输需求能力。"急"指时间敏感的运输场景，例如医疗样本配送；"难"涉及传统运力难以覆盖的偏远区域或复杂地形；"险"则应对地形险要或交通

不便的特殊环境；"贵"针对高附加值产品运输，如生鲜、药品、黄金等。在商业模式上，低空物流已逐步形成"无人机＋快递柜"的配送体系，通过自动化技术实现货物从起点到终点的高效衔接。这种模式已应用于同城配送和跨城物流场景中，同时进一步向医疗、应急救援等领域拓展。例如，无人机运营商已与多家医疗机构合作，为检测标本、紧急药品等提供高效便捷的运输服务。

三、打造"空地联运"物流运输新业态

通过发展"空地联运"物流运输模式，打造"空中无人机＋地面驿站＋地下无人车＋地铁"无缝衔接的空铁轨联运物流运输网络，共同探索"空地联运"物流运输新业态。地面驿站承接了无人机起降任务，无人机从周边快递员所在区域直飞交通枢纽站，经站点完成打包分拣、装笼、安检后由地下无人车送往地铁物流车厢，整个运输过程由原来的营运车辆接驳配送变成无人配送，不仅可以节省集货时长，还有效减少地面交通压力、降低碳排放。通过无人配送链接低空物流网络与轨道物流网络，实现地面与地铁站内短程接驳的高效运作，推动低空物流与地面交通的融合。

第十章　数字化＋低空经济＋客运

低空旅运兴犹酣，数字为媒天地宽；载客穿梭云影里，智能相伴韵千般。低空客运蓬勃兴起，飞行器载客于云影交错间穿梭飞行，智能化系统全程相伴，从便捷预订到精准导航，让低空之旅充满各种美妙韵味，开启高效且独具魅力的客运新景象，引领人们迈向一个前所未有的出行时代。

第一节　低空经济在客运应用中的现状问题

低空客运，作为低空经济的关键组成部分，犹如一颗蕴藏巨大能量的宝石，释放着迷人的光辉。不过，这颗宝石在闪耀之际，也遇到众多棘手难题。

一、低空客运飞行基础问题

（一）信息基础设施方面

1.信号干扰的难题。（1）低空飞行易受诸如山脉、峡谷之类的复杂地形条件影响，出现信号被遮挡、气流不稳定、磁场导航错乱等状况，给飞机的导航与操控的精准度形成挑战。（2）在城市中的低空飞行，还有可能受到各类建筑物、地形等障碍物的影响，这些障碍物会对导航和通信信号造成严重干扰，导致飞行器定位不准确、通信中断等问题产生，影响飞行安全。尤其是过去曾发生不少低空飞行器失事事故，带来了惨烈的后果。

2.空中交通管理协调的难题。随着低空客运领域的不断发展，低空飞行器的数量将显著增长，这就对空中交通管理提出更高要求。如何有效协调各种飞行器，确保空中交通的安全和高效，成为一个亟待解决的技术难题。为此，需要建立一个智能便捷的空中交通管理系统，实现实时监控、冲突检测和解决。

（二）物理基础设施方面

1.选址和建设的难题。起降场地属于低空客运的关键基础设施。在城市中，每一个合适的选址都需要经过多轮的勘察和评估，如同在大海中寻找珍贵的珍珠般艰难。在低空飞行器发展初期，起降场的建设需契合特定的地形、气象等条件，也加大建设的困难程度。如在山区构建起降场就得考量地形起伏、风向之类的因素。据不完全统计，我国低空客运起降场数量远远达不到市场的需求。

2.低空基础设施平台统一标准难题。由于缺乏统一精细化的低空基础设施和管控平台，低空客运飞行器通信、导航、监视等保障能力不足，政府部门难以有效监管。如多家运营企业纷纷尝试自行搭建飞行规范和低空基础设施平台，导致信息孤岛现象，管理混乱，资源浪费，给低空客运飞行带来很大安全隐患。

3.充电与维护设施缺乏的难题。伴随着新能源技术的突破和进步，电动飞行器于低空客运里的运用愈发广泛，电动飞行器的充电设施缺乏难题将越加严重。

4.设备维护及政策支撑难题。低空客运飞行器的维护保养对于确保整个飞行过程中的安全至关重要。专业的维护设施和高素质的维护团队是低空客运安全的守护者。一个零部件故障，如果没有及时被专业团队发现和修复，都可能引发严重的飞行事故，如同千里之堤，毁于蚁穴。

二、低空客运飞行自身相关难题

（一）飞行器相关技术方面

1.飞行器可靠性和耐久性难题。低空客运飞行器需要拥有高可靠性与耐久性，以此保障频繁的航班运作。但当下部分低空飞行器于设计及制造方面或许仍存有缺陷，如关键部件的寿命较短、容易产生故障等多种因素的叠加。不但增添了维护成本，还可能影响公众对低空客运安全性保障的信心。

2.避障技术开发的难点难题。在低空飞行中，飞行器需要应对各种障碍物，如电线杆和鸟类等。避障技术是确保飞行安全的重要手段。然而，开发高效避障技术面临诸多挑战，例如如何快速准确地检测障碍物，以及如何在复杂环境中实现自主避障等，这些问题仍需进一步研究和解决。

3. 故障与应急处理的难题。低空飞行器于运行期间或许会出现各类故障，像发动机故障、电子系统故障之类。因此，故障预警与应急处理技术极为关键。但当下的故障预警技术尚不完善，较难精确地预测故障的出现。与此同时，应急处理亦面临着时间紧迫、操作难度较大等挑战。

4. 续航能力及电池技术的难题。由电力驱动的 eVTOL（电动垂直起降航空器），有着环保、低噪声之类的优点，然而由于目前电池技术限制，难以契合飞行器长时间飞行的需要。恰似一个容量有限的水桶，很难承载长途旅行的"水量"。

（二）飞行器运营成本方面

1. 特殊设备和技术前期投入难题。低空客运的运营成本来源于飞行器购置、维护、燃料费用以及专业飞行员薪酬。其中，飞行器购置和维护成本较高，是运营成本高昂的主要原因。此外，由于低空客运市场规模较小，难以实现规模经济，进一步推高了运营成本。由于对低空客运飞行器的精密度要求，在飞行器上需配备先进的导航设备、通信设备、气象监测设备等，来保障飞行安全与准点运行。这些设备的购置、安装、运输及维护成本均颇高。此外，为进一步契合低空飞行的特殊需求，还需要加强开展技术研发与创新，这些都需要在前期投入大量资金。

2. 保险费用成本支出难题。由于低空飞行存在一定风险，保险公司对此类特殊设备需要配套出台相应的保险政策，对企业来讲需要支出一定的保险费用。此外，随着公众对安全关注度的提升，保险市场对低空客运的风险评估越来越严格，这进一步推高了保险费用的支出。

3. 专业人才稀缺难题。低空客运飞行器的驾驶，需要专业的飞行员、机务维修人员、空中交通管制员等。当前，这类行业的专业人才比较稀缺，培养成本颇高且周期较长，包括理论学习、模拟飞行和实际飞行等多个环节。为了能吸引并留住这些专业人才，投产运营的企业通常需要给予较高的薪酬福利待遇，一定程度上提升了运营成本。

三、低空客运飞行市场与成本层面的难题

（一）低空客群品牌的认知度方面

相较于传统交通手段，低空客群品牌认知度稍显不足。当下，公众在低空客运的安全性、舒适性等方面仍存有一定顾虑。此类疑虑或许会左右公众对低空客运的抉择，对低空客运的发展形成制约。例如，有些客户会忧虑低空飞行的噪声问题、安全风险等，这致使他们更倾向选取传统交通方式。较多人可能对一些著名航空公司或交通品牌具备较高信任度，然而对低空客运的品牌却知之甚少。

（二）价格敏感度方面

低空客运的运营成本较高，这可能导致票价偏高。对大多数消费者而言，价格是选择交通方式的重要考量因素。如果票价过高，可能会让许多民众望而却步，从而影响市场接受度。

四、低空客运飞行面对复杂气象的难题

（一）气象问题对低空飞行的危害方面

低空飞行，仿若一场充满惊险刺激的冒险征程，其极易受到气象条件影响。比如，低云、雾、风切变之类的气象问题会致使飞行器的能见度下降、飞行不够稳定等，对飞行安全产生严重影响。当低云出现时，飞行器的视野会受到很大限制，飞行员就像在迷雾中摸索前行，难以准确判断飞行高度和方向。雾天气情况下，能见度急剧下降，飞行器与障碍物之间的安全距离难以保证，增加了碰撞的风险。而风切变更是低空飞行的"隐形杀手"，它会突然改变飞行器的飞行姿态和速度，让驾驶员措手不及，如果应对不当，极易引发飞行事故。

（二）气象因素对乘客的体验方面

气象条件亦会对乘客的体验造成影响。诸如，在恶劣的气象条件下，飞行的颠簸会让乘客仿佛置身于波涛汹涌的大海中的小船之上，身体会感到极度不适，甚至可能出现恶心、呕吐等症状。同时，低云、雾等气象问题会让乘客的视野变得模糊，原本期待的美丽风景也变得遥不可及，大大降低了乘坐体验度。

第二节　低空经济在客运应用中的目标与路径

目前，低空经济在载人客运方面的应用已经照进现实，并正在快速推进中。如深圳至珠海开通低空航线，使用 eVTOL，从深圳蛇口至珠海九洲港码头，仅需 20min 即可到达。eVTOL 由于起降简单、噪声较低、安全性较高，且较直升机可以进一步降低成本，使得使用 eVTOL 作为低空客运载体可降低客运单价。为方便阐述，下文主要以 eVTOL 为例来分析低空客运相关问题。

一、低空经济在客运应用中的目标

低空客运是为了在安全出行的基础上，进一步解决目前陆上交通不便、拥堵、舒适度差、不够环保等难题。追求更安全、舒适，更高效、快捷，更绿色、环保就成为低空客运的应用目标。

（一）更安全、舒适

安全是人们认可低空客运可实行的首要前提。为确保公众需求得到满足，我国民航局规定了相关安全标准。如 eVTOL 制造企业必须取得三项证书，才可实现商业化交付。三项证书分别为型号合格证（TC）、生产许可证（PC）以及适航证（AC）。其中，型号合格证（TC）用以证明该民用航空器符合相应适航规章和环境保护等要求，安全、可靠；生产许可证（PC）用以证明该企业已建立一整套能够用于航空器生产的可靠质量系统，能够保障其生产的每一架航空器及其零部件均能符合经批准的设计要求，并处于安全可用状态；适航证（AC）用于证明这架飞机（仅此架）符合经批准的设计标准，且处于安全可用状态，类似于每一架飞机的出厂合格证。此外，可在城市中实现常态化飞行，很重要的一点还有对于噪声的控制。eVTOL 基于电动化，没有发动机的特点，可以在一定程度上降低噪声。同时，随着电动化、智能化技术的进一步成熟，就像目前的新能源汽车一样，能够进一步提高人们整体乘坐的舒适性。

（二）更高效、快捷

有研究机构提出，此阶段大部分 eVTOL 设计巡航速度大约在 200km/h。而地面交通的运行速度仅约 40km/h，发展低空客运可大大提高人们的出行效率，进一步提高工作效率、生活水平。考虑到相关应用场景，通过列举城市内交通（上海临港至虹桥交通枢纽）、旅游出行（上海迪士尼舟山至普陀山）以及医疗转运（南通启东人民医院至上海瑞金医院），分别可以达到何种效率节省水平。具体详见下表：

eVTOL 飞行器和地面交通时间效率对比表

预设相关航线	上海临港至虹桥交通枢纽	上海迪士尼舟山至普陀山	南通启东人民医院至上海瑞金医院
地面距离（km）	86	315	102
eVTOL 用时（min）	20	47	25
地面交通用时（min）	90	240	100
节约时间（min）	70	193	75
节约时间比例（%）	78	80	75

备注：地面距离与空中直线距离略有差距。

资料来源：沃兰特航空技术有限责任公司等编写的《客运 eVTOL 应用与市场白皮书》。

（三）更绿色、环保

在解决安全、快捷等需求的基础上，人们还有进一步对于绿色、环保的需求。（1）使用 eVTOL 可以减少对化石能源的依赖，减少城市拥堵的情况，进一步减少化石能源带来的环境污染。（2）eVTOL 主要使用电力作为飞行动力，对比传统燃油转化动力，能源转化效率更高，更加环保。（3）eVTOL 配备智能驾驶系统，能够优化航线，进一步降低对于能源的消耗。

但对于将来更加频繁、常态化的航班运行，还需要对低空客运所涉及的动力电源、转化、排放等一系列问题进行进一步优化。

二、低空经济在客运应用中的路径

（一）加强基础设施建设

1. 加强信息基础设施建设。相较于传统航空通航，低空飞行面临着更加复杂的地形、天气情况，同时也面临着更加频繁的航班运行的挑战，需要先进的雷达、通信以及导航技术等的进一步应用。中国工程院院士向锦武指出："以空天地多网融合为核心，构建的低空智联网支撑低空网络化、数字化、智能化、服务化综合系统，实现高密度、大流量、多用户等场景下的通信、导航、监视和服务的统一，是低空经济的核心基础设施。"相关单位正积极研究 6G（第六代移动通信技术），从而更好推进通感算一体，卫星通信与地面通信的融合发展。低空客运较低空载货、遥感测绘等应用，对于安全性的要求更高，精度要求更准。需要进一步借助人工智能、大数据模型等不断完善可协同运行的低空管理网和服务网，才能真正支持低空客运的安全、有序运行。

2. 加强物理基础设施建设。完备的起降、配套、充电设施是低空客运常态化运营的重要保障。（1）起降设施建设方面。eVTOL 对于起降要求较低，不需要传统长跑道，一个楼顶便可实现起降。一是可考虑有效整合 eVTOL 的起降点与城市空间资源如交通枢纽站相关建筑物的规划使用。二是可通过协同地方政府、社会团体等共同参与的形式，兼顾航空服务功能与城市空间协调发展，在充分应用现有设施空间外，将新型航空器的起降设施建设融入城市的进一步发展规划建设中。三是结合前期通用机场数量仍不足情况，可考虑在增加通用机场建设同时，将新型航空器起降点的建设工作融入通用机场设施建设之中，使得综合机场设施可兼顾多种航空器起降用途。（2）配套基础设施建设方面。对比传统直升机，eVTOL 零部件更少，也更易于维护，对于维护运营要求也相对较低。可在优先解决起降点设施建设的基础上，再逐步完善相关配套设施。尤其是随着低空客运市场规模进一步扩大，预计第三方航务服务市场也将迎来更多企业参与。可协同企业力量，一起推动配套基础设施建设工作。（3）充电设施建设方面。对于主要以电力为能源的 eVTOL，配套的充电设施建设颇为重要。一是随着高功率、快速充电新能源车的普及，可考虑将新型航空器的充电设施与新能源汽车充电设施建设进一步融合。二是随着电池技术的进一步发展，可参考新能源汽车的其他发展路径，如推进换电设施的建设工作。

（二）提升飞行器自身性能

1. 提升安全性、可靠性。（1）eVTOL 较多采用碳纤维复合材料进行制造，该材料具备低密度、高强度且耐疲劳、不易被腐蚀等特点，可降低自重，也可提高飞行器的结构稳定及安全性能、能够适应较为频繁的起飞降落并可应对外部复杂的天气情况。（2）eVTOL 主要采用纯电以及混电两种能源方式。电气化的 eVTOL 较传统直升机简化了相关机械结构，在各种功能上较好实现了运行可靠性。eVTOL 配备自动避障、自主驾驶等智能驾驶技术，可用以应对复杂低空环境以及不确定的紧急情况，有效提升低空飞行的安全性。随着雷达技术、人工智能、大模型数据的进一步成熟，也将助力 eVTOL 在目标识别、路径智能规划、自主飞行作业等方面提高效能，与空天一体网络实现更好融合。

2.改善动力能源、提升续航能力。目前，eVTOL 主要采用锂离子电池。相较于传统直升机主要采用燃油作为能源的情况，能量转换效率更高。为能进一步提高续航能力，需进一步提高电池系统的能量密度、功率、安全性以及循环使用寿命。除需要进一步提升锂离子电池综合性能外，具有高能量密度、安全性能较高的固态电池也是未来发展方向之一，需进一步解决固态电池导电能力低、容易出现锂枝晶短路等问题。

此外，新型制造材料（可降低飞行器本身自重，减少能源消耗）以及智能驾驶系统的运用（可更加科学合理地规划路线，执行最佳飞行线路）等，也能够在一定程度上提升飞行器的续航能力。

（三）加强相关人才培养

1.加强人才培养。针对低空客运相关人才缺乏的问题，可通过增加高校、第三方培训机构的相关课程培训增加人才供给。如部分职业院校与高等教育机构已开设与低空经济相关的专业课程，加强专业性、复合型的人才培养。可进一步加强企业、高校或第三方培训机构间的沟通合作，使培养的人才更具针对性，进一步优化培训就业体系。

2.加强国际合作。在通用航空较为发达欧美地区，已存在较为成熟的航空运营以及人才培育体系。可通过加强国际交流合作的形式，加强低空经济领域相关人才引进、交流，尤其是低空客运驾驶、运营管理、维修服务等相关方面人才的引进、交流。

（四）做好市场培育及运营

1.提高公众对低空客运认知度与接受度。(1)可先从应急救援、医疗转运、旅游等特殊场景开始运用低空客运，并在部分设施完备城市进行示范运营。同时，积极开展宣传推广工作，使得人们能体会到低空客运快速、便捷等特点。随着低空客运行业的不断成熟，采取循序渐进方式，逐渐提高公众对于低空客运的认知以及接受度。(2)可结合后期应用场景开发多元化低空客运产品。如既有可用于区域、城市客运的稍大型航空器，也有可共享用于市内交通接驳的小型航空器，还有可用于商务、私人出行的高端奢侈型航空器，以及可同时用于路面、天空的飞行汽车产品等。充分满足各种出行差异化需求，进一步提高公众对于低空客运的接受度。

2.整体推动低空客运上下游产业链协同发展。低空客运涉及相关产业链庞大。以 eVTOL 为例，产业链中既涉及关键部件、原材料以及可提供相关技术支持的供应商，如材料制造、电池、动力系统以及智能驾驶相关系统供应商。又涉及应用场景的运营商以及各保障环节的供给方，如航空公司、直升机运营公司、检测公司、航务服务公司等。还涉及参与设计研发并可整机制造的主机厂以及运营平台。整机制造主机厂和运营平台是整体产业链中的核心环节。一方面，需要对上游提供的零部件、原材料、系统进行整合，另一方面，需要为满足终端应用需求提供支持。

如前文所述，低空客运领域目前还存在许多需要提升的方面，需要推动整体产业链上下游的协同发展。如加强政府与企业的合作，推动政策与市场形成同频共振，能够助力突破相关技术瓶颈，进一步降低成本，推动低空客运市场的良好发展。而在具体产业链协同发展方面，需要充分发挥产业链核心位置企业的作用。可通过共建产业园，共同组建基金的形式，成立产业联盟，打造产业集群，带动周边配套产业一同发展，推动产业链整体升级。

第三节 低空经济在客运应用中的经验分享

低空之上，一场客运变革正悄然展开。"一站式"服务，拓宽低空客运服务版图。直升机轻盈穿梭于城市之间，为城际出行打造便捷通道，让远方近在咫尺；联程接驳不再烦琐，乘客可轻松中转；私人出行增添别样奢华与自在；空中通勤则使上班族告别拥堵。

一、为低空客运提供一站式服务

1.为低空飞行提供一站式服务，为低空用户提供飞行情报、气象信息和空中交通咨询等服务，可进一步降低飞行安全风险。例如，为低空客运提供多种层次和形式的低空飞行信息服务，以保障包括私人飞行在内的低空飞行活动能与军事飞行和运输航空飞行融合利用空域。

2.在飞行活跃地区设立数量众多的低空服务站，以满足当地大量低空飞行的服务需求。飞行服务站可设立在靠近密集飞行训练的区域，通过提供包括信息提醒和地形标识的低空飞行资料，为低空用户开展目视飞行提供安全保障。同时采用自动化飞行服务站，可以及时更新空域管理方的最新限制和要求，并及时向用户提供如军事活动区等特殊区域的实时限制信息，保障私人飞行与军事飞行安全融合运行。

3.通过提供定期更新的气象资料，更好应对多变的天气对低空飞行的影响。可设立自动化气象观测站以及人工气象站，并通过气象平台网站，定期将最新气象资料上传到相关网站。飞行用户可以通过网络直接登录网站获取最新的气象资料。同时，联网式的气象资料服务可为飞行前或飞行中的用户提供目的地机场和备降机场的天气情况，飞行用户可以根据天气情况选择合适的机场，在一定程度上也增大飞行的自由度和安全性。

4.通过商业机构提供增值低空服务，满足低空私人飞行以及相关娱乐飞行的需求。可通过商业机构为用户提供更为详细的气象讲解、计划报备、特殊需求申请等定制化全流程服务，并按照服务内容向用户收费。

二、低空客运服务场景不断拓宽

（一）城际出行

在城市密集区域，开设低空航线，利用直升机、eVOTL等低空飞行器开展城市间的客运服务。尤其在有山、海等自然分隔的城市之间，与地面客运相比，具有运输距离短、通行速度快的特点，具有较强的竞争优势。

（二）联程接驳

开设"低空+轨道"的空铁联运项目，为乘客提供空铁交通一站式接驳服务。将低空客运快速直达、灵活机动的优势与高铁长距离运输优势进行互补，为商务出行、城际出行等提供更优选择。

（三）私人出行

乘坐私人飞机出行灵活、高效，但目前仍属少数人的应用场景。随着特定空域的逐步开放，低空飞行器产品更加成熟，价格进一步下降后，低空客运场景有望进一步拓展至私人出行。更多民众有望乘坐私人低空飞行器，开展商务出行、自驾出游等。

（四）空中通勤

发挥低空客运与高峰时地面交通相比速度更快的优势，发展低空客运空中通勤服务。如在拥堵严重的城市交通走廊，开设点对点的低空客运专线，大幅节约通勤时间，缓解地面交通压力，全面提高出行效率。

第十一章　数字化＋低空经济＋
城市治理与公共服务

　　低空数字巧相融，监测救援路路通；物资速达千家喜，城治新篇韵意浓。在繁华都市的上空，无人机如同敏捷的飞鸟，穿梭在高楼大厦之间。它们配备高清摄像头，实时监测交通状况，将数据快速传回指挥中心，帮助及时调度，减少道路拥堵和交通事故的发生。在应急救援现场，无人机快速抵达侦察并精准投递急需的物资，为救援行动争取宝贵时间。医疗物资配送无人机将急救药品迅速送达偏远社区，确保患者及时救治。在低空经济的推动下，城市运作更加高效，生活更有保障，带来了更加温暖和有序的社会环境。

　　随着城市高质量发展进程的不断推进，人民城市为人民的发展定位对城市综合治理与服务也提出了更高的要求。城市是现代化的重要载体，低空经济的发展和深化应用为覆盖范围广、机动自主要求高、协同治理速度快的立体化城市治理与服务提供了新的可能。

　　利用直升机、无人机（Unmanned Aerial Vehicle，UAV）、电动垂直起降航空器（Electric Vertical Take-off and Landing，eVTOL）等低空载运工具，通过配备高清摄像头、红外热成像仪、多光谱传感器、探照灯和喊话器等设备，结合无线通信、卫星导航、遥感、云计算和人工智能等关键技术，在城市低空空域（通常指真高 1000m 及以下的空间范围）中开展一系列精细化巡查、监控、管理和服务等活动，通常称为低空巡管。它能够以更广视角、更强机动性、更高自主性实现城市的常态化巡检和应急探测与响应，为城市交通管理、公共安全、环境监测、防灾应急等提供更强的保障与支持，已逐步成为补充和强化城市精细化治理与服务的新方式。

　　本章聚焦低空经济下的新型智慧城市治理与服务，剖析低空巡管当前应用和管理存在的关键问题，展望低空经济发展机遇下的"空地一体"现代化城市综合治理与服务的应用目标与发展路径，最后分享低空经济服务于城市的典型治理场景。

第一节　低空经济在城市治理与公共服务应用中的现状问题

低空巡管，似天空之眼，可凭广视角、强机动、高自主，在防灾应急中预警灾情，于公共安全里守护安宁，在电力巡检时查隐患，于勘察测绘处探地貌。但现实中，它像散落的拼图，需求七零八落待整合，建设运营如迷雾待摸索，协同服务似孤雁难成群，安全监管如薄纱待加固，规则标准像蓝图待绘就，关键技术若关卡待冲破。

一、需求分散需要统筹

低空巡管业务包含城市安全、交通管理、防灾应急、农林植保等多方面场景，涉及政府管理机构、社会化服务企业等多类需求主体，囊括日常巡查、情报侦测、识别探测、应急指挥等多类任务。针对不同的任务需求，需要配置个性化的低空飞行器和基础设施配套，同时需要能够服务多主体、高频次、大规模、强可靠作业任务需求的管理平台。目前，低空巡管的各管理实体在设施设备配置和管理平台方面相互独立，任务各自飞、平台各自用、安全各自管，资源未得到充分利用，低空巡管任务未得到统筹规划和安排，飞行安全也未得到统一保障和监管。

二、建设运营仍需探索

目前，低空巡管在建设运营方面大体存在自建采购、服务运营、设备采购与人员服务组合三种模式。

（一）自建采购模式

自建采购模式是指业务需求主体自行投资采购无人机、机场、远程管理调度平台及其他通信、网络等配套基础设施。同时，自行配置飞手、运维等技术保障人员。这种模式自主性最强，但投资较大、对需求方自身要求较高。

（二）服务运营模式

服务运营模式是指航空器设备、机场等配套基础设施、管理调度平台等设备平台，飞手、运维等保障人员服务都通过向第三方购买服务的方式完成。这种模式以结果为导向，如飞行的架次数量、时长，异常情况的响应要求等，虽然每年的投入费用相对较低，但是对第三方的业务响应和配合协同能力要求较高。

（三）设备采购与人员服务组合模式

设备采购与人员服务组合模式介于完全的自建采购和服务运营模式之间，指航空器设备、机场配套基础设施等硬件设备和管理调度平台等自主采购，飞手、运维等保障人员按服务运营的方式配置。这种模式充分考虑专业化分工，在自身保有随时可调度的设备资源的同时，对专业的运营方提出业务要求。

低空巡管涉及的主体多，建设、运行、监管要素多，基础设施、配套服务、平台保障建设、租赁、运营、使用等方式多、场景多，在一定区域内如何进行一体化、分类分级地投资、使用、运营管养等将成为需要探索的新课题。

三、协同服务尚未形成

目前，不同主体、不同任务下的不同空域、时间、频度、操作要求难以协同，低空巡管和地面巡管也未能形成一体化协同模式。具体表现在：一是设施设备利用方面，不能根据不同需求进行组合和复用，造成投资资源浪费；二是时空资源利用方面，不能对在途多任务进行统筹规划，安全报备与管控；三是规则标准方面，需求申报、任务部署、飞行管理、治理交付等规则和标准不一、不全；四是空地协同方面，低空巡管和地面巡管工作未能充分协同和配合，治理效能未得到充分发挥。

四、安全监管亟须加强

安全监管是低空巡管的底线，也是亟须加强的重要领域。一方面，在当前的城市治理框架下，低空巡管需要确保执行巡管任务的各类航空器在城市低空的飞行安全、空中交通协同作业的安全以及地面设施和人员的安全，同时要保证在复杂、动态的环境下，如微气象变化、临时空域管制等，具备快速应急响应能力。例如，在执行任务时，强风、降雨等天气变化会影响航空器的稳定性与任务完成度，需要快速根据预设策略执行避险指令或自动动态调整。

另一方面，低空巡管任务通常涵盖敏感区域（如政府机关、人口密集区）并涉及敏感数据（如实时视频监控、三维建模数据等）的采集，这对数据安全提出了更高要求。如何确保各类敏感信息不被非法访问或篡改，并在可信环境内安全共享，是需要进一步考虑保障的内容。

五、规则标准有待完善

低空巡管目前缺乏统一的基础设施建设、运行管理、数据交换的标准和行业规范。低空巡管涉及多种类型的低空飞行器和复杂的巡管任务（如违建巡检、环境监测、交通巡查喊话和应急救援等），要求空域资源、飞行规则、适航标准与管理流程保持一致，以确保多任务、跨区域、跨部门的高效协同。然而，当前各地各部门都是采用各自的管理标准和运营要求，无法实现有效的协作与资源共享。缺乏统一的规则标准不仅会增加各种基础设施的建设成本、各类航空器的制造成本、各种低空管理和服务业务的运营成本，而且会阻碍空中资源、地面资源、配套基础设施资源的协同共享，影响低空巡管的安全性，将成为低空巡管领域扩展和应用深化的主要掣肘。

六、关键技术亟待突破

在城市治理与公共服务中，低空巡管面对多元需求主体、异构航空器、多频次高密度巡管的任务，"空地一体"综合治理等建设目标，仍有诸多关键技术待进一步突破，具体包括以下四个方面：

（一）低空数字化底座技术

低空巡管要支撑复杂城市治理任务，实现机动化和常态化治理服务，并进行精细化作业，需加强实时、精细的空域数据支撑与管理能力。低空巡管需要通过高精度的定位和实时的空间数据采集技术，对低空飞行器的飞行路径、航行状况和周边环境进行精确建模，低空基础数据通过时空数据引擎动态采集和处理，与地面设施、路网和建筑信息无缝整合，为低空巡管任务提供动态、细致的处置决策支持。然而，目前低空空域尚不具备规模化的数据底座支撑，因此，需要进一步加强构建城市低空空域的数字化网格管理体系，通过数字化底座提供精准的空间坐标和空域表征。

（二）低空智能网联技术

低空巡管需要异构航空器与配套服务设施具有高度灵活、泛在的通信网络支持，实现稳定的空空、空地通信。通过融合低轨卫星、低空自组网和地面通信等基础设施，来构建"天空地一体化"的信息网络体系。例如，在城市综合巡管任务中，天基导航网、天基遥感网、天基传输网、空基通信网以及地基的5G网、互联网、垂直专网等多种网络需实现高效互通，确保视频、图像和传感等数据在复杂环境中的稳定传输。从而实现低空巡管任务全天候、多频段、多任务数据实时共享、航空器导航和高效通信调度，为复杂、动态的城市低空巡管需求提供通信保障。然而，目前各城市、区域的低空巡管多为各自管各自用的任务通信模式，尚未形成网联化、标准化的通信体系。

（三）低空智能运行管理技术

低空巡管的高效运行要求智能化的任务分配和无人化的飞行控制，由"人在回路中"向"人在回路外"发展。例如，在重大活动期间，在市中心区域进行高密度的低空巡管任务时，低空巡管需要自动调整航空器的飞行路径、优化空域使用效率，并确保在不干扰地面活动的情况下完成巡管任务。然而，目前的低空巡管在航空器飞行，以及任务分配和资源调度等方面，大部分仍依靠手动控制，其智能化、自主化和无人化水平尚待提升。因此，需进一步研究智能化、无人化的自主飞行控制技术，以及多机集群协同和地面等设施协调的机制，以应对异构多样、高密度大流量的任务需求。通过智能化的空域管理和集群协同机制，在突发事件中进行快速响应，资源调度优化，实现高效低空巡管的同时，降低人力成本。

（四）低空运行安全保障技术

低空巡管的安全保障包括潜在风险的自动识别和防控，如在建筑密集区域进行巡管任务时，需能识别周围环境中的高危目标并自动规避，防止撞击等意外发生；同时需关注巡管任务的数据安全防护，尤其是动静态城市敏感信息等。目前低空经济还未建立全方位、及时性且自主化的安全防护体系，因此，需要进一步研究基于风险识别的自动防控系统，同时强化对非合作目标的实时监视与识别能力。低空巡管运行还可通过集成智能监测设备和风险预警算法，建立多层次的安全防控体系，确保系统服务在受到干扰或遭受攻击时依然能够平稳运行。

第二节　低空经济在城市治理与公共服务应用中的目标与路径

城市治理与公共服务具有作业精细种类多、日常巡查频次密、机动灵活要求高、应急管理时效强、人机配合协同强的要求。低空经济下的城市治理与服务需要充分利用低空巡管覆盖范围广、机动灵活强、响应速度快、空地协同强的特点，在电动化、数字化、智能化技术的保障下，实现更高效、更安全、更快速的"立体化、一体化、智能自主化"的城市治理与公共服务。

一、低空经济在城市治理与公共服务应用中的目标

（一）从"有人"管控到"无人"作业

区别于传统基于人的巡逻治理模式，低空经济下的低空巡管应能实现从"设备管理、有人管控、系统辅助"模式向"无人作业、自主管控、有人监督"模式的升级转变。

低空巡管本身具有自动化、智能化的作业特点，能够通过传感器和人工智能算法等感知环境、避免障碍、自动调整飞行姿态等，可进一步通过低空飞行器挂载、机场和平台设置进行自主巡航、目标识别、数据收集、应急救援等，从而实现预设路线自主巡航，超视距"无人作业"，负一秒快速响应，提高巡查的效率、准确性的同时，降低成本和风险。而"有人监督"是指在整个巡管过程中，有些应急情境仍需专业人员进行远程监控和干预，如通过监控系统实时查看航空器飞行状态和拍摄的画面，必要时进行手动控制或任务参数调整，确保巡查任务的安全性和有效性。

例如，在城市交通监控、环境监测与保护、应急救援、城市规划与管理、农业监测方面，与传统模式相比，低空巡管能实现更大范围、更高效率、更强

安全的第一时间作业与响应。

1.城市交通监控。在城市交通管理中，低空巡查能够实现按既定规划航线和时间任务区间，自主飞行至交通拥堵区域，通过高清摄像头实时捕捉交通状况，并将数据传输至指挥中心。遇到突发事故，低空巡查能够快速启动率先飞抵现场，帮助交通管理部门快速勘察事故现场，确认警情，并根据一手情报派遣警力进行处理。这种无人作业的巡查方式，既能够提高交通管理的响应速度，也可精细化警力的投入，尤其针对监控设施缺失、管理力量不足的区域，是高效的管理新手段。

2.环境监测与保护。在环境保护领域，低空巡查能够定期对河流、湖泊进行巡查，通过搭载的多光谱传感器监测水质状况，识别污染源。同时能够沿水库、湖、河巡查覆盖更广泛的区域，及时发现非法排污、垃圾倾倒等环境问题，环保部门能够快速响应，采取有效措施，保护环境免受破坏。

3.应急救援。在自然灾害或突发事件中，低空巡查可以迅速飞抵灾区，通过自主飞行和高清摄像，快速传回灾区的实时图像，如森林火灾、偏远路面坍塌、洪涝灾害等。这些图像数据可以为救援指挥中心提供宝贵的信息，帮助制订救援计划，指导救援行动，实现在危险环境中快速、安全地执行任务，为救援工作赢得宝贵时间。

4.城市规划与管理。城市规划管理部门能够利用低空巡查对城市建筑、基础设施进行定期巡查，如建筑构型、建设进度、违建监测等，通过网格化的高清图像采集和数据精确测量进行快速测绘、建模等既可完成以往需要靠大飞机、耗费大人力的工程，还能够提升效率、方便更新。

5.农业监测。在农业领域，低空巡查能够对农田进行定期巡查，通过搭载的多光谱传感器监测作物生长状况，识别病虫害。网格化、成片区的航线设置使其能够覆盖大面积的农田，为农民提供及时的作物生长信息，指导农业生产，提高农业生产的效率，还有助于实现精准农业，提高作物产量和质量。

（二）从"地面"管理到"空地一体"

在城市治理与公共服务中，低空巡管区别于局限低效的传统单一地面巡查方法，通过与地面治理人员的协同工作，实现了从"单一视角，平面作战"到"无人和有人混合，地面和低空联动"的"空地一体"模式升级转变。

在这一转型过程中，"无人和有人混合"指的是低空飞行器与城市治理人员之间的智能协作。航空器挂载不同类型的传感器并负责数据采集、监控和初步分析，而地面人员则负责执行、决策和解决复杂问题。"地面和低空联动"则表示地面治理人员可以实时接收航空器传输的数据，快速响应，而航空器则可以根据地面人员的指令调整飞行路线和任务。这种模式不仅进一步提高了城市治理的效率和响应速度，还增强了对城市的全面监控和应急处突能力。"空地一体"联动巡管模式如图所示。

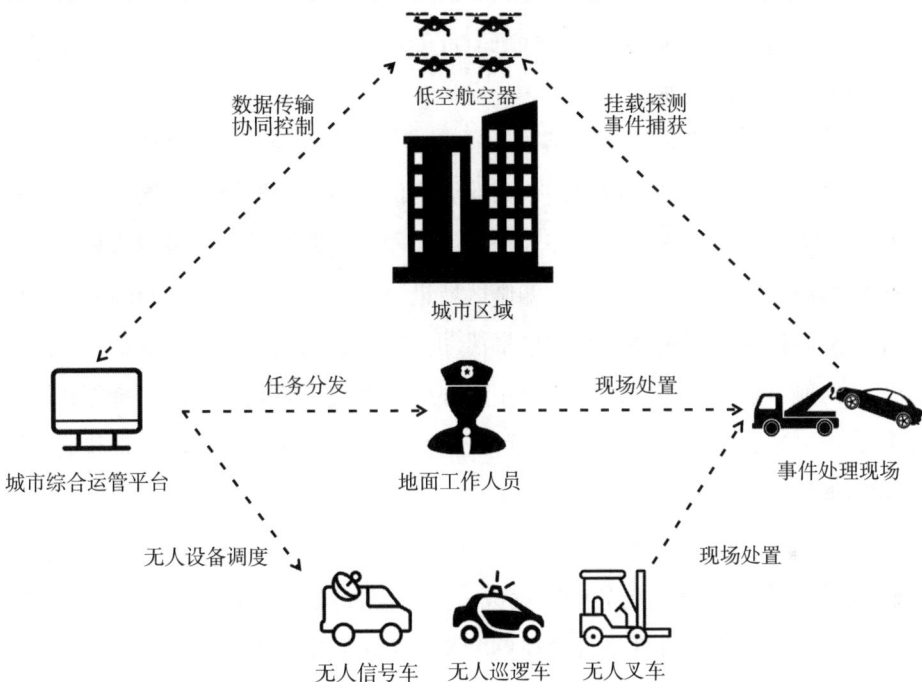

"空地一体"联动巡管模式示意图

例如，在违建监管、城管巡查、治安巡逻方面，"空地一体"管理模式实现了监控范围的扩展、响应速度的提升以及管理效能的增强。

1.违建监管。在违建监管方面，低空巡管可以实现城市重点区域定期的高空巡查与影像记录。不同于地面人工巡查方式，航空器凭借空中作业能力，利用广角摄像头覆盖更为广阔的地理视野，实现了对违章建筑和违法占地行为的快速捕捉与监测。此外，航空器具备拍摄高清摄影功能，可运用热成像技术来识别隐蔽性较强的违章建筑。通过即时传输的高清晰度图像与精确的地理位置信息，地面监管人员能够迅速识别并采取相应措施。同时航空器能够按照预设路线在特定区域内执行周期性巡检任务，并将所得结果与以往数据进行对比分析，以此预见并识别潜在的违法建设隐患，更好地为监管工作提供研判支持。

2. 城管巡查。在城管巡查方面，低空巡管实现了从平面巡查向立体巡查模式的转变。航空器能对城乡接合部及事件多发区域实施全面、立体的空中巡查，提升对建筑垃圾非法倾倒行为等的发现处置效率。同时，航空器也被应用于施工现场的物料覆盖状况、围挡设施合规性以及进出车辆扬尘管理的检查中，通过即时发现并报告问题，促进事件的迅速查处。这一系列应用整体提升了城市管理的效能与水平。

3. 治安巡逻。在治安巡逻方面，低空巡管能够覆盖更为广阔的视线范围，同时快速响应突发事件。以夜间治安巡逻为例，传统的地面巡逻通常受限于视线范围、人员配置等因素，存在巡逻盲区。而航空器通过红外摄像头和热成像技术，可以在夜晚、复杂地形或偏僻区域进行空中侦察，实时传回画面和温度数据，从而快速发现可疑人员或异常活动。同时，地面警力也可以直接通过终端设备向航空器发送指令，实现嫌疑人跟踪、周边环境监视、语音警告和灯光干预。通过这种空地联动的方式，可以很大程度提高警力的巡逻效率和治安管控的精准度。

（三）从"单线程管理"到"多任务治理与服务"

在城市治理与公共服务中，突破一台航空器仅执行单一线程任务的局限性，通过集成化调度管理平台实现单个及多个航空器在不同巡查模式下执行多个任务，协同完成不同类型的任务集合，实现了从"单线程管理"到"多任务治理与服务"的模式升级转变。

在转型过程中，低空飞行器不再局限于执行单一线程的城市治理任务，而是根据任务需求灵活切换，执行多样化任务。对于同一台航空器，可以在不同的时间段采用不同的巡查模式（应急巡查、定期巡查和重点巡查），执行交通监控、环境监测、治安巡逻等多类任务。通过挂载不同的传感器和设备，实现巡管设备"一机多用"，完成多样化任务。同时，一个集中的平台能够对所有航空器的任务进行统一管理和调度，实现巡管设备"一网统管"。

　　"一网统管"是指通过一个综合性的运营服务管理平台，实现对城市低空巡管设备和任务的集中调度与管理。该平台不仅具备数据整合和分析能力，还可以实现多种信息流、业务流的互联互通，使得各需求方在城市治理中能够更加高效地协调行动。不同需求方可以通过"一网统管"运营服务管理平台分配和执行各自不同类型的任务，如交通部门可以通过平台分配航空器进行信息采集类任务，环保部门则利用同一航空器进行监测预警类任务。这种模式不仅提高了航空器的使用效率，还增强了城市治理的协同性和响应速度，实现资源的最大化利用和城市治理的智能化升级。"多任务治理与服务"模式如图所示。

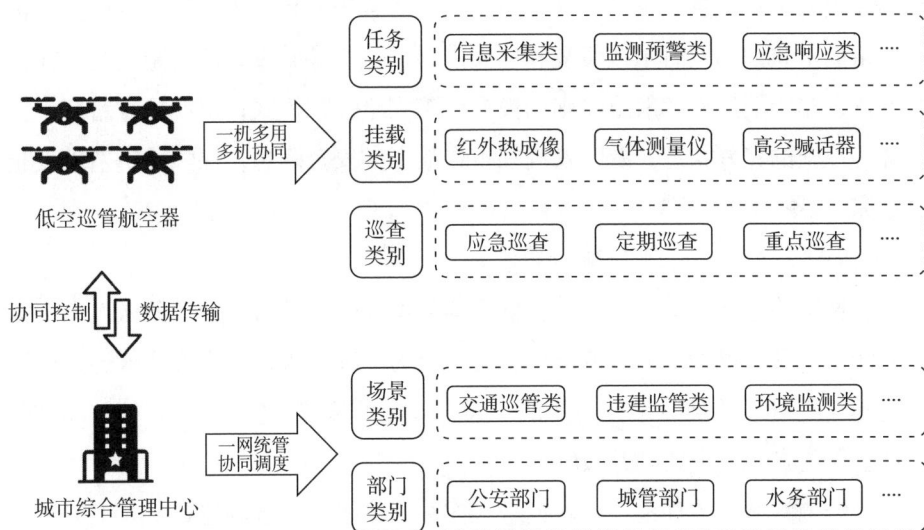

"多任务治理与服务"模式示意图

　　例如，在交通监控与环境监测双重任务、治安巡逻与应急响应快速切换等实践中，"多任务治理与服务"模式实现了航空器资源的高效整合与灵活调度，能够显著提升城市治理的智能化水平和应急响应能力。

　　1.交通监控与环境监测双重任务。在城市交通要道，低空飞行器"一机多用"可执行综合监测任务。在早晚高峰期间，低空巡管重点巡查事故高发路段，精准收集交通流量、违规停车、拥堵行人等关键数据，帮助交管部门实时调整信号控制策略，缓解交通压力。非高峰时段，航空器则切换为环境监测模式，搭载专业传感器检测和评估交通尾气、工业排气等对空气质量的影响，为环保部门提供环境数据，帮助分析与改善城市环境。

2.治安巡逻与应急响应快速切换。低空巡管在城市治安巡逻中具备高效和灵活特点。通过挂载红外摄像头与采用人脸识别技术，航空器夜间对重点区域进行重点巡查和应急巡查，可以有效地预防违法犯罪行为。面对突发事件，航空器迅速响应，利用热成像技术快速定位火源或事故现场，为应急部门提供即时信息，大大缩短救援响应时间，保障城市安全稳定。

3.市政巡检与道路维护协同作业。低空飞行器搭载高分辨率摄像头和红外探测设备，对城市中的桥梁、道路等基础设施进行定期巡检。在巡检时段，航空器通过人工智能算法自动识别道路裂缝、桥梁表面异常等问题，生成实时报告，帮助市政部门及时采取修复和加固措施，保障基础设施的安全运行。在监控阶段，非定期巡检的航空器则切换为设施安全监控模式，定期检查路灯、标识牌等设施的完好状态，及时发现和报告潜在的安全隐患，保障城市基础设施稳定完备。

（四）从"汗水治理"到"智能与自主"

在城市治理与公共服务领域，低空巡管助力传统城市治理任务从人力密集型"汗水治理"模式，向以智能化、自主化为特征的现代治理方式跃迁。这种转变不仅提升了治理效率，还降低了人力资源的依赖，实现了从"汗水治理"到"智能与自主"模式的升级转变。

在传统的城市治理模式中，大量工作往往依赖人力现场巡查、人工记录和处理问题，这种方式效率低下、劳动强度大且成本高昂。低空巡管实现了城市治理的智能化和自主化。智能化体现在航空器搭载的先进传感器和分析软件，能够自动识别和分析城市治理中的各种问题，如违规建筑、交通违法等，大幅提高了问题发现和处置的效率。自主化则体现在航空器能够按照预设的航线自主飞行，完成数据采集和分析任务，减少了对现场人员的依赖。这种模式不仅提高了城市治理的响应速度和处理能力，还降低了人力成本，提升了城市治理的科学性和精准性。

例如，在基础设施巡检、环境质量监测和海岸线安全巡查等应用中，"智能与自主"模式实现了城市治理的高效性和智能性，降低了城市治理协调难度，减少了人力资源成本。

1.基础设施巡检。在基础设施巡检中，如电力线路和桥梁等，巡检人员常需要徒步检查，手动观察和记录设施的老化、破损情况，特别在高空或偏远地区，这种巡检既耗费人力，又存在安全风险。通过航空器配备高精度摄像头和传感器，自动拍摄并分析电力线路或桥梁的影像，快速发现老化、松动等隐患。同时，航空器可以自主按照预设路线飞行，完成大范围的巡检任务，工作人员在后台实时监控飞行情况，减少了在高危区域的人工巡检，提高了巡检的效率和安全性。

2.环境质量监测。在环境质量监测中，环境监察人员定期深入工业区、河流等区域进行现场巡查和取样，手动记录空气质量和水质数据。此类巡查不仅需要大量人力，还受限于地理和时间因素，无法实现全面覆盖。低空巡管可通过搭载气体分析仪、红外热成像仪等传感器，自动采集和分析环境数据，快速发现潜在污染源。通过按照设定的路径进行全自动巡逻，定期采集工业区或敏感区的数据并反馈至监管平台，减少人工现场工作的强度，同时提高环境监测的准确性和实时性。

3.海岸线安全巡查。在传统的海岸线安全巡查中，工作人员需要沿着海岸线徒步巡逻或乘船进行巡查，手动观察和记录海岸侵蚀、非法捕捞等问题。这种巡查方式覆盖面有限，效率低下，特别是在恶劣天气或海岸线较长的情况下，人工巡查的强度和风险都很高。低空巡管作业通过航空器搭载高清摄像头、热成像仪和激光雷达等设备，自动扫描海岸线，识别并分析海岸线变化、海岸侵蚀等问题。同时通过预设航线，自主飞行并完成对整段海岸线的全面巡逻，无需人工现场操作，工作人员只需在控制中心实时监控图像数据。这种方式显著提高了巡查效率和覆盖范围，提高了巡查的效率和准确性。

（五）从"单一分立"到"多维融合安全"

传统的信息化安全防护旨在通过利用一系列网络层面的防护手段，如防火墙、入侵检测系统、反病毒软件、身份认证技术以及网络安全风险检测等，消除被保护网络系统中存在的脆弱性，构建纵深型网络安全防御体系，而低空巡管安全防护则涉及更多维度和层面，需要实现从"单一分立"到"多维融合安全"的全方位、立体化安全防护。"多维融合安全监管"体系如图所示。

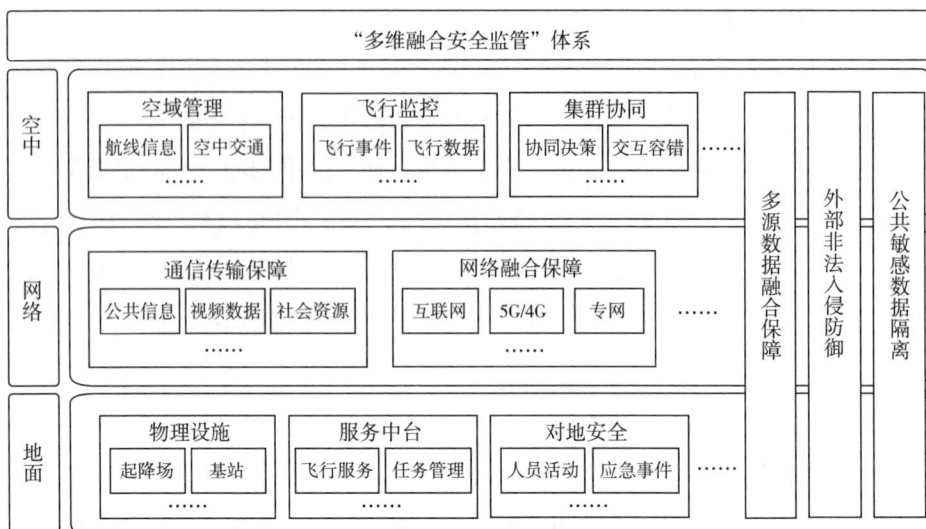

"多维融合安全监管"体系示意图

低空经济下的低空巡管安全防护需要考虑以下几个不同的方面：

1.全方位、立体化的安全防护。低空巡管不仅要应对传统的网络安全威胁，还需面对物理空间中的安全挑战。低空巡管的安全防护需要集成空中、地面和网络空间的多维度信息，实现对低空空域的全面掌控。这包括对无人机等低空飞行器的监控、识别和防御，以及对低空空域的实时管理，保障航空器的飞行安全、空中交通安全，以及地面设施和人员的安全。

2.多元技术融合安全。低空巡管的安全防护需要解决多系统的技术融合问题，包括飞行平台的可靠性、稳定性、多模态数据融合以及多种智能化技术融合。这涉及低时延、高精度定位、集群飞行、多源数据分析等技术要求，以及通信导航系统的大容量并发作业能力。

3.公共敏感数据安全保障。低空巡管的数据通常涉及城市安全和隐私，因此特别需要强调对其安全保障，尤其是对公共敏感数据的加密、存储、传输和访问控制要严格规范，防止外部对这些重要信息的非法窃取和篡改。需建立多维度、深层次、全方位的敏感数据安全保障防护体系。

4.主动安全与被动安全相结合。低空巡管需要对在城市治理服务过程中的潜在安全隐患主动发现并处置，同时，对非法侵入及时给予打击，尤其是低空飞行器自身安全以及非法入侵的"黑飞"航空器。低空巡管需要构建包括探测设备、通信系统和反制设备于一体的安全防护体系，探测设备主要包括用于全方位监测低空空域的雷达系统，利用光学和红外传感器对无人机进行追踪和定位的光电设备，通过监测无线电信号识别非法的无人机的无线电监测设备；通信系统确保能够实时将监测到的情况反馈给相关部门，同时，也用于向执行防御任务的单位或设备下达指令；反制设备主要包括用于干扰无人机的遥控信号和导航系统的电磁干扰设备，发送虚假 GPS 信号，诱骗无人机偏离原定轨迹或强制降落的导航欺骗设备，阻止无人机等低空飞行器进入敏感区域的拦截网等物理拦截装置。

二、低空经济在城市治理与公共服务应用中的路径

（一）顶层规划先行定方向

在推动低空巡管发展时，不同城市的治理与公共服务需求差异较大，低空巡管必须结合地方特色、需求场景和城市结构来设计合理的发展策略。同一个

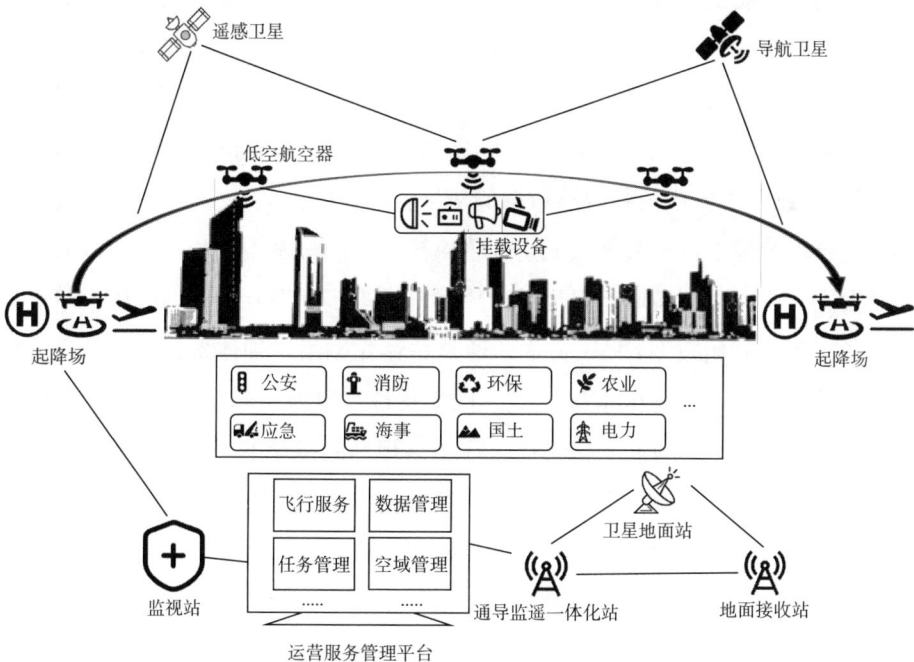

低空巡管总体架构示意图

城市，由于涉及多个职能委办局（如公安、环保、应急管理等），不同部门在低空巡管的应用需求、关注重点和实施难度上可能有所不同。因此各城市要因地制宜、统筹规划，以实现资源和能力的有效整合。低空巡管总体架构如图所示。

1.因地制宜，协同发展。低空巡管建设首要任务是明确各城市各职能部门的需求和职责，结合自身城市的具体治理痛点，确定低空巡管的核心任务与功能。例如，在交通拥堵严重的城市，低空巡管可以优先用于交通疏导与事故监测；在易发环境污染的城市，可以更注重空气质量监测和环保巡查；在山区的城市，需要着重于山林保护和火灾防范等。此外，还要对低空巡管出台相关的政策引导和激励措施，推动低空巡管技术的发展和相关产业的融合，例如农林植保、电力巡检、交通管制、医疗救护等，确保低空巡管的发展方向与城市总体治理战略保持一致。

低空巡管的发展同样也离不开配套的基础设施，结合低空巡管多样化任务和多用途多类型低空飞行器的特点，需要推动建设一批智能化、集成型、多用途的通用性的航空基础设施，包括"一机多用"航空器的起降点建设、低空巡管的"一网统管"运营服务管理平台的搭建等，为低空巡管的规模化应用打下基础。此外，在推动低空巡管发展的同时，安全监管应放在突出位置。需要构建起一套完善的低空飞行安全监管体系，确保低空飞行器的"看得见、呼得着、管得住"，以及对城市公共敏感数据的防护，以保障公共安全和飞行安全。

2.异构统筹，一网共享。低空巡管应推行"一机多用"和"一网统管"的发展模式。一方面，城市可以借助通用设备实现多元巡管场景的应用，从而提升设备资源的利用效率；另一方面，通过一体化网络管理体系，集成低空空域监控、数据共享和应急响应等功能，推动实现"空地一体"、城市级治理服务的综合管理和运营。（1）一机多用。在顶层规划的指导下，低空巡管系统和设备可以实现多任务共享。即一架低空飞行器可以承担交通管制、应急救援、环境监测等多重任务。可以建立一个通用的设备资源池，包括低空飞行器、传感器、监控摄像头、探照灯等，这些设备可以根据不同的应用场景进行调配和使用，推广模块化设计的设备，使得单一设备能够通过更换模块快速适应多种任务需求。比如，一个基础的低空飞行器平台，可以通过更换不同的载荷（如热成像相机、多光谱传感器等）来适应消防、警务、环境监测等不同的任务。通过任务模块化、功能可扩展化和通用挂载接口等设计，低空巡管平台可以根据任务需要，快速分配调度航空器和挂载设备，以最大化资源利用率，实现高效、综合的城市治理和公共服务。（2）一网统管。低空巡管系统的建设应当采用统一的运营管理服务平台，将城市中的多类低空设备和巡管任务接入同一平台，实现数据、任务和信息的统一管控和分析，实现跨部门、跨层级的数据共享与业务协同。在"一网统管"框架下，建立快速响应机制，确保在紧急情况下能够迅速调动资源。例如，通过低空飞行器进行火情侦察和救援物资投递，或利用监控系统快速定位事故现场并调度救援力量。在这种模式下，低空巡管任务的审批、航空器的任务调度、数据传输、状态监控和任务处置等都可以在同一平台上完成，提升管理效率和任务协调度，避免资源重复投入和"信息孤岛"的问题。

（二）统一标准规范促融通

建设标准化体系不仅是提升低空巡管服务质量、确保安全与合规的必要条件，也为消除区域间的差异，促进各地间低空巡管系统的互通、合作和创新应用奠定基础。低空巡管系统需要建立以下几类标准规范：

1.空域管理与飞行规则标准。低空巡管中需要对各类低空飞行器的飞行进行安全有序管理，空域管理与飞行规则标准能够保障航空器之间的安全距离、飞行高度和空域覆盖。这类标准有助于执行巡管任务的不同低空飞行器之间互不干扰，同时确保航空器的使用符合城市空域管理的整体规划。该标准适用于所有在城市低空巡管系统内运行的无人机等低空飞行器，包括航线规划、飞行高度限制、禁飞区域设置等具体内容。

2.基础设备建设与通信标准。低空巡管涉及多种不同型号的低空飞行器和基础设施（如起降场、监控系统、通信导航系统等），这些设备在技术参数、通信频段和协议上需具备互操作性。制定统一的基础设备建设与通信标准确保各类航空器和管理平台之间的兼容性，便于不同设备在同一系统内协同工作。该类标准包括低空飞行器的制造规范、各类基础设施的建设、通信协议（如数据传输格式、频段选择）、信号抗干扰能力等，确保设备在任务中稳定可靠运行。

3.数据接口与交换标准。低空巡管需要通过对各种公共数据的实时采集、传输和处理来满足城市治理和服务需求，因此数据接口与交换标准是确保系统内部信息高效流通的关键。这类标准要求系统能够快速收集空中、地面的各类数据，并在各职能部门间实现信息共享，以支持多部门、多任务的协同操作。该标准包括数据的采集格式、传输协议、数据处理和储存要求，以及安全防护标准，确保在数据交换过程中不受干扰或篡改。

4.安全保障标准。低空巡管涉及大量敏感数据和公共资源，安全保障标准旨在保护低空巡管系统免受网络攻击和数据泄露篡改的风险，同时保障低空飞行器的物理安全和系统运行的稳定性。该类标准包括数据加密、身份验证、访问权限控制、应急恢复方案等方面的规范，确保低空巡管任务在异常情况或突发事件下仍能安全完成。

5.服务与维护标准。低空巡管还需要制定统一的市场准入标准，明确企业的资质要求、服务标准、应急响应和运营规范，统一用于处置常态化和机动化低空巡管任务，同时，制定系统的管理与维护标准。服务与维护标准能保障服务提供方的服务质量，有效地管理设备，监测系统状态，并确保在故障发生时快速响应与修复。这类标准对市场的公平竞争、设备的使用寿命、故障率和系统可用性起到关键作用，包括企业和人员从业资质审查评定、航空器的定期检查、系统的更新与维修、备件供应等内容。

（三）攻坚数字化技术强能力

1.数字化赋能"随心飞"。在低空巡管中，如交通巡查、违建巡检等任务，需要通过任务审批许可后才可执行。通过数字化任务申请单和需求卡片将低空巡管任务流转和审批数字化。借助高效的数字化管理服务系统，下达具体的低空巡管任务。通过智能调度算法，对任务进行排期并分配相应的航空器等资源，进行动态航线规划，对航空器下达飞行启动命令并实时监控。数字化赋能"随心飞"，即飞行活动可以在不同场景下根据需求快速响应，实现自主控制决策，从而提升飞行效率，提高低空飞行的安全性。具体技术包括：（1）空域数字化技术。通过数字孪生和城市信息模型，实现空域、城市、设施、无人机等的数字化映射和管理。（2）数字网格空域编码技术。利用数字网格空域离散建模技术与编码体系，优化低空空域及下垫面的三维空间数字化，实现空地信息基础设施一体化建设。（3）低空交通数字化技术。通过低空基建数字化网联、空域数字化管控等技术，优化构建实用、可靠、可扩展的低空信息传输网络化运行环境。（4）航空器数字化技术。结合航空器自身的智能化算力、云平台技术、大数据技术、人工智能 AI 技术，优化无人驾驶飞行。（5）起降设施数字化技术。通过安检数字化、监视数字化、机场机器人等技术，优化起降设施的运行效率和提升安全性。（6）空管系统数字化技术。通过空中交通、空域管理、气象服务、指挥控制等系统，优化空中交通流量管控和飞行路径。（7）态势感知与空中避障技术。通过采用视觉、激光雷达、4D 雷达 / 毫米波雷达等传感器技术，以及新一代通信技术，优化环境态势感知能力，实现多源信息融合。此外，通过 AI、大数据、云计算、高性能机载芯片对环境信息分析处理，形成飞行决策。

为不同类型的航空器提供更精准的飞行指令，避免正在执行交通巡查、违建巡检等任务的航空器，与其他行业（如物流、文旅）的航空器发生相撞等隐患事故，并且可以对相关城市情况进行自主识别和处置。

在电力、河道和交通巡查、应急救援等场景中，低空飞行器需要具备长续航能力和高稳定性。例如，高速公路和河道需要低空飞行器进行全程巡查，而交通管制可能需要飞到指定地点进行一段时间的悬停来采集数据和现场处置，因此，低空飞行器的电池续航能力成为关键影响因素。一方面，高能量密度和快充技术的突破可以延长低空飞行器单次任务的执行时间。另一方面，智能电池管理系统有助于监测电池状态，提供电量预测，保障飞行任务在电力可控的状态下运行。未来的低空巡管发展在高度革新的电池技术下，将实现更经济、更安全的飞行活动。

2.多任务调度"精细管"。在低空经济与城市治理及公共服务深度融合的过程中，多任务调度"精细管"成为确保运营高效和资源优化配置的关键所在。以先进的数字化技术为支撑，通过智能化管理手段，对低空领域的各类飞行活动实施精细化的调度与控制，从而保障城市空域的安全、有序及高效利用。（1）任务类别的科学构建。在实施多任务调度"精细管"之前，首要任务是根据城市的实际需求，科学构建飞行任务类别。这些类别包括但不限于信息采集类、监测预警类、应急响应类等。通过对任务类别的明确划分，可以更加精准地掌握各类飞行活动的特点和需求，为后续的智能调度和资源分配提供有力支持。为实现这一划分，可以利用机器学习、数据挖掘、聚类分析和计算机视觉等技术对历史飞行数据和任务需求进行深入分析。其中，机器学习通过无监督学习方法从数据中发现任务模式，自动识别潜在类别；数据挖掘则从历史飞行记录中提取出不同任务的特征，帮助优化分类标准；聚类分析通过算法（如 K-均值或层次聚类）将任务数据分组，使得任务划分更科学合理；计算机视觉技术能够从航拍图像中提取关键信息，实现目标识别、目标跟踪、面部识别、三维重建等功能，从而实现任务划分更加精细。同时，任务类别的构建还有助于提升飞行活动的规范性和安全性，确保各类飞行活动能够在规定的空域和时间内有序进行。(2) 运营服务管理平台的全面构建。为了有效应对多任务并行的复杂场景，需要构建一套集飞行计划申报、审批、实时监控、监督管理及应急响应功能于一体的运营服务管理平台。该平台具备高度自动化与智能化特点，能够自动接收并分析来自不同需求方的飞行请求。在综合考虑空域占用情况、气象条件、安全限制等多种因素的基础上，运营方能够生成最优飞行规划。通过利用边缘计算、深度学习和强化学习等技术，实现实时数据处理和决策优化。其中，边缘计算能够将数据处理部署在靠近低空飞行器的节点上，从而降低数据传输延迟，提升反应速度；深度学习通过大规模数据训练模型，识别出潜在风险模式，实现高精度监控与预警；强化学习则通过持续优化决策路径，提升调度系统的自适应能力。这些技术突破了传统调度平台的响应速度限制，完善了系统的应急响应能力。此外，运营服务管理平台对于在行业服务方正执行或已执行的任务，进行各项业务跟踪、管理、处置和建档，具备实时监控和监督管理能力，能够实时监管需求方、运营方和行业服务方的各项流程状态，监控飞行过程中的各类参数，对任何异常行为进行及时预警和干预，从而确保飞行活动的安全性与稳定性。还能够完成对于飞行数据的全面记录与分析，为后续的飞行优化与安全管理提供了有力的数据支持。运营服务管理平台工作流程如图所示。(3) 空域资源的动态优化分配。在多任务并行的背景下，空域资源的合理分配与利用是提升整体运行效率的关键。因此需要通过引入前沿算法模型实现空域资源的动态优化分配。通过利用最优化算法、图论和分布式计算等技术，能够根据城市热点区域的交通需求变化动态调整资源分配。其中，最优化算法用于在多约束条件下找到最佳资源分配方案，以实现最大化的效率和最小化的冲突；图论为任务优先级排序和飞行路线规划提供基础，通过节点和边的关系模型，确保飞行路线合理避让和优化；分布式计算将算法任务分布在多个计算节点上运行，加速计算效率，并提升实时响应能力。这些技术共同作用下，系统可根据交通监管、应急救援、边防巡查等任务的需求灵活调整优先级和飞行路线，避免空域拥堵现象的发生。算法还根据任务紧急程度和飞行时间对空域资源进行精细化调度，确保飞行活动的有序与高效。这种优化机制不仅提升了空域资源利用效率，还增强了城市空域的灵活性与适应性。

(4) 数据驱动的决策支持与优化。为了进一步提升多任务调度的精细化水平，充分利用机器学习算法、大数据分析、数据预测等技术，对历史飞行数据、空域使用效率、飞行安全事件等信息进行深度数据挖掘与分析。其中，机器学习算法能够识别出复杂数据中的潜在模式，从而帮助准确识别飞行过程中的安全隐患；大数据分析则通过整合历史飞行数据和空域使用信息，为空域使用效率优化和安全管理提供详尽的分析视角；数据预测技术则运用时间序列模型等方法，对未来空域需求进行科学预测，以应对资源需求的变化。这些数据为城市管理提供了数据驱动的决策支持，能够更准确地识别潜在的安全隐患，优化飞行规则，并预测未来空域需求的变化趋势。基于这些分析结果可以制定更加科学合理的空域规划方案，为低空经济的可持续发展提供有力保障。同时，这些数据还为后续的飞行优化与安全管理工作提供了有力的参考依据，有助于不断

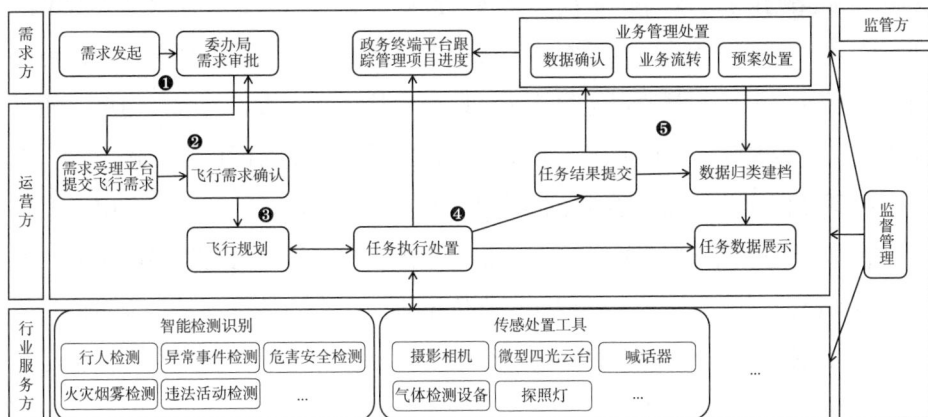

运营服务管理平台工作流程示意图

提升低空巡管的运营效率和安全管理水平。

综上所述，多任务调度"精细管"的实施，不仅显著提升了低空巡管在城市治理与公共服务中的运营效率，更为构建安全、有序、高效的低空交通体系奠定了坚实基础。未来，随着数字化技术的不断发展和完善，多任务调度"精细管"将在低空经济领域发挥更加重要的作用，推动低空经济实现更加健康、可持续的发展。

3."空地一体"协同"融合管"。在构建"空地一体"协同"融合管"体系时，首要任务是推动低空与地面无人系统的深度融合，形成立体监控网络，提升城市治理效能。同时，强化数据安全与融合应用，确保数据的安全性与保密性，并提炼有价值信息支持决策。通过促进不同需求方的融合管理，建立跨部门协调机制，确保信息共享与任务协同。（1）推动低空与地面无人系统深度融合。低空巡管飞行器与地面无人系统的深度融合推动"融合管"。通过利用物联网、5G 通信和边缘计算等技术，实现空域与地面域的快速数据传输与无缝衔接，形成立体化的监控与管理网络。具体而言，物联网技术为低空巡管飞行器与地面无人系统的实时数据采集和设备互联提供了基础，确保数据能在不同系统间快速流动；而 5G 通信则以其高带宽、低延迟的特性，使得大量数据可以在毫秒级别内传输，提高了系统反应速度；边缘计算则通过将数据处理移至离数据源更近的地方，减轻了云端的负担，提高了数据处理的时效性和效率。此外，应加强对低空巡管飞行器与地面无人系统在通信协议、数据格式、控制指令等方面的标准化建设，确保两者能够高效、准确地交换信息，共同服务于城市治理与公共服务。同时，探索低空巡管飞行器与地面无人系统在任务分配、路径规划、协同作业等方面的智能化算法，以提升整体作业效率与响应速度。通过算法优化，实现低空与地面无人系统在特定区域、特定时间内的最优配置，为城市治理提供更为精准、高效的支持。（2）强化数据安全与场景应用深度融合。数据安全措施与场景应用深度融合强化"融合管"。通过利用区块链、加密算法和数据存储等技术，一方面建立健全数据安全防护机制，加强对低空巡管所采集数据的监管，确保数据的安全性与保密性。另一方面，推动低空巡管与地面系统数据的深度融合与共享，为城市治理与公共服务提供决策支持。具体而言，区块链技术通过其去中心化和不可篡改的特性，能够为数据提供高度的透明性和安全性，确保数据在采集、存储和传输过程中的可信性；而加密算法则在数据传输过程中保障数据的机密性，防止未经授权的访问与篡改；数据存储技术能够将多种类型的数据（如结构化和非结构化数据）集中存储，支持大规模数据的清洗、整合与挖掘，从而提炼出有价值的信息。此外，还应加强对数据融合应用的研究与创新，探索将数据应用于城市规划、交通管理、环境监测、应急响应等多个领域，以数据驱动城市治理的智能化、精细化发展。(3)促进不同需求方的融合管理。不同需求方之间的融合管理是协同"融合管"的重要部分。通过利用云计算、协同管理平台和身份验证技术，建立跨部门的协调机制和协同管理融合平台，明确各部门在"空地一体"协同管理体系中的职责与任务，确保各部门在信息共享、任务协同、资源调配等方面的顺畅沟通与合作。具体而言，云计算提供集中、可扩展的资源池，使各部门共享计算能力和存储空间，降低管理成本。协同管理平台实现实时数据访问，采用身份验证技术确保敏感信息安全。同时，要加强对低空巡管飞行器在城市治理与公共服务中应用的政策引导与法规建设，为不同需求方在融合管理过程中的规范化、标准化操作提供法律依据。通过政策引导与法规建设，推动各部门在"空地一体"协同管理体系中的深度融合与协同发展，共同提升城市治理与公共服务的水平与效率。

综上所述，构建"空地一体"协同"融合管"是推动低空巡管在城市治理与公共服务中深入发展的重要举措。通过推动低空与地面无人系统深度融合、强化数据安全与场景应用深度融合以及促进不同需求方的融合管理，可以进一步提升城市治理的智能化、精细化水平，为人民群众提供更加优质、高效的公共服务。

（四）建运结合发展添活力

1.集约共享的协同建设。城市低空巡管包括低空飞行器、机场、管理服务平台及配套保障监管设施等。区域内多种城市低空巡管任务对低空飞行器、机场的选型，挂载设备的配置提出了个性化的要求，对配套保障基础设施、低空巡管管理服务平台提出了更强功能、更高可靠、更细管理的需求。因此需要对区域内，如省、市、区的低空飞行器和机场进行统筹、集约配置，对配套保障基础设施、低空巡管管理服务平台等进行最大限度的技术兼容和应用共享。

低空巡管飞行器"一机多用"。按照各城市管理和服务企事业单位的需求，合理规划配置低空飞行器的基础功能、可拓展功能，实现一架／一类低空飞行器服务于多类城市治理作业。如沿路巡查的无人机既可以通过摄像头帮助交通管理部门监测车流量，又可以沿途通过气体探测仪帮助环境监管部门监测环境污染数据。同时，还可按需挂载设备，如降落伞、气体探测仪、激光甲烷探测仪、喊话器、探照灯、爆闪灯、双光镜头等，不仅实现数据采集，还能进行应急干预，实现发现—处置的高效闭环，真正做到超视距治理。

城市治理与公共服务"一任务多机协同"。城市治理与公共服务任务有时需要多架低空飞行器协同，共同完成侦测、处置等任务，多类不同用途的航空器间协同作业就尤为重要。如高速公路发生重大交通事故，造成道路严重堵塞时，第一批无人机迅速飞抵现场负责侦测现场实际情况，为指挥中心部署警力、救援力量等提供情报支撑，待处置方案确定后，第二批无人机起飞负责引导后续道路疏解，警示二次事故，并引导救援力量快速到达。此时，低空飞行器在简单的数据情报采集基础上，叠加了监测预警、应急指挥作业，能够更高效地、更广范围地、更灵活地指挥现场。

配套保障基础设施建设"一套标准"。机场、起降点、气象站、通导监系统都是保障巡查工作安全、高效开展的基础配置，基于多任务协同、跨区域作业等治理与服务特点，需要统一相关标准规则，联通周边通用信息与数据，支持应急扩展等，形成统一标准制式的智联网，保障一定区域内相关配套保障基础设施的可用、协同。

低空巡管管理服务"一个平台"。实现飞行任务计划的提交、审批、规划、监控和数据共享，确保低空巡管任务的安全和高效运行。在上游，应能实现多种巡管作业的汇聚、协同、监管、总结等；对下游，应能实现与整个城市低空巡管管理服务平台，如低空物流、文旅、通勤等的融合对接，利用统一的数据底座、标准的作业流程和交互共享接口。

2.结果导向的综合运营。一定区域内的城市治理与公共管理复杂性、多任务、时效性的特征，要求依托标准化的工作机制、数字化的管理工具、智能化的服务配套来完成。区别于现在的各自飞、各自管的模式，可参考城市综合治理、低空物流等模式，将低空城市治理与服务融入综合运营体系，形成以结果为导向的治理与服务模式。

在一定区域内，如城市或城区，可以设置一个统一的低空巡管运营角色，负责低空巡管任务的需求对接与统筹、飞行任务执行与管理、数据管理与分析服务、应急响应与协同管理等。运营方以治理与服务结果和过程管控为导向，完成低空巡管全流程执行管理和保障服务。具体包括：（1）需求对接与统筹。运营方收集各需求主体方低空巡管要求，包括道路巡查、建筑检测、河道管理、火灾烟雾监测、车流量统计、违法异常活动监测和空气监测等。基于此制定出详细的巡检任务，包括航线设计、任务执行策略制定、巡检区域的确定以及任务优先级的划分、设备资源调配等，任务类型包括日常巡检、应急任务及专项巡检等，确保各类城市治理需求都能得到合理规划和有效响应。（2）飞行任务执行与管理。运营方需保障多种巡管任务的正常、安全执行，包括对低空飞行器及挂载设备的集中管理、飞行任务的实时调度、任务执行的进度监控、多任务冲突的应急管理、航线划分和动态调整等。（3）数据管理与分析服务。运营方负责对巡管任务全过程的所有数据进行管理和分析，包括低空飞行器采集数据、任务服务记录数据和用户管理数据等。（4）应急响应与协同管理。在突发事件中，运营方的职责是通过低空飞行器实时采集现场数据，并根据需求方的应急处理方案，快速提供决策支持，协助部门进行应急处置。例如，交通事故现场的快速勘查、自然灾害后受损区域的评估等，确保城市治理部门能够迅速应对危机事件。

3. 建立评价体系。城市治理与公共服务需要以成效为导向，低空巡管也不例外。因此，建立评价体系是确保低空巡管服务质量的关键。在这个体系中，需求方、运营方、行业服务方、监管方各司其职，如需求方是提出并发起城市治理的低空飞行服务需求的个人或组织，通常是需要进行空中巡查、运输、监测或其他低空巡管的政府和企业单位；运营方负责低空巡管任务的需求对接与规划、飞行任务执行与管理、数据管理与分析、应急响应与协同等；行业服务方指为低空巡管提供包括多种低空飞行器飞行设备、相关智能检测算法以及起降场、配套的基础设施等的一方；监管方为监督低空巡管任务执行安全的相关方，包括军方、民航、空管委、公安、交通、应急局等单位，尤其是应对运营方建立运营标准与评价体系，对其执行任务的响应速度、精准程度、配合力度、安全保障等提出评价要求，建立定性、定量的评价指标体系，如胜任度评价体系、配合度评价体系、效率评价体系、安全监管评价体系等，促进低空巡管业务更有活力的提升和发展。

4. 产教融合推进人才培养。产教融合和人才培养是低空巡管能持续做深做好的重要支撑。通过校企合作，将理论与实践相结合，学生在校内学习基础理论，同时在企事业单位或城市治理活动中参与实际运营，如无人机操控、数据处理、航线规划等，以增强实战技能。此外，依托低空经济产业的发展需求，课程设置与行业标准同步更新，确保教育内容的前瞻性和实用性，重点挖掘和培养城市治理与航空器控制、低空运营、数字化建设、航空器运维等相结合的复合型人才。

第三节　低空经济在城市治理与公共服务应用中的经验分享

在城市的广袤画卷之上，低空飞行器宛如灵动精灵。于应急救援时如希望之翼疾飞，道路管养似精准之眸俯瞰，交通管控若秩序之手指挥，电力巡检像守护之侠穿梭，环境监测同敏锐之鼻嗅探，多领域创新应用，赋能城市治理与公共服务迈向新境。

一、低空应用场景之应急救援

（一）概述

应急管理部门深化了无人机等航空器在应急救援中的应用，通过联合地面应急力量，构建了涵盖森林灭火、高楼救火、山地搜救、水上搜救、医疗物资转运、伤者转移等多个实战场景的低空救援体系。相比于传统的应急救援方式，无人机技术的应用使得救援体系的响应速度更快、救援范围更广、机动性更强，在保障生命安全、促进社会稳定方面有着不可替代的作用。

（二）低空应用场景实践

1. "生命航线"，救援效能显著提升。在城市交通拥堵的情况下，无人机从血液中心运往医院所花费的时间比地面运输大幅减少，为需要输血的患者赢得了宝贵的救治时间，空中的无人机血液运输航线成为一条"生命航线"。"生命航线"不仅确保了血液的快速、精准送达，同时也保证了冷链运输的安全性。血液低空运输平台对血液发放、航线信息、飞行状态、应急调度、医院接收等运输全过程进行智能化闭环管控。航行过程中的高清视频以及冷链温度通过实时回传，保证运输途中的环境可视和温度可控，从而保障血液冷链的安全性。

2."高空灭火"，开启消防救援新篇章。高楼灭火是现代城市应急管理中的一个重大挑战，而无人机加上灭火挂载可以有效地解决这个问题。重载灭火救援无人机集成消防水带、灭火弹、发射物资救援等多个功能，能在短时间内迅速爬升至一定的高度，并且有强大的性能来满足复杂火场环境的作业需求。在福州举行的全球规模最大高楼灭火实战演练中，无人机仅用半小时就控制住了火势。不仅检验了高层灭火无人机在真实火场中的稳定性和可靠性，还有效地解决了现代地面消防装备难以到达、靠近或覆盖高层建筑的难题。

3."空中救援"，智能 AED（自动体外除颤器）无人机引领新变革。高效的急救是现代城市应急管理中的关键环节，而智能 AED 无人机为这一领域带来了革命性的变化。无人机通过运送 AED 作为现有急救解决方案的重要补充，构建"120 指挥调度 +AED 无人机 +5G 数字化救护车"的低空医疗救援体系，对于救护车难以抵达的位置，无人机能在现场提供实时救援视角，帮助救援人员获取关键信息并做出更准确的决策来进行现场救援指导。这一创新举措将原有的"15 分钟急救圈"大幅缩短，真正实现"上车即入院、车未到无人机先到"的急救新理念，确保在黄金时间内为患者提供初步的有效救治，形成从接到报警到患者入院治疗的全流程闭环管理。随着低空快速救援网络的不断完善，这种新型急救模式将进一步提升我国的应急救治能力。

二、低空应用场景之道路管养

（一）概述

在低空经济领域，无人机技术的应用正深刻改变着传统的道路巡检和养护模式。相较于传统的人工巡检，无人机巡检不仅大大提高了工作效率，还显著降低了巡检成本和安全风险。通过搭载摄像头和传感器，无人机能够准确捕捉道路路面状况，包括细微裂缝、坑洼等损伤，还可以通过搭载激光雷达对桥梁等结构物进行三维扫描，及时发现潜在的结构性问题。无人机的应用实践推动交通管养向"可视、可测、可控、可服务"的方向发展，更好地服务经济社会的发展和人民群众安全便捷的出行。

（二）低空应用场景实践

1.智能化巡查，效率大幅提升。无人机智能化巡查系统已经在多个城市的轨道交通保护区得到应用，显著提高了巡查效率。通过在沿线铁路部署无人值守机场，无人机能够按照预定的时间表自动起飞执行巡查任务，每次巡查仅需半小时左右即可完成。系统通过自动识别算法，能够及时发现保护区内正在进行的机械施工活动，如勘察钻探、挖掘作业等，并通过平台向后台发出预警通知，辅助巡查人员进行现场核实，有效防止了违规施工对轨道交通安全的影响。

2.实时巡检，精准识别损坏。无人机在车辆行驶的道路也取得了显著成效。利用无人机携带的专业摄像头和传感器，可以实时采集道路沿线的三维点云数据，生成详细的路域范围点云地图，直观展示道路的当前状态。无人机的检测范围广泛，能够同时覆盖多条车道，利用自动识别算法快速发现路面裂缝、坑槽等常见损坏，为养护作业提供参考节省时间。目前市面上的无人机巡检识别道路表面损坏的准确率超过了90%，仅需10min即可完成2km路段的巡检，相比于传统人工检测，其在速度、灵活性和空间功能上都更具优势。此外，无人机还能对桥梁和涵洞等难以通过肉眼观察的结构部位进行近距离拍摄，检测精度可达毫米级别，有助于及时发现并处理潜在的危害。

3.高效防汛，保障通行安全。在汛期，无人机同样发挥了重要作用。利用无人机巡查与信息指挥中心的视频监控相结合的方式，可以在短时间内完成大范围内的隐患排查工作，特别适用于山区道路、高边坡、临水临崖路段、桥梁隧道等易受灾区域的重点检查。一旦发现隐患或异常情况，相关部门可以迅速调动人员和设备进行排水抢险，避免道路中断。为了进一步提升防汛工作的效率，一些地区正在积极构建数字公路综合管理平台，整合无人机巡查、视频监控等多种技术手段，实现公路管理的系统化和智能化，为保障道路交通安全提供了强有力的技术支撑。

三、低空应用场景之交通管控

（一）概述

随着无人机技术的成熟，各地交管部门开始探索无人机结合实际业务开展相关应用，构建了包含交通路况巡查、大型活动安保、远程交通疏导、违停证据采集、事故现场勘查绘图、空中占道巡检以及交通设施隐患排查等多个实战场景。通过建立"空地联勤"机制，第一时间发现并处置诸如车辆故障、交通拥堵、事故及交通违法等警情，全力守护群众的出行安全。

（二）低空应用场景实践

1. 见警见机，群众"行得安全、走得顺畅"。交警通过无人机作为前端应用载体，依托数字化指挥平台与无人机应用平台的支撑，形成一支"空中交警队"。这支队伍可以在繁忙街道、交通枢纽以及重要活动场所等重点区域开展应用，与地面执勤交警协同，实施全方位、多层次的巡逻执法。当无人机发现车辆超速行驶、闯红灯、电动车驾驶员不佩戴头盔、逆行等一系列违法行为，通过在空中喊话提醒，并将拍摄记录的画面传送给地面执勤交警，以便他们迅速采取行动进行处置。该模式可以有效提高巡逻执法的效率和准确性，为维护日常道路交通安全提供了新颖且有效的解决方案。

2. 全视角、无缝隙护航校园安全。上下学时段，交警通过在学校周边增设警用无人机，实现对校园的空中守护。无人机能够消除视野盲区，实时监控校园周边的行人和车流情况，有效处置交通拥堵、违规停车、人员聚集、非法摊贩占道等问题。警力通过无人机调度指挥平台，及时发现并疏导交通，从而提高校园安全管理效率，确保学生的安全出行。此外，无人机的实时监控功能还能帮助警方迅速响应突发事故，如交通事故或紧急医疗情况，进一步提升校园整体安全水平。

3. "空地联勤"试点取得实质性突破。深圳交警联合中国电科，开展了高快速路场景下无人机智能巡检试点工作，通过在市政道路和高快速路的重点路段布设无人机点位，有效补充了定点摄像头无法覆盖全路段的视野缺陷，提升了交通管理的全面性和时效性。无人机按指挥平台所制定的航线进行自动巡航，在巡航过程中能实时检出异常停车与拥堵事件，自动触发悬停并捕获车牌，将预警信息传至交通事件检测平台，通过电话或者短信的方式通知车主驶离。对于车辆故障或交通事故等问题，指挥中心根据事故地点调度警力前往现场处理，实现闭环处置，有效减少了安全隐患。

四、低空应用场景之电力巡检

（一）概述

电力系统是现代社会运行的基础保障之一，而由于输电线路设备长期暴露于自然环境中，面临着诸如导线过热、绝缘子腐蚀、线路老化等多重挑战。传统电力巡检依赖人工，存在劳动强度大、效率低、安全风险高等缺点。无人机电力巡检技术的应用，显著提升了巡检效率和安全性。无人机不仅能快速覆盖大面积区域，不受地形限制，还能通过高清摄像头和红外热成像仪进行精准检测，及时发现设备隐患。此外，无人机电力巡检减少了人为操作的风险，降低了人力和时间成本。无人机已成为电力巡检的高效工具，为电力系统的稳定运行提供了重要保障。

（二）低空应用场景实践

1.激光点云建模，开启电力巡检新篇章。无人机通过搭载激光雷达扫描设备，可以对电力线路杆塔、导线及其周边环境进行高精度扫描，获取大量的空间点云数据。这些数据经过处理和分析，可以建立电力线路的三维点云模型，为电力巡检提供更加直观、精准的数据支持，为线路维护提供科学依据。无人机按照预设的航线和航点执行精细化巡检任务，推动配电架空线路运维模式向"机巡为主、人巡为辅"转变。此方法克服了传统巡检中对复杂地形的限制，为线路的安全评估提供了精确的数据支持，进一步提高了巡检的效率和准确性，增强了电力系统的安全性和可靠性。

2.自动化巡检，效率与安全双提升。无人机自动化电力巡检系统，彻底改变了传统的巡检方式。单个操作员可以同时在系统上控制多台无人机，大幅提高了巡检工作的效率。自动化巡检不仅提高了工作效率，还降低了对操作技能的要求，即使是无人机驾驶新手也能顺利完成任务。这种高效的巡检模式有助于及时发现潜在故障，为后续检修提供了重要的依据，确保了电力系统的稳定运行。

3.全面覆盖，缺陷精准识别与针对性管理。无人机在电力行业中的应用已经逐渐普及，许多供电单位逐步组建了无人机巡检团队，探索无人机替代人工巡线的可能性。如今，市场上已有适用于输电、配电以及变电站等多个领域的无人机巡检解决方案，实现了对输电线路 100% 的无人机巡检覆盖率。此外，电力巡检智能分析平台的构建，显著提升了对关键缺陷的识别准确度，包括识别销钉缺失、鸟类筑巢、绝缘子和导线损坏等关键缺陷。各地电网公司可以根据自身的实际需求，开发定制化的算法模型，对识别出的缺陷进行分类管理，采取有针对性的措施加以修复，从而有效提升了电力系统的整体运行水平。

五、低空应用场景之环境监测

（一）概述

随着社会经济的快速发展和工业化进程的加快，环境污染问题日益突出，环境监测成为生态保护和治理的关键环节。无人机技术以其灵活、高效、低成本的优势，逐渐成为环境监测领域的重要工具。通过搭载各种传感器和监测设备，无人机能够在空中对大气污染、水质污染、土地侵蚀、森林火灾等环境问题进行全面监测，为环境保护和治理提供了新的手段。无人机环境监测不仅可以提高监测的覆盖面和频率，还能深入人难以到达的地方收集数据，为环境保护决策提供了科学依据。

（二）低空应用场景实践

1.大气污染监测，守护蓝天。为了提升大气污染监测效率与准确性，通过无人机自动巡航系统，根据预先设定的监测路径规划无人机的飞行路线，确保覆盖主要排放源及敏感区域。在巡航过程中，无人机上的传感器可连续采集环境参数，包括但不限于温度、湿度、风速以及特定污染物浓度。当监测到异常数据时，系统将自动触发警报机制，同时将相关信息发送至监控中心，以便即时采取行动。此外，通过集成气象预报模块，可以预测污染物扩散方向，优化监测策略，提高预警能力，确保公众健康不受影响。

2.水域巡查，保障水质安全。针对水域巡查任务，无人机可以通过搭载水质采样装置和多光谱相机，定期对河流、湖泊等水体进行巡查。无人机按照预设的时间间隔执行巡逻任务，利用携带的专业设备获取水质样本并即时分析水体颜色、透明度等指标，评估水质状况，对收集的数据进行处理，可识别出潜在的污染源，如非法排污口或漂浮垃圾等。特别是在发生水污染事件时，无人机可以迅速出动，快速定位污染区域，为应急处理提供第一手资料，以减少对水环境的影响。

3 土地侵蚀监测，维护生态平衡。土地侵蚀不仅影响农业生产，还会导致水土流失，加剧地质灾害。无人机按预定计划定期执行飞行任务，通过对地形地貌进行高精度测量，生成详细的地形变化图和植被覆盖度分布图，以此评估土地侵蚀程度。利用这些数据，研究人员能够精确计算土壤流失量，分析侵蚀原因和发展趋势。例如，在雨季前后的对比监测中，可以及时发现新增的侵蚀点，提前做好预防准备。此外，无人机还能够监测植被恢复情况，评估土地修复项目的成效，为持续改进提供依据。地方政府通过制定合理的土地管理和修复计划，结合无人机提供的翔实数据，不仅能有效防止土地退化，还能促进生态系统的恢复和保护，确保长期的可持续发展。

六、低空经济模式之"海陆空一体化"治理

（一）概述

无人机在"海陆空一体化"治理中通过其灵活的部署和多样的传感技术，能够高效覆盖陆地、海面和低空区域，构建起城市的立体感知网络。（1）在陆空协同方面，无人机可以与地面设施紧密配合，在交通管理、环境监测、公共安全等多方面发挥重要作用；（2）在海空协同方面，无人机可以执行海岸线巡逻、非法船只监控和应急搜救任务，有效提高海域安全；（3）在空空协同方面，无人机则能够与其他无人机、卫星和航空监测系统联动，应用于空中气象监测、森林防灾、空气质量监测和电力巡检等任务，提升空中作业的安全性与精确度。通过"海陆空一体化"多维治理模式，无人机为智慧城市建设提供了强有力的技术支撑，促进了城市的全面感知和高效治理。

（二）低空应用场景实践

1.陆空协同。在陆空协同领域，无人机与地面系统紧密配合，实现了多方面的高效应用。在交通管理方面，无人机与地面摄像头联合作业，实时监控道路拥堵、交通违法行为及突发事件，提高了交通管理的响应速度和处理效率。在环境监测方面，无人机装备多种传感器，能够监测大气污染、水质污染和森

林火灾等环境问题，为环保部门提供及时准确的数据支持。在公共安全方面，无人机进行高空监控，辅助地面警察维持大型活动的秩序，预防和应对拥挤踩踏等安全事故。这种多维度的应用模式，不仅大幅提升了管理的效率和质量，还为交通管理、环境保护、公共安全和应急响应等多方面工作提供了强有力的科技支持。

2.海空协同。在海空协同领域，通过无人机的快速响应、广泛覆盖及高频巡查，无人机技术被应用于海域安全监管、紧急救援及水上工程监管等领域。在海域紧急救援中，无人机搭载红外传感器能够迅速识别落水者体温并实施救生圈投放，完成精确救援。此外，无人机还被用于监控水上工程进度及船只作业状态，通过高清摄像头与气体分析仪器对船只进行全方位检查与尾气排放监测，有效提升了海域安全监管的智能化与精细化水平。

3.空空协同。在空空协同领域，无人机技术实现了与其他无人机、卫星及航空监测系统的联动应用，为空中作业提供了更为安全、精确的技术支持。以森林灭火为例，无人机集群通过侦察无人机发现火情后，迅速调动重载灭火救援无人机进行投弹灭火，有效控制火势蔓延。无人机集群利用中继通信技术实现了远程控制与信息共享，确保了灭火行动的协同高效。同时，无人机还能够挂载消防吊桶对火场余烬进行喷洒水剂降温防复燃作业，进一步提升了灭火效果。此外，无人机集群在救灾时还能够用于投放救援物资，为受灾地区提供及时的援助与支持。

七、低空经济模式之低空巡管"一张网"

（一）概述

随着城市化进程的不断深入，城市管理面临着日益增长的集约化、精细化、智能化和自主化的需求与挑战，特别是在监控覆盖和执法效率方面。面对这些新的挑战，某些地区开始探索利用无人机技术来提升城市管理的智能化水平。通过构建"一网统飞"的无人机巡查监管与快处体系，来提高监控的广度和深度，增强执法的精准性和时效性，实现区域内全方位、无死角、全覆盖的城市管理服务，从而高效处置与监管各类事务，提升数字化服务城市管理的能级。

（二）低空应用场景实践

1.全天候、全时段智能监管。部分城市率先启动了无人机技术在城市管理和执法中的创新应用，通过建设数字机场和集成无人机综合监管网络，显著增强了对各类违法行为的监控能力。这一技术的应用不仅扩大了监控的地理范围，而且加强了监控的时间连续性，实现了对城市空间的全天候、全时段监管。无人机从接到任务指令到完成飞行任务并将数据回传至后台，整个过程高度自动化，大大提升了城市治理的现代化水平。

2.高效化智能识别。在提高执法效率和精确度方面，无人机技术的应用同样展现出巨大潜力。通过搭载先进的传感器和AI识别技术，无人机能够在各种环境下执行任务，精准定位监管目标，自主分析并判断可能存在的问题，进而实现从发现问题到解决问题的闭环管理。无人机的远程高质量数据传输能力，使得它可以实时分析与城市管理相关的多种数据类型，为环境监测、大气质量评估、水质监测和噪声控制等提供有力的数据支持。通过智能识别技术，无人机能够有效地锁定违法行为的证据，使得即便是隐蔽性较强的违法行为也无所遁形，实现了城市管理的早发现、早介入、快处理。

3.全流程闭环处置。无人机智能监管可实现覆盖面更广，处置更快捷灵活的工作模式。如通过对特定区域的实时巡检，无人机能够快速捕捉到违法线索，并通过大数据分析技术实现精准监管。一旦发现问题，系统会自动生成工单并通过平台推送给相关管理单位，管理人员可以在后台直接进行进一步的核实与依规处置，通过城市综合治理与服务"一网统管"体系分级分类实现管理任务闭环。这种空地协同、综合监管的新模式，不仅有效补充了地面监管力量，提升了条块结合、疏密有序的管理水平，同时也解决了违法行为发现难、取证难的问题，增加了对违法行为和人员威慑力。低空巡管"一张网"的应用，也使城市管理向更加智能化、精细化、立体化的方向迈出了坚实的一步。

第十二章　统筹低空经济高质量
发展与高水平安全

低空经济潜力巨大，此为"利"，低空经济高质量发展面临巨大的挑战，这是"害"。面对这些挑战与机遇，需要紧抓低空经济机遇，看清低空经济趋势，积极迎接挑战，统筹推进低空经济高质量发展与高水平安全。

第一节　低空经济高质量发展趋势

低空技术如飞鸟振翅，推动产业升级浪潮汹涌。低空经济仿若新星，闪耀未来征途，为高质量发展点亮新航灯。从飞行器研发制造的智慧工坊，到基础设施搭建的大地脉络，再到飞行服务保障的安心护盾，低空经济产业链环环相扣。它正加速蜕变，似灵蝶破茧，新质、智能、多元、协同，为经济腾飞注入磅礴新能。

一、新质化：培育低空经济发展动能

（一）低空技术创新

长远来看，低空经济的高质量发展依托于相关领域科学技术的创新突破和持续积累。低空飞行技术从基础研究走向实践应用，并进一步辐射了涵盖交通、农业、工业等多个领域，未来低空经济的发展仍将依赖于各项低空技术的不断创新和更新迭代。以通感一体技术为例，其作为发展低空经济的关键技术之一，可以显著提升无人机等低空飞行器的通信能力和感知能力，准确辨识低空活动目标。此外，借助红外、激光等多维感知技术，可以为低空飞行提供更加全面的数据信息，帮助系统进行信息采集和处理，为低空安全飞行和任务执

行提供更为可靠的决策支撑。

（二）配套服务创设

低空经济的发展不仅需要技术创新，还需要产业配套服务的及时跟进，才能形成源源不断的创新活力。一方面，低空飞行相关基础设施布设将进一步加强。除了低空飞行起降、货物装卸、航空器充电设备等物理基础设施外，还将创设用以提供航空情报服务、飞行计划审查、信息发布、监测等为内容的低空飞行数字化服务系统及低空飞行通信、导航等信息基础设施，为低空飞行活动提供基本保障。另一方面，政府、企业及科研院所等社会主体也将广泛参与低空经济产业发展中，积极开展跨界合作，为产业链持续创新和发展建言献策。除此之外，结合低空经济产业发展的特点，区域金融、人才等方面的配套服务也将进一步创新优化。以企业融资为例，未来随着资本市场进一步发展，金融产业和金融服务将更加多元，低空产业相关资金问题也将得到进一步借鉴。

（三）管理机制创立

为保障低空经济产业的平稳有序发展，除技术创新、配套服务外，低空相关管理制度也将逐步创立和规范。一方面，未来新型低空飞行管理规范将予以确立，空中交通管理、民用航空管理等各部门之间也会积极协同配合，对低空飞行相关的空域划分、活动监管等重大问题进行创造性地界定与解决。另一方面，随着低空产业相关政策、法规、技术等一系列专业性问题得以解决，低空飞行活动有关程序也将更加规范，例如飞行器生产、维修、经营性飞行、飞行培训等相关资质（适航许可等）申请流程将进一步优化和完善。未来，低空领域将进一步强化管理约束，加强安全监督，夯实主体责任，确保提质增效，助力经济的高质量转型。

二、智能化：提升低空经济发展效率

（一）飞行管理智能化

数字技术是低空飞行器进行实时指挥调度、智能管理的关键基础。低空经济的运行涉及海量的气象、飞行等数据，通过与云计算、人工智能、物联网等先进科技手段的融合，可以为低空出行提供更加及时、高效的路径选择，大幅提升运行效率。例如，借助大数据、人工智能、卫星互联网等技术的应用，能够实现对无人机与通用航空的远程控制，并进行合理避障及实时通信，降低飞行风险，同时，能够帮助低空飞行器实现高精度定位导航，优化低空出行路线，降低运营成本。

（二）基建布局智能化

低空经济作为一种新兴经济业态，在其使用信息的同时，也会产生海量数据，如通过低空飞行器所收集的交通、气象、旅游等数据要素，能够为政府、企业及社会公众提供便利。在低空基础设施建设领域，不仅需要提供低空飞行器的生产、运营等硬件服务，还需要开发先进的自主飞行控制软件，优化低空配套的软件信息服务，不断丰富与低空经济发展相适配的数字化平台，并强化数字化运营和治理的效力，为低空经济的智能化发展保驾护航。

（三）产业发展智能化

低空经济的产业形态正在迈入数字化、智能化时代。数字产业通过与低空旅游、医疗、物流等产业相融合，可以拓宽低空经济的应用场景。以低空旅游为例，与大数据技术相融合，可以优化旅游产品和服务，提升游客出行体验；又如低空经济与数字医疗的结合，可以助力远程医疗，在紧急救援中，利用数字化的低空飞行器进行空中转运，能够将患者的生命体征数据及时传输给医疗机构，提升医疗服务的质量和效率，为救治争取宝贵时间；再如低空物流与大数据相结合，可以实现从快递下单取件、到飞行器调配、装载派送、物流监测等全流程的物流跟踪服务，满足人工难以触达区域的及时、高效运送需求，促进低空物流产业的智能化发展。

三、多元化：拓宽低空经济发展空间

（一）参与主体多元

低空经济产业涉及主体类型众多，特别是下游应用层面，不仅覆盖了各大航空、物流、测绘企业，还涵盖了应急消防等政府部门。同时，伴随着相关领域的技术突破和应用场景的不断发掘，低空经济规模效应逐渐凸显，成本优势显著增强，面向的消费群体不再局限于传统的少数高收入人群，而是更多地走向大众。未来，无论是城市空中出行、低空旅游娱乐，还是低空物流、农业监测，抑或是安全巡检、应急救援等，与低空经济有关的活动，会吸引越来越多的政府部门、企业、社会公众广泛参与到其中，进而成为推动低空经济市场化发展的重要力量。

（二）应用场景丰富

低空经济应用场景纷繁多样，无论是农业生产、环境监测，还是城市交通、消防物流行业，低空飞行器都将发挥巨大价值。比如在农业领域，低空经济不仅可以为山地、林地等地势复杂区域实施植被保护、火情监控及救援支持，还能够为耕地的施肥播种、灭虫减害提供数据信息和指挥作业。以广受关注的农业植保无人机为例，一方面，其可以精准控制农药使用，在环保的同时提高了作业的安全性，另一方面，其能够持续进行夜间作业，大大提升了农业生产的效率，经济效益突出，是数字农业的典型表现，也有助于乡村经济的高质量发展。

（三）关联产业众多

低空经济作为面向未来的战略性新兴产业，对产业链上下游具有很强的覆盖和牵引作用。除了下游的机场、航空、测绘、物流等各类应用场景外，还包括各大航空材料、关键设备和系统、零部件等上游供应商及无人机和航空器制造中游供应企业，涵盖了一众具有巨大发展潜力的产业方向，如高性能无人机、eVTOL（电动垂直起降航空器）等先进航空器的研发生产制造及维护、低空空域管理服务、低空相关基础设施建设及软件开发服务等，未来与低空经济有关的业务内容及经营模式将更加丰富多元，也将催生更多的关联产业。

四、协同化：抢抓低空经济发展机遇

（一）产业之间协同

先进制造业的产业链复杂性决定了其产业上下游之间必须合理分工、密切合作。通常而言，一台低空飞行器由数千个零部件组成，研发和制造工艺烦琐，因此，这不仅需要产业内部上下游厂商之间的积极协同，进行联合设计、研发、优化、测试，还需要产业之间相关产品、设备和材料供应商之间开展跨行业联动。比如，近年我国消费电子市场的蓬勃发展，带动了碳纤维、环氧树脂等新材料价格的快速下降，进而对航空产业链的完备和降本提供了巨大支持。以大疆无人机这一产品为例，其所使用的处理器、电路板、摄像头、电池、通信模组等供应链产品的低成本获取，也很大程度受益于大湾区多年以来先进的电子市场供应链上下游的积累。

（二）区域之间协同

低空经济作为新质生产力的代表，是经济高质量发展的重要方向。其能够有效链接区域间不同的资源禀赋，结合各自优势，加强互联互通，未来低空经济的产业形态不仅会集中在城市内部，也将成为不同城市之间加强合作的重要前沿阵地，区域间在基础设施、产业制造、空域开发、场景应用等各个方面均可开展合作。同时，通过各地积极联动、联合招商等措施，可以充分发挥各区域的比较优势，构建协同体系，吸引核心企业在区域内落地经营，打造重点企业集聚区，推动低空技术装备、基础设施、飞行管理等方面的协同创新，构建融合创新的产业链、服务链、人才链，创建低空经济圈，推进实现国内低空经济产业跨城市、跨省份协同发展的正向循环。

（三）国家之间合作

随着低空飞行相关技术在研发、生产、应用等方面的飞速发展，我国与世界各国在农业、交通、旅游、测绘等应用场景方面存在大量的交叉需求。目前世界上许多国家由于受到山区、岛屿等地理因素和气候条件制约，对无人机等低空飞行产品存在天然的需求，但仅仅依靠本国技术创新无法实现有效供应，这对我们而言，无疑蕴含着巨大的国际合作机遇。以柬埔寨为例，其山区、丛林以及河流等地势复杂，传统人工物流存在巨大障碍，而我国低空飞行器物流配送可以系统化地解决这一堵点。除此之外，许多国家在低空旅游、智慧农业等方面也存在广阔的落地场景，特别是"一带一路"沿线国家，对我国无人机等低空飞行器的需求也愈发旺盛。除低空飞行产品外，我们与其他国家之间还可以在技术、人才、制度等各领域开展广泛、深度的合作，在国内大循环的基础上，进一步加强国际循环。

第二节　低空经济高质量发展面临的挑战

低空经济向高质量进发时，仿若勇士踏上征途却荆棘满布。标准体系如拼图有残缺，难以严丝合缝；空域资源像狭窄小道，限制前行步伐；产业布局似未完工城堡，缺砖少瓦；关键技术仿佛钝刃之剑，亟须打磨锋利；商业运营若断链之环，无法顺畅转动；安全环境如风雨交加，时刻考验着低空经济能否冲破困境，成功突围。

一、标准体系存缺漏

目前，低空经济标准体系尚不健全，缺乏从全产业视角系统开展标准体系构建的研究，统计标准缺失，缺乏对低空经济主要指标的统计，在新兴应用领域标准、跨行业协同标准等方面也存在空白，亟须研究建立一套既符合适航要求又与低空经济全产业链紧密结合的标准体系。

（一）统计标准体系缺失

低空经济统计标准体系缺失，缺乏对低空经济主要指标的统计，如产业规模、企业数量、就业人数等，这使得政府和企业难以准确了解低空经济的发展状况，无法为政策制定和企业决策提供科学依据。低空经济产业迭代升级速度快，各相关领域在设施互通、数据共享、产品互适方面标准化相对薄弱，在一定程度上制约了新场景、新产品、新模式的落地复制推广。

（二）适航审定标准不统一

适航审定是低空飞行器商业化运营的关键步骤之一。目前我国这一领域尚未形成统一的标准，不同企业的技术路径和低空飞行区的机身构型差异较大，导致适航审定过程复杂且耗时。通用航空机场建设、管理长期沿用航空运输机场标准，审批层次过高、周期过长，无法满足低空经济的适航审定需求。

（三）新兴应用领域标准缺失

低空经济技术创新速度快，对标准的前瞻性要求非常高。但是标准制定流程烦琐、周期长，难以跟上技术步伐。例如，将一些新型环保材料用于飞行器制造，尚无相关质量标准判定，导致新技术在低空飞行器研发上的应用存在一定的标准空白。此外，新型垂直起降机场的建设、管理、运行等标准体系不健全，运行规范不能适应低空飞行器的快速发展需要，也制约了低空经济的规模化发展。

二、空域资源有短板

空域管理事关低空经济发展，随着 eVTOL、无人机等低空飞行器数量的增加和规模化运营，需要有效的空域管理机制保障飞行安全、管理飞行秩序。合理分配和高效利用空域资源对于保障低空经济的可持续发展至关重要，特别是空域使用及不同地区间的空域管理如何设计，是行业内普遍关注的焦点问题。

（一）空域资源管理复杂

随着低空飞行规模的不断扩大和飞行活动的日趋复杂，空域资源管理越来越复杂。目前低空空域管理机制还缺乏精细化的空域管理技术和手段，部分飞行服务站由于得不到军民航充分支持而未能有效开展服务。在现行空域结构和运行规则下，有限的空域资源难以满足日益增长的物流、载人等新业态的用空需求。以深圳为例，预计未来 10 年内同时在空的飞行器将超 10 万架，其中高密度飞行区域单位平方千米同时在空飞行器将超百架，低空飞行器起降架次将和地面汽车相当量级，管理规模和速度面临巨大的挑战。

（二）空域划分不精细

低空空域划分不够精细，在一些经济发达且飞行活动频繁的区域，没有根据飞行活动类型（如物流无人机航线、旅游直升机观光线路等）进行有效划分，容易导致飞行冲突。临时空域的分配灵活性不足，在应对突发事件（如森林火灾需要大量无人机进行火情侦察和物资投放），临时申请和分配空域的程序复杂。

三、产业布局欠完备

低空经济涉及多个产业链环节，需要各环节之间紧密协同和配合。然而，目前产业链各环节之间的协同机制尚不完善，影响低空经济的整体发展。

（一）统筹规划需加强

低空经济的产业体系不完善，产业制造端缺乏品牌整机厂家，产业中端和终端市场运营不充分，产业链中的企业更多地处于单打独斗状态，消费市场的活力还未充分激发，整体发展势能不足。低空经济涵盖多个产业，目前缺乏统一的产业规划。飞行器制造方面，飞行器制造应用的电池、机体架构等材料缺乏统一标准，不同厂家生产的低空飞行器质量参差不齐影响使用寿命。飞行性能上，飞行高度、速度、载重等性能指标界定模糊，影响其实际应用。

在飞行服务领域，市场主体相继建设符合自身需求的低空基础设施体系、飞行规范制度和管理平台。通信设施、导航设施、监控设施、能源供给设施等各自建设、分散使用，导致低空基础设施缺乏统一的整体规划和标准，不同运营企业、不同地区、不同制式的数据参差不齐，逐步形成信息孤岛。

（二）专业人才缺乏

储备人才资源是保证低空经济持续发展的关键。低空经济的高质量发展需要包括飞行员、飞行管制员、飞行器维护人员、技术研发人员等大量专业的人才，目前人才的数量和质量都难以满足相关产业发展的需求。此外，人才培养需要较长周期和较高成本，现有的教育和培训体系无法满足。国内有限的通用航空专业人才培养主要针对航空、民航、通航等领域，尚未有高校开设低空经济专业，导致低空经济特色人才的学历培养和职业培训均属空白，加剧了人才短缺的问题。

四、关键技术待升级

低空经济产业属于高科技行业，特别是低空经济装备制造业，对技术和科研能力要求较高。目前低空经济产业在关键核心技术方面还有待突破，无人机的续航能力、载重能力、在复杂环境下的稳定性等方面都需要不断提升。

（一）部分关键技术还需突破

低空经济涉及的关键技术如主控芯片、精密元器件等核心零部件国产化能力不足，无人机在安全、续航、载重、避障、降噪等方面存在短板，飞行控制、智能避障、故障诊断等关键技术还需突破，低空网络服务仍需优化。此外，尽管目前 ADS-B、卫星定位、北斗短报文（GNSS+RDSS）等技术已应用于低空空域监视，但这些技术在覆盖范围、实时性和精确度方面仍存在局限，难以实现全面即时的监控。尤其是偏远或信号遮挡的区域，其效能会受到影响，导致出现监控盲区。如何提升核心零部件的国产化能力，突破飞行控制、智能避障等关键技术，优化低空网络服务，是低空经济技术面临的重大挑战。

（二）部分技术在商业应用推广不足

发展低空经济需要制造工艺、新型材料、通信导航等多领域的配套技术，但是由于技术成熟度不够、成本过高、与现有商业体系和基础设施的适配性不佳等问题，导致部分技术在商业应用上还存在问题，尚未实现有效落地。例如，某些新颖的低空飞行器虽然在原理上有优点，但实现大规模商业化应用还存在制造过程复杂、成本昂贵等问题。此外，在采用多个厂商的飞行控制和通信模组时，还存在信号干扰和数据传输不平稳的问题。在民航方面，还需要解决新航电与原有航电系统之间的兼容性问题，以免影响到飞行的安全性和工作效率。

（三）在复杂环境下的稳定性面临挑战

低空经济涵盖了城市、乡村、高山、湖海等不同的空域，各种场景具有独特的地理、气象及人文环境，低空技术如何适应多种复杂场景也面临挑战。飞行控制和导航等技术在复杂环境下的性能稳定性、精准性还需加强。例如，在山地抢险救灾任务中，由于山地环境、天气等因素的影响，对飞机性能及飞行技巧要求较高。进行城区巡检时，为避免高层建筑影响，要解决信号遮挡和路径规划等难题。不同的应用场合对低空运输系统的性能也有不同要求，物流领域的无人机智能配送面临着复杂天气变化下的安全飞行、货物精准投放等问题。

五、商业运营未闭环

推动低空经济高质量发展的核心是市场化商业化运营。低空经济目前面临的挑战包括市场需求存在不确定性，商业运营模式还不成熟，难以实现稳定的盈利，这在一定程度上制约了其商业化的进程。

（一）市场需求存在不确定性

由于消费者偏好、经济环境和政策法规等诸多因素的共同作用，导致低空经济的市场需求存在不确定性。比如，低空旅游受旅游季节、热点区域变化等因素的影响，在游客接受程度和消费意向等方面存在不确定性，造成行业规划难度较大，面临市场需求不足的风险。由于配送速度、配送成本、商品种类等问题未得到清晰的认识，低空物流也存在不确定性。

（二）商业运营模式还不成熟

低空经济商业运营模式尚处探索阶段，诸多不完善之处亟待解决。例如在低空旅游方面，航线规划缺乏系统性，常受空域限制而难以拓展丰富线路，游客体验项目单一。低空物流配送中，货物装卸标准不统一，运输效率低下。同时，运营企业成本高企，小型飞行器维护成本高、专业人才稀缺导致人力成本昂贵。

六、安全环境遇挑战

在发展低空经济的过程中，需要重视安全保障、噪声控制和环境保护等方面。安全是低空经济发展的基础，需要严格培训飞行员和操作人员，确保航空器的安全运行；同时，也要选择环保的航空燃料和推进技术，减少对环境的影响，并控制低空飞行产生的噪声，保障居民的生活品质。

（一）安全方面问题

低空经济面临诸多安全挑战。例如，低空飞行区域障碍物繁杂，高楼大厦、通信塔等可能导致飞行器碰撞。气象条件复杂多变，强风、暴雨、低能见度常使飞行风险剧增。无人机"黑飞"现象频发，干扰正常低空秩序，如在机场净空区附近"黑飞"，严重威胁民航客机起降安全。

（二）噪声污染问题

飞行器运行过程中会产生噪声、排放废气，给周围的环境及人们的正常生活带来一定的危害。在一些靠近低空飞行航道的居民区，飞行器频繁起降会产生大量的噪声和废气，严重时影响周边居民生活质量。在城市和人口密集区域，飞行器频繁起飞、降落，会给日常生活、户外活动、休息办公带来较大干扰。

（三）环境保护挑战

低空飞行器在飞行过程中可能会对生态环境产生影响。在自然保护区、野生动物栖息地等敏感区域，飞行器的噪声、飞行活动可能会干扰野生动物的正常生活和迁徙，对生态平衡造成破坏。例如，在鸟类迁徙路线上大量的低空飞行活动可能会使鸟类受到惊吓，改变迁徙路线或影响其繁殖行为。此外，低空飞行器的起降场地建设可能会占用土地、破坏植被等，对当地的生态环境产生负面影响。因此，在发展低空经济的同时，需要充分考虑生态环境的保护，采取相应的措施减少对生态系统的破坏。

第三节　统筹低空经济高质量发展与高水平安全

安全如磐，稳筑发展之基；发展若翼，力保安全之航。看低空经济领域，似鲲鹏展翅，于技术创新潮涌、基础设施铺陈、人才培育沃野、市场开拓新天处，破风逐浪，迎难勇上。要坚持创新思维、系统观念，统筹处理好发展质量、结构、规模、效益、安全之间的平衡性，把握好创新、协调、绿色、开放、共享与经济安全、科技安全、信息安全、生态安全、资源安全等方面的关系，蓄势高飞、行稳致远，开辟一条低空经济发展"新赛道"。

一、强化空域管理与安全保障

（一）改进与完善空域管理

1.强化跨部门跨区域协同管理。低空空域资源开发是一项系统工程，需要政府、民航、企业等利益相关方紧密协作，共同制定空域使用规则，划分空域功能区域，实现政策协调、规划统一、标准规范、综合配套、协同决策。建立空管、交通、气象、救援、文旅等部门紧密协同，城区与郊区、城际间、省际间跨区域联动机制，实现信息共享和资源互通，在保障低空作业、处理突发事件等过程中，高效调动各方力量，实现空域资源的动态管理、灵活调配，形成合力应对挑战；在推进新场景新业态发展过程中，建立跨部门协同机制，制定统一协调政策，及时消除体制机制障碍，为企业技术创新、激发市场活力搭建平台、优化营商环境。

2.低空资源精细化管理。面对低空产业广阔前景和强劲需求，破解当前低空空域管理的短板弱项，以精细化管理理念，进一步优化低空空域资源配置，围绕"总体规划、分区管理、分类施策、精准服务"的总体思路，积极开展低空空域精细化管理试点示范，为空域资源高效配置提供宝贵经验。积极构建数字化空域使用监管系统，运用数字技术提升管理服务水平，加快推动典型应用场景落地。

3.高度重视航空信息资料。航空信息资料是认知空域资源的基础，低空经济所需的航空信息资料，包括但不限于低空目视航图、飞行计划、航路航线、飞行程序设计、空域规划资料、空域保障资料、空域运营与管理资料等。使用好航空信息资料有助于全面了解空域现状、飞行活动信息及企业运营能力资质，维护飞行秩序，降低飞行风险，利于企业开展合法经营活动、确保飞行安全、提高飞行效率。

（二）加强安全法规与监管体系建设

1.完善安全法规与技术标准。法治化、制度化、标准化是低空空域资源开发利用的基础保障。加强低空领域的安全法规建设，明确低空飞行活动的安全责任、安全标准、安全措施、技术标准等，如无人机的设计、生产、检测、维护等方面标准，以及低空飞行活动的空域划分、飞行规则、通信导航等方面标准。

2.强化实时监控与应急处置能力。无人机等低空飞行器的实时监控和反制是保障公共安全的需要，也是保护个人隐私的重要任务。应充分利用先进的雷达、卫星通信、广播式自动相关监视（ADS-B）等技术手段，对低空飞行器进行实时监控，确保飞行状态的可视化和可追溯性。整合航空、气象、国土资源、自然环境、农业水文、文化旅游等多源数据，建立高效的应急预警、响应、指挥、保障等处置机制，明确各环节岗位职责和人员权限，确保在突发事件发生时能够迅速、有效地采取行动，为飞行安全提供全面支持。通过健全完善人防、技防、物防机制和应急预案，经常性开展模拟演练、案例分析、应急培训等，持续增强技术人员的专业素养、实战经验和应急处理能力。

二、优化资源配置与设施建设

（一）高效利用低空空域资源

1.动态空域资源调配。坚持安全第一、灵活高效、公平公正、环境友好原则，根据实时的飞行需求、天气条件、空域使用状况等因素，对低空空域资源进行合理、灵活配置和调整，明确空域使用权、管理权和收益分配机制，提高空域资源的使用效率，避免资源垄断和不公平竞争，减少对生态环境的影响。例如，可建立"低空交规"，从服务管理、运营管理、空域管理、飞行活动管理、飞行保障等方面规定低空空中交通规则，根据应用场景不同，按高度、空域类型等因素对空域实施分类管理和动态调整，较好满足空域用户的差异化需求。

2.拓宽资源共享利用。政府、军方、企业等多方协同配合，打破传统空域使用壁垒，构建低空空域资源共享利用平台，实现空域使用信息的实时共享与交互，为各类低空飞行活动提供便捷、高效的空域申请与审批服务。例如，可打造低空"空中交通走廊"，鼓励利用直升机、电动垂直起降航空器（eVTOL）等低空飞行器，探索空中通勤、空中摆渡、联程接驳、商务出行、跨境飞行等低空新业态，提高空域资源的利用效率；构建低空监管平台，实施动态空域重构、低空运行规则建立、审批流程简化等措施，实现精准高效的低空空域管理，保障低空飞行器在低空空域的有序运行。

（二）加强低空基础设施建设

1.统筹规划起降场地与设施。结合城市规划蓝图与区域发展战略，科学布局各类起降设施、充电蓄能站、中转场地等基础设施。以需求场景为抓手、谋划起降设施落位布局，以全域统筹为目标、打造起降设施层级体系，以落地实施为导向、指引起降设施分类建设。例如，在城市核心区域内，利用高楼大厦楼顶空间、公园广场等，打造小型直升机停机坪与无人机起降站点，实现空域资源与城市空间的深度融合；在城市郊区与产业园区，规划建设通用航空机场及相关配套设施，以满足更大规模、更高层次的飞行需求。同时，注重起降场地与周边交通网络、物流体系及旅游资源的无缝对接，构建起一个互联互通、协同发展的低空经济生态圈。

2.升级拓展导航与通信设施。低空空域卫星导航与通信基础设施的升级与拓展，是驱动低空经济发展、强化安全性能的核心要素。升级全球卫星导航系统（涵盖 GPS、北斗等）的地面设施，推广地基增强系统（GBAS）等先进技术，构建或升级 5G-A、6G 等先进技术的低空通信网络，实现卫星信号、移动通信等广域覆盖与高速数据传输，增强导航的精确性、可靠性。融合通感一体技术，使通信基站具备感知能力，实时对低空飞行器进行监控。建设低空空域国家信息管理系统、区域信息处理系统、飞行服务站系统等，包括准入管理、空域管理、计划流控、空中交通管控、监控与反制等相关管理功能。搭建与现实空域对应的虚拟环境，实现对低空飞行活动的场景模拟、风险预警。

三、推动产业升级与标准引领

（一）加快低空经济产业标准制定

1.完善飞行器标准体系。完善低空空域飞行器、无人机标准体系是保障低空经济安全、有序发展的关键。标准按层级分为国家标准、行业标准和企业标准。内容包括飞行器分类与分级、适航标准、空域使用规则、通信与导航规范、安全管理体系等。建立这些标准规范有利于保障飞行安全、空防安全、生产安全，保护人体健康、人身财产安全和消费者的正当权益，满足民航生产、经营、监督、管理的需要。推动国内标准与国际先进标准接轨，进一步增强低空飞行器在全球市场的综合竞争力。

2.健全基础设施标准规范。重点推进低空飞行起降站、能源站、检修设施等物理基础设施，通信、导航、监视等网络基础设施，低空数字空域图、3D地图等航路基础设施，低空飞行服务系统、低空飞行管控系统等服务基础设施标准的制修订，确保基础设施与通用飞行器、管理服务系统、智能监控平台等衔接配套，发挥其基础支撑和安全保障作用。

3.建立"低空＋"产业服务标准规范。在"低空＋"农业、监测、旅游、物流、应急救援等细分行业领域，制定统一、规范的服务标准至关重要。如对于低空旅游，可明确飞行路线规划、乘客安全指南、景点解说服务及紧急应对措施等标准；对于低空物流，可制定货物包装、装载规范、运输时效、响应速度及追踪服务等标准，以保障物流链的高效与货物的完好无损；对于低空农业植保，可明确设备要求、保险要求、操作规范、天气条件、环境评估、应急预案等，确保精准、高效。

（二）加强低空经济产业规范管理

1.严格市场准入与退出机制。严格的低空经济市场主体准入与退出机制，是确保低空经济市场健康有序发展的关键。在准入方面，可设定相对较高的企业资质、技术能力和安全管理标准要求，对申请进入市场的企业进行严格审查，确保企业具备提供安全高效的研发、制造、服务等能力。在退出机制方面，可明确企业退出市场的条件和程序，对于不再符合运营标准、存在重大安全隐患或违法违规行为的企业，可及时采取暂停运营、撤销许可等措施，优胜劣汰，净化市场环境。低空经济作为新兴行业领域，要强化全国统一大市场建设，不断健全法规政策体系，加强知识产权保护，依法保障各市场主体利益和消费者合法权益，倍加"呵护"这一新兴市场培育壮大。

2.强化行业自律与监督。鼓励各地成立低空经济、通用航空等行业协会，发挥其自律与监督、桥梁与纽带作用，组织制定团体标准和行业标准，定期组织技术培训、交流活动，提升企业的专业素养与安全意识，促进行业内良性竞争；加强对会员企业运营行为的监督，对于违反行业规范、损害行业利益的行为，及时发现并予以纠正，必要时可向相关部门报告，协助进行查处。

四、促进技术创新与推广应用

（一）加大技术研发投入

1.政府引导与政策扶持。发挥政府统筹谋划、规划引导和政策扶持的作用，科学规划空域，加强适航管理，优化飞行报审程序，提高审批效率，为低空经济相关企业提供高效便捷服务。完善相关法规体系，规范市场秩序，确保产业在法治轨道上稳步前行。加大科技创新投入和高端人才引进和培养，加强技术研发和创新，推动产业升级和转型。鼓励头部企业、专精特新企业对标国际领先水平，加强核心技术攻关，前瞻布局前沿技术研究，低空产业链上下游企业抱团合作开拓国内外市场，输出低空产业系统解决方案，提高低空经济整体产业的核心竞争力。激发地方政府在促进产业发展、加强安全监管方面的主动性、积极性，结合地区发展实际，研究制定低空经济发展长远规划，建立财政补贴等资金扶持机制，调动社会力量参与支持低空经济公共服务发展。通过政府搭台、企业唱戏，鼓励企业加大自身研发投入，激发企业的创新热情与活力。

2.产学研用深度融合。发挥市场在资源配置中的决定性作用，让企业成为技术创新的主体，紧密围绕市场需求进行技术研发。在此基础上，鼓励国有航空制造、民航等企业与低空经济领域民营企业开展低空规模化制造、信息应用等联合研究，推进科研机构、高等院校相关技术成果与市场需求的有效对接，提升科技成果转化效率。支持高等院校、职业学校开设低空经济类专业，培养飞行、适航、航空器、智能飞行器和发动机制造维修等低空经济相关技术和管理人才，为产业发展提供高素质人才支撑。

（二）推动技术应用与推广

1.建设示范项目与应用场景。国家层面设立国家低空经济产业综合示范区、无人机城市飞行试点等。相关地方按照先行先试的要求，结合实际建设应急救援装备示范项目、eVTOL应用示范项目、低空物流配送示范园区、低空观光旅游示范线路等示范项目。通过示范园区、示范项目展示新技术、新模式的应用效果，为其他地区和企业提供借鉴。同时，积极拓展低空经济的应用场景，提高技术的应用范围和普及程度。

2.完善技术应用服务体系。装备创新应用实施，多层次、多维度的服务体系不可或缺。如低空飞行技术咨询、专业培训、技术维护等第三方专业化服务，为低空经济企业提供量身定制的技术方案咨询，助力精准选型与决策，提升操作人员的专业技能与安全意识，提高企业创新效率和专注度。

五、深化市场培育与产业协同

（一）培育和拓展市场需求

1.加强宣传推广与市场教育。通过媒体宣传、展会活动、合作宣传等方式，提高公众的认知度和兴趣。如通过举办飞行表演、互动体验等方式，让公众近距离感受低空经济的魅力。加强培训教育、案例分享、政策解读与引导等，鼓励企业、高等院校、科研机构开展通用航空、无人机、机器人等知识普及教育，培养潜在用户和市场，培养专业人才和市场氛围，为低空经济持续发展奠定坚实基础。

2.创新商业模式与产品服务。鼓励政府、企业结合地方实际创新低空经济商业模式，开发多样化的产品和服务。如根据不同人群和层次的消费需求，推出个性化定制的低空旅游产品，如直升机写真、亲子飞行体验、研学等。

（二）促进产业与市场协调发展

1.调整产业结构与规模。推动低空经济产业结构由传统模式向高端、智能化、绿色化方向转变。加强无人机、电动垂直起降航空器（eVTOL）等新型航空器的研发与制造，提升产业附加值。通过建设低空经济产业园、吸引上下游企业集聚等方式，形成规模效应和集群效应。加强供给侧结构调整，根据市场需求的变化创新供给模式和应用场景，培育一批具有竞争力的企业，对于市场需求较小或发展前景不明朗的领域，引导企业进行转型或调整，避免盲目扩张产业规模，防止出现产能过剩等问题，促进产业发展与市场需求的平衡。

2.加强市场监测与预警。政府建立低空经济市场监测机制，关注行业企业的创新能力、安全运营管理、人员培训、财务状况等内容，及时掌握和预警企业运营状态，警惕防范运行风险。优化地方政府相关部门、与企业沟通协调，保持良好互动关系，一方面企业根据市场或政府监测反馈信息，及时调整产品和服务策略，提高市场适应性和竞争力，另一方面政府从企业发展中获得推进改革的新动能，促进改善民生，加强低空基础设施建设。

3.深化产业链协同合作。低空经济产业链条包含制造、设施建设、运营服务等多个环节，这些不同产业链环节都可产生低空经济细分行业，不同应用场景都需要各环节协同联动、紧密配合。低空经济生态链和产业集群的形成，将进一步壮大低空经济市场规模。

（三）驱动融合未来空间产业

低空经济、深海经济、太空经济作为未来空间产业的重要组成部分，均高度依赖科技创新，各自拥有独特的优势和潜力，可实现技术成果的共享和转化，产业链延伸与融合。例如，直升机作为海上生产支持保障的重要手段，能够高效地将人员和设备运送到海上平台，大大提高了作业效率和安全性，还可承担深海养殖、海洋环境监测、海上应急救援、海事执法等重要任务，为海洋经济的发展提供了有力的保障。同样，卫星通信、导航技术、航空技术等不仅服务于太空经济，也为低空飞行提供了精准的定位和导航服务，提升了低空作业的安全性和效率。

六、保障绿色低碳与生态安全

（一）降低环境影响

1.推广低碳绿色飞行技术。以科技创新引领为核心的低空经济，其实现绿色发展有着扎实的现实基础。低空经济产业链中，电动、混合动力等绿色低空飞行器、新型环保材料、低噪声技术等非常普遍。政府部门可加强对低空飞行技术环境影响的事前预评估、事中监管和执法、事后评价和反馈，对环保技术研发运用推广给予政策扶持，同时对违规行为进行严厉处罚。

2.优化飞行路径与活动规划。通过先进的飞行管理系统，规划出最节能、最高效的飞行路线，减少不必要的飞行时间和燃油消耗。在保障安全前提下，尽可能选择较低飞行高度，以减少对平流层和对流层大气的污染；限制飞行时间和区域，在居民区、学校等敏感区域限制通用航空器的飞行时间和次数，减少对居民生活的影响，让绿色成为低空经济产业发展的底色。

（二）实现可持续发展

1.资源循环利用与节能减排。加强对废旧飞行器的回收，通过技术创新实现关键部件的循环使用，降低资源浪费。倡导行业内外合作，通过举办绿色飞行论坛、技术交流会等活动，分享节能减排经验，促进先进技术的传播与应用，共同推动低空经济绿色升级。

2.长期发展战略规划。低空经济长期发展战略规划需着眼于全局，注重可持续发展。强化基础设施建设，包括低空飞行器起降场、通信导航系统及空域管理设施等，为低空经济提供坚实的硬件支撑。推动技术创新与应用，鼓励企业加大研发投入，突破低空飞行器关键技术，如电动垂直起降航空器（eVTOL）、长航时无人机等。出台鼓励低空经济发展的政策措施，如税收优惠、财政补贴、空域开放等，为产业发展创造良好环境。注重国际合作与交流，积极引进国外先进技术和管理经验，提升低空经济的国际竞争力。

梦想编织未来，未来绽放梦想。

低空经济是引领未来的新浪潮，将奏出人类文明更加优美的乐章。人们对低空经济的期望是无限的，正是这种对未来的期望，推动着低空经济的不断进步、发展、繁荣。低空经济高质量发展道路上也许荆棘丛生、坎坷不平、悬崖峭壁，但低空经济高质量发展已是大势所趋。路漫漫其修远兮，吾将上下而求索。随着低空技术的不断发展，低空经济在各领域的应用终将开花结果。低空经济高质量发展永远在路上！路虽远，行则将至；事虽难，做则必成！

主要参考文献

一、相关政策文件

1. 国务院：《"十四五"现代综合交通运输体系发展规划》，交通运输部网站，2022 年 1 月。

2. 国家体育总局：《体育总局航管中心关于促进低空经济发展的若干意见》，国家体育总局网站，2024 年 7 月。

3. 湖南省人民政府办公厅：《关于支持全省低空经济高质量发展的若干政策措施》，湖南省人民政府网站，2024 年 6 月。

4. 浙江省自然资源厅：《关于支持民航强省低空经济发展加强自然资源要素保障的通知》，浙江省自然资源厅网站，2024 年 10 月。

5. 内蒙古自治区人民政府办公厅：《内蒙古自治区低空经济高质量发展实施方案（2024—2027 年)》，内蒙古自治区人民政府网站，2024 年 9 月。

6. 海南省发展和改革委员会等五部门：《海南省低空经济发展三年行动计划（2024—2026 年)》，海南省发展和改革委员会网站，2024 年 9 月。

7. 广西壮族自治区人民政府办公厅：《广西低空经济高质量发展行动方案（2024—2026 年)》，广西壮族自治区人民政府网站，2024 年 10 月。

8. 安徽省发展和改革委员会：《安徽省加快培育发展低空经济实施方案（2024—2027 年）及若干措施》，安徽省发展和改革委员会网站，2024 年 4 月。

9. 国家空中交通管理委员会办公室：《中华人民共和国空域管理条例（征求意见稿)》，中国民用航空局网站，2023 年 11 月。

10. 中国民用航空局：《国家空域基础分类方法》，中国民用航空局网站，2023 年 12 月。

11. 工业和信息化部、科学技术部、财政部、中国民用航空局：《通用航空装备创新应用实施方案（2024—2030 年)》，中国政府网，2024 年 3 月。

12. 中共中央、国务院：《国家综合立体交通网规划纲要》，《国务院公报》2021 年第 8 号。

13. 国务院、中央军委：《无人驾驶航空器飞行管理暂行条例》，中国政府网，2023年6月。

14. 工业和信息化部：《先进安全应急装备推广目录（工业领域2024版）》，中国政府网，2024年10月。

15. 工业和信息化部、科学技术部、财政部、中国民用航空局：《绿色航空制造业发展纲要（2023—2035年）》，中国政府网，2023年10月。

16. 国家邮政局：《关于推动邮政快递业绿色低碳发展的实施意见》，国家邮政局网站，2023年3月。

17. 杭州市人民政府：《杭州市低空经济高质量发展实施方案（2024—2027年）》，杭州市人民政府网站，2024年7月。

18. 惠州市人民政府：《惠州市推动低空经济高质量发展行动方案（2024—2026年）》，惠州市人民政府网站，2024年5月。

19. 中国航空学会：《2024低空经济场景白皮书》，2024（第七届）中国航空科学技术大会，2024年10月。

20. 经济合作与发展组织（OECD）：《Handbook on Measuring the Space Economy》，经济合作与发展组织网站，2022年7月。

21. 世界经济论坛、麦肯锡：《Space: The $1.8 Trillion Opportunity for Global Economic Growth》，世界经济论坛网站，2024年4月。

22. 中国电信集团有限公司：《通感一体低空网络白皮书》，中国电信集团有限公司网站，2024年2月。

23. 中国电子信息产业发展研究院：《低空经济产业发展白皮书》，2024年赛迪论坛，2024年10月。

24. 粤港澳大湾区数字经济研究院：《低空经济发展白皮书2.0——全数字化方案》，《深圳特区报》2023年11月8日。

25. 粤港澳大湾区数字经济研究院：《低空经济发展白皮书——深圳方案》，粤港澳大湾区数字经济研究院网站，2022年11月。

26. 大疆创新：《农业无人机行业白皮书（2023）》，大疆农业网站，2024年7月。

27. 沃兰特航空技术有限责任公司、南航通用航空股份有限公司：《客运eVTOL应用与市场白皮书》，上海通用航空行业协会网，2023年1月。

28. 中国电子科技集团有限公司：《低空航行系统：拥抱低空经济，安全智慧飞行》，中国电子科技集团有限公司官网，2024年9月。

29.IDEA研究院：《低空经济发展白皮书3.0》，IDEA大会，2024年11月。

30.北京市经济和信息化局等四部门：《北京市促进低空经济产业高质量发展行动方案（2024—2027年）》，北京市人民政府网站，2024年5月。

31.上海市人民政府办公厅：《上海市低空经济产业高质量发展行动方案（2024—2027年）》，上海市人民政府网站，2024年7月。

32.湖北省发展和改革委员会：《湖北省加快低空经济高质量发展行动方案（2024—2027年）》，湖北省发展和改革委员会网站，2024年8月。

33.华为技术有限公司：《城市数智化2030》，华为网站，2024年9月。

34.上海市城市数字化转型应用促进中心：《数都上海2035》，上海市经济和信息化委员会网站，2021年8月。

35.中国人民银行：《金融科技发展规划（2022—2025年）》，中国人民银行网站，2022年1月。

36.中国信息通信研究院：《中国数字经济发展白皮书（2021年）》，中国信息通信研究院网站，2021年4月。

37.农业农村部、中共中央网络安全和信息化委员会办公室：《数字农业农村发展规划（2019—2025年）》，农业农村部网站，2020年1月。

38.中共中央网络安全和信息化委员会办公室、农业农村部、国家发展改革委、工业和信息化部、国家乡村振兴局：《2022年数字乡村发展工作要点》，国家互联网信息办公室网站，2022年4月。

39.国家统计局：《2021年农民工监测调查报告》，中国政府网，2022年4月。

40.国务院：《"十四五"数字经济发展规划》，中国政府网，2022年1月。

41.上海市人民政府：《上海市数字经济发展"十四五"规划》，上海市人民政府网站，2022年6月。

42.深圳市人民代表大会常务委员会：《深圳经济特区数字经济产业促进条例》，深圳市人大网站，2022年9月。

43.农业农村部办公厅、国家乡村振兴局综合司：《社会资本投资农业农村指引（2022年）》，农业农村部网站，2022年4月。

44.农业农村部农村经济研究中心、清华大学金融科技研究院、清华大学五道口金融学院中国保险与养老金研究中心、中国平安财产保险股份有限公司:《科技助力农险高质量发展白皮书(2022)》,清华大学网站,2022 年 6 月。

45. 浙江省应急管理厅:《浙江省矿山安全生产数字化建设总体方案(征求意见稿)》,浙江省应急管理厅网站,2022 年 11 月。

46. 中国电子信息产业发展研究院:《2022 中国数字经济发展研究报告》,中国国际数字经济博览会,2022 年 11 月。

47. 中国信息通信研究院:《中国金融科技生态白皮书(2022 年)》,中国信息通信研究院网站,2022 年 11 月。

48. 交通运输部:《数字交通发展规划纲要》,中国政府网,2019 年 7 月。

49. 中共中央网络安全和信息化委员会:《"十四五"国家信息化规划》,中国政府网,2021 年 12 月。

50. 江苏省文化和旅游厅:《江苏文化和旅游领域数字化建设实施方案》,江苏省文化和旅游厅网站,2022 年 7 月。

51. 中共中央、国务院:《中华人民共和国国民经济和社会发展第十四个五年规划和 2035 年远景目标纲要》,中国政府网,2021 年 3 月。

52. 中华人民共和国科技部、中央宣传部、中共中央网络安全和信息化委员会办公室、财政部、文化和旅游部、广播电视总局:《关于促进文化和科技深度融合的指导意见》,中国政府网,2019 年 8 月。

53. 中共中央办公厅、国务院办公厅:《关于推进实施国家文化数字化战略的意见》,中国政府网,2022 年 5 月。

54. 中共中央办公厅、国务院办公厅:《"十四五"文化发展规划》,中国政府网,2022 年 8 月。

55. 文化和旅游部:《关于推动数字文化产业高质量发展的意见》,中国政府网,2020 年 11 月。

56. 中共中央办公厅、国务院办公厅:《关于实施中华优秀传统文化传承发展工程的意见》,中国政府网,2017 年 1 月。

57. 中国中小企业发展管理协会:《中小企业发展指数》,中国中小企业发展管理协会网站,2020 年 12 月。

58. 国家统计局:《数字经济及其核心产业统计分类》,国家统计局网站,2021 年 5 月。

59. 中共浙江省委、浙江省人民政府：《关于以新发展理念引领制造业高质量发展的若干意见》，浙江省纪委省监委网站，2020年3月。

60. 国家能源局、国家矿山安全监察局：《煤矿智能化建设指南（2021年版）》，中央人民政府网站，2021年6月。

61. 国家计算机网络应急技术处理协调中心：《2020年上半年我国互联网网络安全监测数据分析报告》，国家互联网信息办公室网站，2020年9月。

62. 普华永道：《2020年数据资产生态白皮书》，普华永道网站，2020年11月。

63. 赛迪顾问：《2020中国数字经济发展指数白皮书》，赛迪工业和信息化研究院网站，2020年9月。

二、中文著作

1. 肖京、赖家材：《数字化赋能高质量发展》，人民出版社2023年版。

2. 秦荣生、赖家材：《数字经济安全与发展》，人民出版社2021年版。

3. 陶大程、赖家材、黄维等：《产业元宇宙》，人民出版社2022年版。

4. 李红金、蔡军：《航空气象与飞行安全》，国防工业出版社2022年版。

5. 孙毅：《无人机驾驶员航空知识手册》，中国民航出版社2020年版。

6. 刁生富、冯利茹：《重塑大数据与数字经济》，北京邮电大学出版社2020年版。

7. 王松奇：《银行数字化转型：路径与策略》，机械工业出版社2021年版。

8. 朱克力：《低空经济：新质革命与场景变革》，新华出版社2024年版。

9. 刘海安：《航空运输法》，法律出版社2019年版。

10. 敖万忠等：《低空经济政策汇编（2022）》，国家低空经济融合创新研究中心，2022年12月。

11. 郑爱军：《数据与企业治理》，机械工业出版社2021年版。

12. 郑爱军：《数据赋能》，机械工业出版社2021年版。

13. 孙泽红：《智慧经济》，机械工业出版社2021年版。

14. 李凤亮：《文化科技创新发展报告（2022）》，社会科学文献出版社2022年版。

15. 高书生：《文化数字化：关键词与线路图》，北京联合出版公司2022年版。

16. 沈建光、金天、龚谨等：《产业数字化》，中信出版社2020年版。

17. 刘正宏：《非物质文化遗产数字化应用与教育化传承研究》，中国轻工业出版社2018

年版。

18. 梁昊光、兰晓：《文化资源数字化》，人民出版社 2014 年版。

19. 唐·泰普斯科特：《数字经济：网络智能时代的前景与风险》，麦克劳—希尔出版社 1997 年版。

20. 张良杰：《服务计算》，清华大学出版社 2007 年版。

21. 国家工业信息安全发展研究中心：《数字经济发展报告（2019—2020）》，电子工业出版社 2020 年版。

22. 约翰·伊特韦尔、彼得·纽曼、默里·米尔盖特等：《新帕尔格雷夫经济学大辞典》，经济科学出版社 1996 年版。

23. 刘沛清：《流体力学通论》，科学出版社 2017 年版。

24. 罗华、唐胜宏：《移动互联网蓝皮书：中国移动互联网发展报告（2019)》，社会科学文献出版社 2019 年版。

三、杂志期刊

1. 覃睿：《再论低空经济：概念定义与构成解析》，《中国民航大学学报》2023 年第 6 期。

2. 孔得建、袁泽：《低空经济政策法律体系的现状、经验与展望》，《北京航空航天大学学报》2024 年第 5 期。

3. 林芬：《低空经济应在竞合中谋共赢》，《中国交通报》2024 年第 3 期。

4. 钟成林、胡雪萍：《低空经济高质量发展的新质生产力逻辑与提升路径》，《深圳大学学报（人文社会科学版）》2024 年 10 月。

5. 靳兵：《城市物流绿色低碳转型中的低空经济新路径》，《物流时代周刊》2024 年 11 月。

6. 张世昌、许芳菲：《低空经济生成与发展的伦理考量——基于马克思空间思想的视角》，《北京航空航天大学学报（社会科学版）》2024 年 9 月。

7. 宋丹、徐政：《低空经济赋能高质量发展的内在逻辑与实践路径》，《湖南社会科学》2024 年 9 月。

8. 张彧：《中国低空经济发展促进法的理据与图景》，《北京航空航天大学学报（社会科学版）》2024 年 9 月。

9. 欧阳日辉：《低空经济助推新质生产力的运行机理与路径选择》，《新疆师范大学学报（哲学社会科学版）》2024 年 7 月。

10. 贾利军、陈恒烜：《数字技术赋能制造业高质量发展的关键突破路径》，《教学与研究》2022 年第 9 期。

11. 任宝平、何厚聪：《数字经济赋能高质量发展：理论逻辑、路径选择与政策取向》，《财经科学》2022 年第 4 期。

12. 李向阳、陈佳毅、范玲：《数字经济与经济高质量发展耦合关系研究》，《经济问题》2022 年第 9 期。

13. 杨梅、王苑义：《数字化背景下农村经济高质量发展的优势、困境与路径选择》，《农业经济》2022 年第 7 期。

14. 何玉、长王伟：《数字生产力的性质与应用》，《学术月刊》2021 年第 7 期。

15. 王赞新：《数据生产力：形成、属性与理论深化》，《海南大学学报（人文社会科学版）》2022 年第 5 期。

16. 姚婷：《新发展理念引领下我国西南地区文旅产业数字化转型路径研究》，《文化产业》2021 年第 9 期。

17. 朱俊祺、苏唯忻、蔡思睿等：《人工智能技术在合规监管上的赋能实践》，《金融科技时代》2022 年第 30 期。

18. 宋华、陈峰、鲍迪等：《金融科技助力供应链金融创新与发展》，《金融理论探索》2022 年第 4 期。

19. 潘卫东：《创新驱动　打造数字融合经营新模式》，《中国银行业》2020 年第 11 期。

20. 王勋、黄益平、荀琴等：《数字技术如何改变金融机构：中国经验与国际启示》，《国际经济评论》2022 年第 1 期。

21. 孙爽、刘洋：《智能风控：管理与创新》，《银行家》2020 年第 10 期。

22. 刘吕科：《商业银行智能风控体系建设的挑战及对策》，《国际金融》2022 年第 3 期。

23. 石滔、熊敬辉：《协同与信用驱动的数字金融服务平台设计与实践》，《科技与金融》2022 年第 5 期。

24. 《数字化金融创新：服务实体经济和产业振兴——2022 中国金融创新论坛发言实录》，《银行家》2022 年第 9 期。

25. 李小庆：《全场景数字金融生态构建研究和实践》，《金融科技时代》2022 年第 30 期。

26. 陆岷峰：《企业数字化与数字供应链金融融合发展研究》，《会计之友》2022 年第 22 期。

27. 王艳：《数字技术与中国农业生产技术进步机理、挑战与路径选择》，《山西农经》2022

年第 16 期。

28. 石爱中、孙俭:《初释数据式审计模式》,《审计研究》2005 年第 4 期。

29. 秦荣生:《大数据、云计算技术对审计的影响研究》,《审计研究》2014 年第 6 期。

30. 郑伟、张立民、杨莉:《试析大数据环境下的数据式审计模式》,《审计研究》2016 年第
    4 期。

31. 陈劲、杨文池、于飞:《数字化转型中的生态协同创新战略——基于华为企业业务集团
    (EBG)中国区的战略研讨》,《清华管理评论》2019 年第 6 期。

32. 李贞霖:《我国数字贸易治理现状、挑战与应对》,《理论探讨》2022 年第 5 期。

33. 夏杰长、刘睿仪:《数字化赋能贸易高质量发展的作用机制与推进策略》,《价格理论与
    实践》2022 年第 11 期。

34. 邝劲松、彭文斌:《数字经济驱动经济高质量发展的逻辑阐释与实践进路》,《探索与争
    鸣》2020 年第 12 期。

35. 谢杰、崔秋霞、蔡思腾等:《数字经济时代下制造业中小企业数字化转型问题及建议》,
    《中国科技产业》2022 年第 11 期。

36. 胡韬、王晟、陈征宇:《数字化在应急管理中的应用》,《中国应急管理》2020 年第 2 期。

37. 赵祚翔、胡贝贝:《应急管理体系数字化转型的思路与对策》,《科技管理研究》2021 年
    第 4 期。

38. 张伟东、高智杰、王超贤:《应急管理体系数字化转型的技术框架和政策路径》,《中国
    工程科学》2021 年第 4 期。

39. 苏文彬:《应急管理工作的数字化应用》,《数字技术与应用》2022 年第 3 期。

40. 李瑞昌、唐雲:《数字孪生体牵引应急管理过程整合:行进中的探索》,《中国行政管理》
    2022 年第 10 期。

41. 王大树:《新发展理念与高质量发展》,《北京工商大学学报(社会科学版)》2022 年第
    5 期。

42. 勾玉铎、花楷:《新发展理念下体教融合高质量发展:内涵、困境与路向》,《沈阳体育
    学院学报》2021 年第 5 期。

43. 杜思梦、刘涛:《基于新发展理念的农业高质量发展:内涵、问题及举措》,《中国农业
    科技导报》2021 年第 3 期。

44. 黄如意、井淇:《数字化时代的数字健康:内涵、特征、挑战与治理路径》,《卫生经济

研究》2022 年第 6 期。

45. 梁亚滨：《运用战略思维应对外部挑战的探讨》，《中国领导科学》2022 年第 3 期。

46. 郭喜林：《运用战略思维　加强 QHSE 监管　助力能源企业高质量发展》，《北京石油管
　　理干部学院学报》2022 年第 1 期。

47. 李涛：《领导干部借鉴〈孙子兵法〉提升战略思维的路径探析》，《领导科学》2021 年第
　　21 期。

48. 王洁琼、李瑾、冯献：《国外乡村治理数字化战略、实践及启示》，《图书馆》2021 年第
　　11 期。

49. 马明哲：《新数字化之我见》，《金融时报》2021 年 7 月。

50. 闵万里：《智力革命是纵贯三次产业的升级动力》，《新经济导刊》2020 年第 2 期。

51. 闵万里：《数字化转型：不能固步自封，更不能东施效颦》，《财经》2019 年 5 月。

52. 安筱鹏：《数字生产力构筑增长新动能》，《产业转型研究》2022 年 8 月。

53. 徐宗本：《数字化　网络化　智能化　把握新一代信息技术的聚焦点》，《网信军民融合》
　　2019 年 3 月。

54. 宜欣：《中国移动董事长杨杰：把握融合创新趋势　推动数实互促共生》，《人民邮电》
　　2022 年 11 月。

55. 彭枫：《区块链与金融信息安全》，《中国信息安全》2018 年第 11 期。

56. 李拯：《区块链，换道超车的突破口》，《一带一路报道（中英文）》2020 年第 1 期。

57. 孙枫：《知识图谱在金融机构网络安全中的应用》，《金融科技时代》2020 年第 6 期。

58. 张宇、张妍：《零信任研究综述》，《信息安全研究》2020 年第 7 期。

59. 左英男：《零信任架构：网络安全新范式》，《金融电子化》2018 年第 11 期。

60. 尚可龙、古强：《零信任安全体系设计与研究》，《保密科学技术》2020 年第 5 期。

61. 战炤磊：《低空经济高质量发展的理论逻辑与实践路径》，《阅江学刊》2024 年 7 月。

62. 吕人力：《低空经济的背景、内涵与全球格局》，《人民论坛·学术前沿》2024 年 8 月。

63. 林仁红、王凤宇、王伟等：《全球太空经济发展态势分析与启示》，《国际太空》2022 年
　　11 月。

64. 周钰哲：《低空经济发展的理论逻辑、要素分析与实现路径》，《东南学术》2024 年 7 月。

65. 王超、杜唯、杜春华：《数字技术赋能冰雪产业高质量发展的理论内涵、现实困境与实
　　践路径》，《沈阳体育学院学报》2022 年第 5 期。

66. 任保平、宋雪纯：《以新发展理念引领中国经济高质量发展的难点及实现路径》，《经济纵横》2020 年第 6 期。

67. 覃睿、闫玲、陈子健：《无人机海上溢油跟踪监测系统设计及仿真》，《海洋通报》2021 年第 6 期。

68. 覃睿、陈子健、闫玲：《有人 / 无人机协同森林灭火作战体系结构设计》，《灾害学》2022 年第 1 期。

69. 宋晓东：《以新质生产力发展低空经济》，《人民邮电报》2024 年 5 月。

70. 黄晓梅、高鸿斌：《基于航空气象观测加强飞行安全管理——评〈航空气象与飞行安全〉》，《中国安全科学学报》2023 年 5 月。

71. 方胜、易红梅、徐文文：《建设低空气象网　助力低空经济发展》，《深圳特区报》2024 年 3 月。

72. 张华、李晶：《浅析低空飞行安全气象保障技术》，《科技风》2020 年 5 月。

73. 吴红军、行鸿彦、张金玉：《低空飞行安全气象保障技术》，《电子测量技术》2018 年 4 月。

74. 陆志武：《浅析航空气象服务与直升机飞行安全》，《科技风》2019 年 10 月。

75. 辛光宇：《探析航空气象技术在空中交通管理中的应用》，《通讯世界》2017 年第 18 期。

76. 王楠：《基于沟通视窗模型的提升雷雨季气象服务效力的思考》，《民航学报》2024 年第 2 期。

77. 陈晓东：《提升产业链自主可控能力》，《经济日报》2022 年 7 月。

78. 王宝义：《我国低空经济的技术经济范式分析与发展对策》，《中国流通经济》2024 年 8 月。

79. 戴翔：《低空经济赋能新质生产力发展：逻辑及路径》，《阅江学刊》2024 年 8 月。

80. 彭璐、周钰哲：《主要经济体太空经济发展现状与启示》，《经济》2024 年第 9 期。

81. 沈映春：《低空经济的内涵、特征和运行模式》，《新疆师范大学学报（哲学社会科学版）》2024 年 7 月。

82. 樊一江、李卫波：《我国低空经济阶段特征及应用场景研究》，《中国物价》2024 年 4 月。

83. 任世豪：《天津空管分局交通安全风险管控研究》，大连海事大学硕士学位论文，2023 年 11 月。

84. 王颖、王谋、印春峰：《中国低空经济发展热现象下的冷思考》，《中国工程咨询》2024

年 3 月。

85. 沈映春:《低空经济:"飞"出新赛道》,《人民论坛》2024 年 4 月。

86. 石华平、易敏利:《环境规制对高质量发展的影响及空间溢出效应研究》,《经济问题探索》2020 年 5 月。

87. 路彬:《马斯洛需求层次理论下城市立体农场设计研究及其分析》,成都理工大学硕士学位论文,2020 年 2 月。

88. 黄小猛、林岩銮、熊巍等:《数值预报 AI 气象大模型国际发展动态研究》,《大气科学学报》2023 年 12 月。

89. 宋妍:《农牧业气象服务信息化建设》,《安徽农学通报》2023 年 8 月。

90. 管浩:《如何定义元宇宙》,《华东科技》2022 年 2 月。

91. 王波:《持续发展的宽带接入技术和应用》,《现代有线传输》2005 年 6 月。

92. 陈缘缘、陈春云、李子豪:《推进旅游业和低空经济产业高质量发展》,《赣南日报数字报》2024 年 10 月。

93. 张嘉昕、许倩:《低空经济产业链发展的制约因素与优化对策研究》,《经济纵横》2024 年 8 月。

94. 董冲:《GPS 与 INS 的组合定位技术研究》,《数字通信世界》2024 年 7 月。

95. 李鸿鹄:《无人机在农业植保中的应用研究》,《农场经济管理》2023 年第 7 期。

96. 孙兆:《探寻低空经济"腾飞"之路》,《中国经济时报》2024 年 5 月。

97. 梁莉芳:《数字农业中无人机植保技术的研究与应用》,《南方农机》2024 年第 18 期。

98. 雷珂、陈义保:《无人机在石油石化领域的应用分析》,《中国石油大学胜利学院学报》2017 年第 4 期。

99. 敖青、康立文:《电动飞行器创新发展形势及对策建议》,《广东科技杂志》2024 年 7 月。

100. 张雪原、许景权、高国力:《我国基础设施系统集成的机制构建、突出问题与优化思路》,《经济纵横》2024 年第 3 期。

101. 张雷、黄华栋、杨子伟:《低空经济基建先行,四张网构建基建软硬件一体化生态》,《浙商证券》2024 年 6 月。

102. 王雅婷、翟芳雪、王静仪:《低空经济的价值洼地在哪里》,《财经》2024 年第 12 期。

103. 李元昊:《基于 GPS/INS 的旋翼飞行器组合导航关键技术研究》,《桂林电子科技大学》硕士学位论文 2018 年 12 月。

104. 方晓霞、李晓华：《颠覆性创新、场景驱动与新质生产力发展》，《改革》2024 年第 4 期。

105. 尹西明、武沛琦、钱雅婷等：《面向新质生产力培育的科技成果转化：场景范式与实践进路》，《科学与管理》2024 年第 3 期。

106. 赵越：《农村留守儿童义务教育问题及对策研究——以平邑县仲村镇为例》，山东农业大学硕士学位论文，2020 年 10 月。

107. 王康伟：《我国低空经济产业发展现状、问题及对策研究》，《产业创新研究》2024 年第 15 期。

108. 屈旭涛、庄东晔、谢海斌：《"低慢小"无人机探测方法》，《指挥控制与仿真》2019 年 8 月。

109. 温春娟：《基于逆向物流理念的北京市快递包装回收体系研究》，《中国市场》2021 年 11 月。

110. 赵英伟：《面向工业场景的机器学习算法应用研究》，电子科技大学硕士学位论文，2023 年 4 月。

111. 李唐宁、翟淑睿：《技术升级推动快递业逐"绿"而行》，《经济参考报》2024 年 8 月。

112. 朱永文、陈志杰、蒲钒等：《空中交通智能化管理的科学与技术问题研究》，《中国工程科学》2023 年 11 月。

113. 沈海军：《从飞行汽车看低空经济新业态》，《人民论坛·学术前沿》2024 年第 15 期。

114. 中国电子报编辑部：《五问低空经济发展》，《中国电子报》2024 年 8 月。

115. 舒炎昕、高鸣阳、严风硕等：《通用航空低空飞行障碍物预警技术浅析与展望》，《第十届中国航空学会青年科技论坛论文集》2023 年 10 月。

116. 石莹：《浅谈复杂气象条件对飞行的影响》，《科技视界》2014 年第 35 期。

117. 郑雪：《低空经济火爆，"打飞的"不再遥远》，《中国经济周刊》2024 年 9 月。

118. 黄宗彦：《A 股低空经济公司 ESG 报告披露率上升 25% 企业公布碳排放数据》，《每日经济新闻》2024 年 9 月。

119. 祁娟：《张扬军：城市空中出行时代加速开启》，《交通建设与管理》2023 年 10 月。

120. 孙莉、仇翔、孙军帅：《空天地一体化卫星互联网及其即时智能遥感应用展望》，《电讯技术》2024 年 10 月。

121. 向锦武：《发展低空经济 央企要担起"天车"生产和"天网"建设重任》，《国资报告》2024 年 6 月。

122. 邓景辉：《电动垂直起降飞行器的技术现状与发展》，《航空学报》2024 年 3 月。

123. 张洪：《eVTOL 的性能特征、关键技术与发展瓶颈探究》，《空运商务》2022 年 10 月。

124. 乔燕艳：《专访沃飞长空：eVTOL 前景无限》，《四川省情》2024 年 7 月。

125. 陈邦祺：《低空经济面面观》，《国企管理》2024 年 6 月。

126. 张奇、黄肖丞蔚：《高密度城市直升机起降点设施规划探索与思考——以深圳为例》，《绿色·智慧·融合——2021/2022 年中国城市交通规划年会论文集》2022 年 11 月。

127. 呼涛、田子骏：《国产载人飞艇：低空经济新装备带来新活力》，《经济参考报》2024 年 11 月。

128. 壹零社：《地效飞行器设计又复活了》，《电脑报》2024 年 3 月。

129. 吕航：《金融服务助力低空经济发展路径探索》，《民航管理》2024 年 10 月。

130. 孙榕：《保险业全力助推新质生产力发展》，《金融时报》2024 年 10 月。

131. 彭思雨：《小鹏汇天："陆地航母"迈向适航审定》，《中国证券报》2024 年 4 月。

132. 朱洁、白桦：《加快推进低空经济空域管理改革》，《中国交通报》2024 年 4 月。

133. 谢波：《把握新发展理念与总体国家安全观的五个"契合"》，中国理论网，2023 年 10 月。

134. 李唐宁：《低空经济多场景加快商业化步伐》，《经济参考报》2024 年 8 月。

135. 赵玲：《打通堵点 促进我国低空经济发展》，《经济参考报》2024 年 10 月。

136. 王鹏：《构建可持续发展的低空经济：机遇与挑战》，《中国日报网》2024 年 4 月。

137. 王小霞：《从蓄势到腾飞 低空经济商业化面临多重挑战》，《中国经济时报》2024 年 9 月。

138. 王海杰、汤凯：《"双空经济"协同赋能新质生产力发展（新质生产力大家谈）》，《河南日报》2024 年 5 月。

139. 徐志：《推动需求与供给两端协同发力》，《学习时报》2024 年 4 月。

140. 谢晶晶：《产业元宇宙有望催生经济融合新模式》，《金融时报》2022 年 9 月。

141. 刘畅：《全国首个低空经济数据产品，上市!》，《广州日报》2024 年 6 月。

142. 郝亚娟、张荣旺：《银行试水生成式 AI 数据合规治理迎考》，《中国经营报》2023 年 8 月。

143. 黄艳姿：《南海西部有望"后卫"变"前锋"》，《南方日报》2024 年 7 月。

144. 刘晓丹：《艺术品财富符号链的造就》，《证券日报》2023 年 12 月。

145. 张广成：《无人机植保让棉花田间管理更轻松》，《农民日报》2024 年 8 月。

146. 谭伦：《我国低空应用进入规模复制期　明年市场规模将达 1.5 万亿元》，《中国经营报》2024 年 10 月。

四、其他

1. 覃睿：《低空经济发展与发展低空经济》，民用无人机产业公众号，2024 年 6 月。

2. 敖万忠：《发挥三大驱动力，打造低空经济新增长引擎》，中国财富网，2024 年 3 月。

3. 郭琪：《低空经济，赋能高质量发展"新质"引擎》，中国航空工业集团公众号，2024 年 7 月。

4. 第一财经：《龙虎榜："低空经济"首次写入国家规划具备明显的新质生产力特征》，第一财经，2024 年 5 月。

5. 知乎专栏：《低空经济，一个值得关注的新质生产力》，知乎专栏，2024 年 3 月。

6. 北斗卫星导航系统：《人造地球卫星》，北斗卫星导航系统官网，2011 年 3 月。

7. 中国民航大学：《民航十二五规划前期研究项目"通用航空发展研究报告"》，中国民航大学通航学院（通用航空研究中心），2010 年 12 月。

8. 范恒山：《把发展低空经济作为构建新发展格局的重要抓手》，光明网，2022 年 6 月。

9. 白佳丽、梁姊、毛思倩：《"飞起来"的新赛道！低空经济如何飞得更远?》，新华社，2024 年 9 月。

10. 喻悦：《利好频频　低空经济蓄势起飞》，中国商报网，2024 年 3 月。

11. 董文生：《探索数字化实践路径　引领有色矿业数字化转型》，中企网络通信百家号，2022 年 4 月。

12. 赛迪顾问：《中国低空经济发展研究报告（2024）》，赛迪顾问网站，2024 年 4 月。

13. 36 氪研究院：《2024 年中国低空经济发展指数报告》，36 氪研究院网站，2024 年 9 月。

14. 毕奇：《低空经济与 5G 融合，开启运营商增长新纪元》，C114 通信网，2024 年 6 月。

15. 中旅刊物：《产业融合创新发展趋势："低空旅行"或将成为新的旅游增长点》，搜狐网，2024 年 10 月。

16. 丰翼科技无人机：《助力武当山景区提升服务质量，丰翼无人机推出低空智慧景区方案》，无人机网，2024 年 10 月。

17. 科普保亭：《全科素提升行动 | 为什么说"天空地"一体化生态环境监测是环境监测发

展新方向?》，科普保亭微信公众号，2024 年 8 月。

18. 中邮证券研究所：《美国拥有成熟的通航产业，政策支持和电动化趋势下我国通航发展逢良机》，中邮证券，2024 年 4 月。

19. UAV 嘉年华：《国内外低空经济市场政策的对比》，百度网，2024 年 7 月。

20. 安琪：《数千企业竞逐低空经济赛道，适航认证加速"飞天"进程》，央视财经，2024 年 9 月。

21. 品橙旅游：《低空旅游项目鲜有盈利，如何掘金 2000 亿潜力市场?》，品橙旅游微信公众号，2024 年 10 月。

22. 东滩智库：《长三角低空经济产业的发展模式》，东滩智库微信公众号，2024 年 7 月。

23. 中商产业研究院：《2023—2028 年中国无人机行业市场研究及前景预测报告》，中商产业研究院网站，2023 年 5 月。

24. 前瞻产业研究院：《2024 年中国低空经济报告》，前瞻产业研究院网站，2023 年 12 月。

25. 前瞻产业研究院：《2024—2029 年全球及中国低空经济产业发展前景展望与投资战略规划分析报告》，前瞻产业研究院网站，2024 年 9 月。

26. 杨博文、高锐：《GPS 信号干扰对飞行安全的影响》，中国民用航空网，2024 年 7 月。

27. 康佳：《气候危机会增加飞机颠簸风险》，财新网，2023 年 6 月。

28. 广东省交通运输厅：《"空中出租车"：深圳⇌珠海仅需 20 分钟!》，广东省交通运输厅网站，2024 年 3 月。

29. 中邮证券：《eVTOL 飞行器有望迎来广阔的发展空间》，金融界网，2024 年 4 月。

30. 自由看：《低空经济人才缺口超百万，多地区及高校积极布局》，百度网，2024 年 10 月。

31. 飞行邦：《有人驾驶的载人 eVTOL 航空器国内适航取证及法规说明》，网易网，2024 年 3 月。

32. 中国复合材料学会：《碳纤维复合材料（CFRP）在飞行汽车领域的运用和市场前景》，澎湃网，2024 年 4 月。

33. 林典驰：《高成长企业 | "中兴系"切入 eVTOL 赛道 吉太航科的航电系统"进化论"》，搜狐网，2024 年 10 月。

34. 杨帆：《中国移动发布"四驱两翼"低空经济高质量发展能力体系》，新华网，2024 年 10 月。

35. 鲍学博、马强：《低空经济专题：eVTOL 详细拆解》，未来智库，2024 年 5 月。

36. 融中研究：《新时代低空经济的载体——eVTOL 技术要点：分布式推进系统，电机，构型》，融中财经，2024 年 8 月。

37. 李聪、朱雨时、田莫充：《航天军工行业专题研究——低空基建系列一：两个复盘 & 两个思路》，华泰证券，2024 年 6 月。

38. 埃德·里吉斯：《飞机为什么能飞起来》，环球科学微信公众号，2020 年 3 月。

39. 马丁·松贝：《"伯努利升力原理"批判》，航空知识微信公众号，2019 年 6 月。

40. 张聚恩：《科普日里探究飞机升力之源》，聚恩君微信公众号，2023 年 9 月。

后　记

　　低空飞行技术革新赋予场景前所未有的拓展性，空域资源整合实现航线的高效连通性，多元产业融合催生价值的广泛辐射性，低空经济重塑物流配送的路径、旅游观光的视野、应急救援的时效，点化出全新生产业态，使大地与天空的协作更加紧密无间，让人类活动边界向着蓝天拓展延伸，为现代社会描绘出一幅高效便捷且充满无限可能的立体画卷。

　　笔者希望编写一本低空经济高质量发展的简明通俗读本，以帮助广大从业者、潜在从业者、科技人员、投资人员、管理人员、党政干部掌握低空经济基础知识、低空经济高质量发展的实战经验、发展趋势、面临的挑战等，更好了解低空经济带来的发展机遇，为如何应对低空经济挑战提供一些思路、对策、建议与解决方案。在讲解低空经济在各领域各行业高质量发展过程中，尽量保持体例一致，但低空经济在各领域各行业应用水平、应用层次、应用特点有差异，体例也可能会出现不一致的地方。本书会涉及很多外文词汇或外文字母缩写词，有些能翻译成中文，有些因没有合适中文解释只说明一下其中含义，因同一外文词汇或外文字母缩写词在书中可能会反复出现，为避免重复过多和方便阅读，该外文词汇或外文字母缩写词一般只在第一次出现时附上中文含义。

　　低空经济高质量发展，可谓内容广泛、涉及面广、博大精深，跨界产业与科技，是一项浩大工程，需汇聚产业、数字化技术、低空技术等多学科背景的大团队协作才能完成。本书由著名产业科学家、行业专家等领衔，组织从业经验丰富、兼具产业和科技背景的科技界和企业界精英人士参与编写，认真研读了低空经济相关政策文件，查阅了大量低空经济方面资料，学习参考了诸多领导和精英的知识精髓，吸收了目前国内外低空经济发展最新、最优科研成果，包括期刊、网络、会议、自媒体等方面内容，提炼了团队在低空经济方面的实践经验，也研学了很多低空经济实际应用案例，并增加了笔者对低空经济的理解与感悟。"海纳百川，有容乃大"，以开放心态选择材料内容，在本书编写过程中访谈了很多专家学者、专业人士，引用了很多机构、领导、专家学者的观点，尤其是有些机构（如中国航空学会、中国民航大学、中国民航管理干部学院、国家低空经济融合创新研究中心、粤港澳大湾区数字经济研究院、中国信息通信研究院、亿欧智库、中国电子技术标准化研究院、中国电子信息产业发展研究院）、领导与专家（如中国安能建设集团有限公司总工程师张利荣、中国民航大学研究员吴桐水、中央财经大学欧阳日辉教授、中国工程院院士高文、中国工程院院士陈军、中国工程院院士陈志杰、南京航空航天大学副校长吴启晖、中国移动集团首席科学家王晓云、中国工程院院士刘经南、中国航空学会名誉副理事长张聚恩、中国社会科学院郭朝先教授、中国物流与采购联合会会长何黎明、中国物流与采购联合会副会长兼秘书长崔忠付、中国民航管理干部学院通航系主任吕人力）的观点可谓精辟之至，取材之时，难以割舍，其实，这些机构、领导、专家学者也是致力于低空经济高质量发展大业的本书编委会"广义团队概念"的一员，在默默支持、指导我们。在此向这些机构、领导、专家学者一并表示诚挚的谢意！因本书定位为一本低空经济高质量发展的简明读本，资料引用之处不是很详细、全面，未在文中一一标明出处，对书中引用较多的，为了避免重复和便于读者阅读，仅在第一次引用该文内容时标明其出处，后续可能引用同一文内容时未重复标明其出处。敬请谅解！

特别感谢以下单位、朋友在本书编写过程中给予笔者的鼎力支持：中电智慧基金管理有限公司总经理刘振龙，中国气象服务协会副秘书长温玮，杭州极目智控科技有限公司陈鹏，北京空天高科技有限公司廉英总经理，北京空天高科技有限公司副总师陈超群，紫金矿业集团股份有限公司信息总监董文生，广东省智能金融风险预警与辅助决策工程技术研究中心主任谭韬，中央广播电视总台社教节目中心科教频道编辑部副主任温斌，神思电子总工程师曾科，中国建筑材料科学研究总院有限公司旷峰华，资深安全专家廖武锋、庄蔚群、赵再先、段进宇、李晓亭、刘婉欣、欧阳新加、周略略、曹慧，中国邮政储蓄银行普惠金融事业部陈若娴、王蒙等。另外，还有其他给予我们支持的单位、朋友，在此就不一一列举。

　　由于低空经济处在不断发展中，需在大量实践中不断完善，加之笔者水平有限、时间仓促，书中疏漏甚至错误在所难免，敬请广大读者批评指正，我们将在后续版本中不断完善。

编　者

2025 年 6 月